EL TAROT ARQUETÍPICO

2ª edición: septiembre 2024

Título original: Archetypal Tarot
Traducido del inglés por Antonio Luis Gómez Molero
Diseño de portada: Editorial Sirio, S.A.
Maquetación: Toñi F. Castellón

Esta edición se publica por acuerdo con Red Wheel Weiser, Llc.
a través de Yañez, parte de International Editors' Co.

www.editorialsirio.com
sirio@editorialsirio.com

I.S.B.N.: 978-84-19105-48-6
Depósito Legal: MA-531-2023

Impreso en Imagraf Impresores, S. A.
c/ Nabucco, 14 D - Pol. Alameda
29006 - Málaga

Impreso en España

Puedes seguirnos en Facebook, X, YouTube e Instagram.

MARY K. GREER

Autora de *El tarot, un viaje interior*

EL TAROT ARQUETÍPICO

Lo que tu carta de nacimiento revela sobre tu personalidad, tu camino y tu potencial

EDITORIAL SIRIO

A la memoria de mis padres,
Rita Alice West Greer y John Cox Greer,
que me animaron a seguir mi propio destino.

Índice

Agradecimientos

Quiero dar las gracias especialmente a Ángeles Arrien, de quien aprendí el concepto de las **cartas del año** (o **cartas anuales**) y las **cartas de vida**. Mi gratitud se extiende asimismo a los miles de clientes, estudiantes y amigos que me permitieron explorar estas cartas personales con ellos y me ofrecieron tantos conocimientos sobre cómo actúan estas en sus vidas. Mis compañeros lectores de tarot a lo largo de los años han sido una gran fuente de inspiración y son demasiado numerosos para mencionarlos; gracias a todos. Además de las muchas personas mencionadas en mi anterior libro sobre este tema, *Tarot Constellations* [Constelaciones del tarot], me gustaría añadir a Wald y Ruth Ann Amberstone, que han compartido libremente su propio concepto de las **cartas natales** conmigo. Cuando estaba escribiendo la primera versión de este libro, mi hija pequeña, Casimira, me recordaba con frecuencia que hay vida más allá del tarot. Mi nieto, Eli, hace ahora lo mismo. También quiero dar las gracias a Red Wheel/Weiser, sobre todo a Amber Guetebier, que me pidió que actualizara y ampliara este clásico para una nueva generación, así como a la editora, Mikayla Butchart, que me hizo el enorme favor de revisar cuidadosamente todos los cumpleaños famosos. Cualquier error restante es exclusivamente mío.

Prólogo

Tengo muchos libros de tarot en mis estantes. Algunos están en un estado prístino, señal de que los habré leído una vez... o muy posiblemente nunca los terminé. Pero también hay unos cuantos que se encuentran en un estado algo lamentable, con las esquinas dobladas, las tapas hechas jirones, los lomos rotos, notas en los márgenes y muchas páginas deformadas. Estos son los libros que han sido mis compañeros más fieles en mi viaje por el tarot.

Uno de esos libros maltratados es *Who Are You in the Tarot?* [¿Quién eres en el tarot?], de Mary K. Greer, que vino a reemplazar nada menos que a su obra *Tarot Constellations* [Constelaciones del tarot], que terminó deshaciéndose de tanto manosearla. Se trata de un libro al que he recurrido una y otra vez para tratar de entenderme a mí misma y a la gente que me rodea.

«¿Quién soy yo y cuál es mi propósito?». Es una pregunta que he intentado responder desde que era una niña pequeña e inquisitiva. Mis padres nunca la contestaron de una manera satisfactoria. Tampoco mi sacerdote ni mis profesores, aunque lo intentaron. Es una pregunta extraordinaria que no tiene una respuesta sencilla.

No soy la primera persona que se plantea qué lugar ocupa en el universo, y desde luego tampoco seré la última. La búsqueda de nuestra identidad no tiene fin, y mucha gente lo ha intentado desde el principio de los tiempos.

Como mi búsqueda para entenderme a mí misma no tuvo respuesta en el frente doméstico, empecé a buscar por otros caminos. Mi viaje me llevó a la sección de metafísica de una librería, donde, por puro capricho, compré una baraja de tarot. Al llegar a casa, abrí la caja, quité el celofán que envolvía la baraja y extendí las cartas sobre la cama. Las imágenes cautivaron mi imaginación de inmediato.

¿Qué eran esos símbolos? ¿Podrían revelarme el futuro o, mejor aún, desvelar el motivo secreto por el cual estoy aquí? Mientras estudiaba las cartas, empecé a ver cómo se desarrollaban las historias del pasado, el presente y el futuro. Surgieron diferentes personajes que representaban a quienes me rodeaban y, de repente, me vi a mí misma reflejada en esas imágenes y vi partes de mí que nadie parecía entender. «¡Ajá, soy una reina de espadas! Eso explica mi lengua afilada y mi sed de conocimiento. No me extraña que no encaje en esta familia».

Me identifiqué tanto con esta carta de la corte que no podía verme de otra manera. Así que, durante un tiempo, sentí que el misterio de quién soy estaba resuelto. Pero como dije antes, esta pregunta no tiene una respuesta simple.

Pese a que me encontraba satisfecha con mis propias interpretaciones, hubo momentos en los que me pregunté si había algo más en esto que llamamos vida... y en estas setenta y ocho cartas. ¿Mi destino era ser el personaje plano de un naipe? ¿O era algo más que esa reina lógica y fría? Ciertamente, no siempre me sentía racional. De hecho, tendía a actuar más con una aguda astucia, un instinto animal que a menudo desafiaba la lógica. Todo era una señal. ¿De qué se trata?

Cuando descubrí *Tarot Constellations* [Constelaciones del tarot], empecé a adentrarme en una nueva faceta del tarot desconocida para mí hasta entonces. Utilizando mi fecha de nacimiento, la numerología y los arcanos mayores, fui capaz de pelar diferentes capas para llegar al núcleo de esa pregunta: «¿Quién soy y cuál es mi propósito?».

A través de los métodos de Mary, aprendí que la carta del Juicio era mi carta natal y la de la Suma Sacerdotisa mi carta del alma. Aunque sigo pensando que la reina de espadas describe mi naturaleza luchadora e independiente, estas dos cartas indicaban que mi propósito consistía en ayudar a otras personas en su transformación y que la intuición sería la fuerza que guiaría mi vida. Esto explicaba por qué a menudo tomaba decisiones que parecían totalmente ilógicas (¡que no tenían NADA que ver con la reina de espadas!). Tiendo a seguir mi instinto y siempre he estado profundamente en sintonía con lo que yo llamo mis «señales del universo». Las cartas también explican mi carrera, que me gusta decir que «ocurrió por casualidad». (¡Puede que haya estado en las cartas todo el tiempo!).

Profundizando, descubrí que la Justicia era mi factor oculto, y que mis mayores lecciones se centraban en asumir la responsabilidad de mis actos mientras desarrollaba la misericordia hacia otras personas. Cuando empecé a unir estas piezas como un mandala personal, sentí curiosidad por mis seres queridos. Indagar en sus arquetipos me permitió comprenderlos mejor, lo que facilitó la comunicación.

Por ejemplo, saber que mi hija tiene el Carro como carta de nacimiento explica por qué chocamos de vez en cuando. En el pasado, ella me consideraba «crítica», mientras que yo pensaba que ella era dominante. Aprender a transigir (y guardarme mis opiniones) allanó el camino hacia una dinámica más saludable.

Una de mis partes favoritas de este libro es la sección sobre las cartas anuales. Puedes averiguar la carta que rige tu año sumando tu mes y día de nacimiento con el año en curso. Yo utilizo este método para determinar los temas anuales en los que centrarme. Ahora mismo, estoy empezando un año de la Muerte. Mary dice que es «tiempo de mudar la vieja piel para un nuevo crecimiento». Estoy en medio de cambios significativos, así que no solo tiene sentido, sino que me ayuda a recordar que, independientemente de lo que se aleje de mi vida, es para bien, porque mi año de la Templanza no está muy lejos en el futuro.

Como puedes ver, este libro es un recurso valioso para el autoconocimiento y para trazar el mejor curso de acción, que esté alineado con el pulso del universo. El título de esta nueva edición, *El tarot arquetípico: lo que tu carta de nacimiento revela sobre tu personalidad, tu camino y tu potencial*, es una descripción perfecta de lo que encontrarás en estas páginas. La sabiduría que contienen es intemporal.

Me gustaría decir que esta es la obra más importante de Mary K. Greer, pero todo lo que aporta al campo del tarot es digno de mención, ya que es una erudita consagrada, y su manera innovadora de estudiar estas setenta y ocho cartas ha propiciado grandes cambios en repetidas ocasiones. Este es un libro que no puede faltar en la estantería de cualquiera que se adentre en el camino del autodescubrimiento. No me cabe la menor duda de que en poco tiempo mi ejemplar estará tan gastado como los anteriores.

—Theresa Reed, autora de
El tarot si preguntas

Prefacio de la nueva edición

Conocí las cartas de nacimiento de la mano de Ángeles Arrien en una clase de tarot en San Francisco en 1977. Ambas enseñábamos tarot en universidades situadas a pocas manzanas de distancia la una de la otra. Asistí a su curso privado, centrado en la baraja Crowley-Harris Thoth, con un pequeño grupo que con el tiempo dio a luz a varios destacados profesores y autores de tarot. Todo el curso de doce semanas se centró en el significado de los arcanos mayores como cartas de nacimiento, cartas cuyos números eran el resultado de sumar el mes, el día y el año en que se había nacido, y en las cartas del año en curso. Por supuesto, todo el mundo calculó también las cartas de las personas importantes de su vida. De este modo, cada lección adquiría una relevancia personal. Las propias cartas asumieron gradualmente el papel de maestros y guías en la vida.

A raíz de ese curso inicial, empecé a calcular e interpretar las cartas natales y anuales al principio de cada lectura que hacía para los demás. También investigué las cartas personales de los personajes famosos y de toda la gente que conocía (habiendo reunido los datos con fines astrológicos). En los más de cuarenta años que llevo utilizando esta técnica, se ha convertido en mi forma favorita de presentar los arcanos mayores a los estudiantes para que se impliquen enseguida en una relación personal con las cartas. No hay mejor manera de desarrollar una comprensión visceral inmediata del lugar de los arcanos mayores en el tarot.

Para esta nueva edición de mi libro (publicado anteriormente como *Who Are You In the Tarot* [¿Quién eres en el tarot?]) pregunté a más de ciento cincuenta tarotistas cómo utilizan las cartas natales y anuales. Ciertos temas surgieron una y otra vez.

Aunque muchos no utilizan las cartas de nacimiento en absoluto o encuentran el concepto ilógico, otros dicen que son la mejor manera de introducir a alguien en el tarot, al darle un sentido de propiedad: «Esta es *mi* carta de nacimiento». Varias personas me explicaron que estas cartas personales funcionan como una brújula que las ayuda a recorrer su trayectoria vital, mantenerse en su camino y no perder de vista su propósito. Otras destacaron la visión y comprensión de los temas, lecciones, objetivos y planes en curso, que nos ayudan a encontrar orden y significado en las experiencias internas y externas. Las cartas también ofrecen orientación para la mejora personal y «la mejor manera de mostrarse ante el mundo». Algunos mencionan el empoderamiento que se obtiene cuando aceptamos nuestro propio ritmo y honramos nuestras fortalezas y debilidades únicas.

En lo que respecta a las cartas anuales, alguien las describió diciendo que la carta anual «muestra la dirección en la que sopla el viento para que el cliente pueda desplegar su vela», mientras que otra persona señaló que cuando examinaba varios años podía discernir en ellos ciclos de similitudes en los que las cartas se repetían.

Para los lectores profesionales de tarot, este «retrato en cartas» es una manera extraordinaria de abrir una sesión, ya que nos proporciona una visión de la personalidad del cliente y se centra en su receptividad, estableciendo así una conexión instantánea. Como visión general, estas cartas pueden centrarse en cuestiones recurrentes, y a menudo sorprenden al consultante respondiendo a sus preguntas antes de que las formule.

Muchos hemos descubierto que imprimir «un perfil del tarot», con las imágenes y descripciones de las cartas natales y anuales, es un bonito regalo para el cumpleaños de alguien o para los padres de un recién nacido.

Con los años he aprendido a ver mi propia combinación de Ermitaño/Luna con un aprecio cada vez mayor como mis guías para la autoaceptación y el crecimiento potencial.

Al trabajar con las cartas anuales, he entendido que, aunque puedo especular sobre el significado de las cartas particulares del año en curso o del próximo, las ideas más profundas llegan años después, cuando reflexiono sobre cuál fue el principal aprendizaje para mí durante ese tiempo. Por ejemplo, un año de la Muerte rara vez anuncia la muerte física de alguien cercano. En cambio, si le pido a un cliente un año que incluya la muerte más impactante de una persona cercana, la carta de ese año deja claro qué significado tuvo ese fallecimiento para él en términos de una lección de vida o de comprensión. Al igual que la gente suele recordar exactamente dónde estaba cuando se enteró de la muerte de John Lennon o cuando un avión se estrelló contra las Torres Gemelas de Nueva York, también mucha gente recordará el año de la pandemia de coronavirus. ¿Qué significó para ti ese cambio mundial? Lo mismo que una imagen onírica inolvidable, el significado puede seguir desplegándose a lo largo de los años.

Esto nos lleva al hecho de que estoy escribiendo este nuevo prefacio en medio de la pandemia de COVID-19 y los incendios forestales de California de 2020. He preguntado a muchos lectores del tarot qué significa para ellos su carta anual como lección o experiencia importante este año. Los cálculos de la carta anual arrojan como resultado cartas que van desde los Enamorados hasta la Torre, en un abanico de posibilidades en forma de campana. Entre las más de cuatrocientas cincuenta respuestas de entusiastas del tarot a través de Internet, encontré las siguientes tendencias en cuanto a las cartas anuales:

- La carta 6, los **Enamorados**, tenía que ver con la toma de decisiones y con ser más sinceros en las relaciones en un intento de armonizarse con el amor propio y el autocuidado que la pandemia requería.

- La sensación que producía la carta 7, el **Carro**, era la de ejercer la fuerza de voluntad para tratar de gestionar o controlar las necesidades y deseos contradictorios mientras uno se precipitaba hacia un futuro incierto.
- Una persona que tenía la carta 8, la **Fuerza**, señaló que en los años anteriores de la Fuerza «superó» las dificultades, pero que, ahora, al ser físicamente vulnerable, recurre a la energía espiritual como una técnica de resiliencia más eficaz.
- Quienes tenían la carta 9, el **Ermitaño**, la relacionaron con el aislamiento y la introspección, además de con la interrupción imprevista de múltiples proyectos y esperanzas.
- La carta anual 10, la **Rueda de la Fortuna**, fue asociada a los altibajos de la vida. Asimismo, requería iniciar cambios que enfocaran la atención hacia el exterior y las nuevas oportunidades.
- Aquellos con la carta 11, la **Justicia**, se fijaron más en las cuestiones sociales y protestas y en mantener el equilibrio y la estabilidad mientras buscaban la verdad.
- El **Colgado**, la carta 12, aumentó la sensibilidad a los sacrificios y las restricciones. Sentían que la vida había quedado en un estado de suspensión, con retrasos forzados e inacción; sin embargo, rendirse a ella permitía ver las cosas desde una perspectiva diferente.
- La carta 13, la **Muerte**, exigía cambios, finales, cierres: un forzado dejar ir y desechar apegos y viejas formas de hacer las cosas.
- La 14, la **Templanza**, exigía curación, compasión por los demás y, para algunos, atención a los patrones de consumo de alcohol y la regulación de sus patrones físicos y mentales.
- Aparentemente, la carta 15, el **Diablo**, estaba relacionada con las tentaciones, las luchas de poder y las cuestiones de tenacidad –mantener o romper los vínculos–, así como el trabajo con la sombra profunda y problemas para asumir la

responsabilidad en lugar de avergonzarse. Algunos encontraron consuelo en reírse de su arrogancia de creer que lo tenían todo bajo control.

- Con la **Torre**, la carta 16, parecía que todo se derrumbaba y algunos se preguntaron hacia dónde saltar para liberarse de la destrucción, mientras que otros se vieron liberados de las limitaciones sociales y laborales habituales.

Te recomiendo que añadas el mes y el año de tu nacimiento al año 2020 para determinar qué impacto, retos o lecciones de vida más importantes experimentaste entonces y qué nuevas percepciones están disponibles ahora.

Introducción

En este libro aprenderás dos conceptos principales. Uno se centra en tu naturaleza y el otro en la naturaleza del tarot:

1. Estás compuesto* por múltiples facetas, o diversos aspectos, del Yo. Cada uno de ellos posee su propio conjunto de habilidades y capacidades, que podrás utilizar más fácilmente una vez que las reconozcas. Conocer las cartas que mejor *te* representan te muestra estos yoes e incrementa tus opciones para actuar de forma efectiva y significativa en el mundo. Asimismo, te vuelve más compasivo y te ayuda a comprender mejor las diferentes formas de actuar de otras personas.
2. El tarot puede organizarse en diversos patrones para mejorar el estudio y la comprensión. Las constelaciones del tarot, en particular, reflejan correspondencias entre las cartas que numerológicamente se reducen a los números raíz (del 1 al 9). El resultado son nueve principios básicos que te brindan una forma muy poderosa de trabajar con las lecciones y oportunidades de la vida representadas por el tarot.

* N. del T.: Por razones prácticas, se ha utilizado el masculino genérico en la traducción del libro. La prioridad al traducir ha sido que la lectora y el lector reciban la información de la manera más clara y directa posible.

La edición original

En 1981, después de catorce años de estudiar el tarot y siete de enseñarlo, empecé a escribir libros sobre esta disciplina que hacían hincapié en el crecimiento personal y el autoconocimiento utilizando técnicas de autoaprendizaje. Por aquel entonces formaba parte del profesorado y la administración del New College of California ('nueva universidad de California') en San Francisco, una universidad de artes liberales en la que enseñé durante once años y fui directora de Estudios Independientes. Además, estaba haciendo un trabajo de posgrado sobre métodos de educación experiencial y orientada al hemisferio derecho del cerebro. El lema de la universidad era «Aprende a aprender» y su metodología principal era la socrática, por lo que gran parte de la tarea del profesor consistía en hacer preguntas y enseñar a los alumnos a hacerlas. Estos enfoques se convirtieron en el centro de mi trabajo como tarotista, profesora y autora.

Who Are You in the Tarot [¿Quién eres en el tarot?] es una extensa revisión de mi segundo libro, *Tarot Constellations* [Las constelaciones del tarot] (1987). Comencé esa obra con un apasionado alegato:

> Tú eres tu propio maestro. Todas las reglas que aprenderás aquí están hechas para ser quebrantadas. Cuestiona todo lo que digo y no aceptes nada hasta que puedas notar los resultados que te aporta. A medida que vayas leyendo este libro, aclárate a ti mismo cuáles son tus intenciones al trabajar con el tarot: ¿qué quieres aprender de él?

Sigo siendo partidaria de saltarse las reglas (cuando lo dicta el sentido común) para aprender cuáles son las que merece la pena cumplir. Esta obra presenta diversas técnicas, en apariencia no racionales, para determinar las cartas que podrían tener un significado especial para ti. En el proceso de discernir un significado personal en ellas, establecerás enseguida una relación con el tarot totalmente personal y única. Estas cartas personales se convierten en amigos y guías que te ayudan a conectar con el resto de la baraja y a descubrir el significado de tus experiencias. Conforme explores las cartas personales de tus amigos, familiares y clientes, empezarás a apreciar las distintas formas de afrontar la vida que tienen los demás, lo que se traduce en compasión y comprensión en casos en los que antes podría haber desconcierto o frustración.

Las correspondencias con cartas específicas, ya sea a través de tu cumpleaños, tu nombre o tus características personales, son significativas desde el punto de vista esotérico e imaginario. *Esotérico* significa 'dentro' y se refiere a elementos oscuros, enigmáticos o misteriosos y, por tanto, incomprensibles para la mente racional y científica. Por *imaginario* me refiero a símbolos e imágenes internos, cargados de emociones, que motivan tus acciones y le dan sentido a tu vida. Este libro ofrece un enfoque simbólico o mítico, más que científico, del mundo y de tu psique. Estas correspondencias te ayudarán a explorar los temas que te inspiran, motivan y desafían, pero para que las técnicas sean verdaderamente útiles tienen que servirte. Así que pruébalas, añádelas a los significados que descubrirás aquí, utiliza lo que *a ti* te funciona y deja de lado lo que no te sirva.

El tarot y tu destino

Este libro se basa, en gran parte, en la idea de que has nacido durante una fase del año solar, marcada por una fecha del calendario. La energía de esa fase solar coincide con algo que tu espíritu, tu alma o una conciencia superior eligió desarrollar en esta vida en particular. Esta energía aparece reflejada en tu fecha de nacimiento, basada en un calendario que encarna nuestra cultura occidental y su cronología histórica. Asimismo, recibiste un nombre que te vincula con tu familia, tu cultura y tu herencia. Para aprovechar al máximo este material, te sugiero que asumas la mentalidad mágica, es decir, que te abras a la posibilidad de que un «Gran Tú» o Yo Superior eligiera los factores que te ayudarían a tener éxito en el propósito de tu alma. Tu destino es sacar el mayor partido de este potencial, independientemente de que entiendas las cartas de vida o no. Aunque esta premisa es discutible, seguramente descubrirás que actuar «como si» fuera cierta aporta enormes beneficios porque no solo te ayuda a ubicarte y orientarte, sino que también te proporciona una comprensión compasiva de ti mismo y de los demás.

Las cartas del tarot, a nivel numerológico, te proporcionan una herramienta visual para determinar tanto las posibilidades como las dificultades que has establecido para ti mismo a través de tu fecha de nacimiento y tu nombre. Te ofrecen un método para mirar esa energía e incluso comunicarte con ella, para que puedas saber cuándo y cómo la estás viviendo realmente en el mundo.

Las cartas del tarot asociadas a tu fecha de nacimiento y a tu nombre forman tu mandala individual: tu patrón de destino personal. Aunque tu destino también está trazado en tu carta natal astrológica, o puede calcularse mediante las formas tradicionales de numerología, ninguna de estas otras perspectivas te permite trabajar con el poder de las imágenes, cada una de las cuales expresa mil palabras y cuenta mil veces mil historias. Solo el tarot te presenta las figuras de poder personal con las que puedes dialogar y a las que puedes pedir orientación para alcanzar tu destino más elevado.

La baraja del tarot tiene setenta y ocho cartas, normalmente divididas en tres grupos:

- 22 arcanos mayores, o cartas de triunfo o claves.
- 40 cartas de números o pip.
- 16 cartas de la corte o de personas.

La combinación de las cartas de números y las cartas de la corte constituye lo que se llaman los *arcanos menores*; ambas están divididas en cuatro palos que representan los cuatro elementos:

Bastos = fuego	Espadas = aire
Copas = agua	Pentáculos = tierra

Este libro también hace hincapié en una división del tarot en nueve «constelaciones del tarot» y en los principios que las acompañan (ver el capítulo uno).

La controversia de las cartas 8 y 11 y las correspondencias astrológicas

Como gran parte de este libro se basa en los números de las cartas, he tenido que enfrentarme a un dilema sobre qué hacer con la Fuerza y la Justicia. Tradicionalmente, en las barajas europeas continentales, personificadas por el tarot clásico de Marsella, que data del siglo XVII, la Justicia es el número 8 y la Fuerza el 11. Sin embargo, hay ciertas variaciones en las secuencias de números que se encuentran entre las primeras barajas de tarot, incluida una primera baraja grabada en madera en la que tanto la Fuerza como la Justicia tienen el número 8.[1]

En 1910, el estudioso del ocultismo Arthur Edward Waite hizo historia en el tarot al publicar una nueva baraja con diseños de Pamela Colman Smith, miembro de su orden mística, en la que estas dos cartas están intercambiadas. En la baraja de Waite-Smith, la Fuerza es el número 8 y la Justicia el número 11. Esto se ajustaba a un secreto presente en el corazón de la Orden Hermética de la Aurora Dorada,* en la que las cartas recibían correspondencias de letras hebreas, astrológicas y numéricas (conocidas como correspondencias alfa-astronuméricas), de forma que la Fuerza se alineaba con Leo y la Justicia con Libra.

Ambos sistemas de numeración son comunes hoy en día, lo que requiere que cada nuevo autor de tarot, diseñador de barajas y practicante haga su propia elección del 8 y el 11. Esto se vuelve esencial cuando se trabaja con sistemas numerológicos. En mi opinión, cualquier sistema de numeración que se aprenda bien primero queda impreso mentalmente y luego es difícil desaprenderlo. Y, como sugiere

* N. del T.: Hermetic Order of the Golden Dawn.

Gareth Knight en su libro *The Treasure House of Images* [Tesoro de imágenes], quizás todos los órdenes limitan las posibilidades del tarot.

En el apéndice A, analizo en detalle los aspectos históricos, funcionales y personales de esta «controversia del 8 y el 11», y por qué ambos sistemas son válidos. Mientras tanto, este libro utiliza el sistema de numeración de Waite-Smith, o de la Aurora Dorada, en el que la Fuerza es el número 8 y la Justicia es el número 11, con sugerencias ocasionales para trabajar con las barajas de estilo europeo continental. No dudes en adaptarlo y hacer los ajustes necesarios.

Asimismo, todas las correspondencias astrológicas de las cartas se basan en las tradiciones de la Orden Hermética de la Aurora Dorada y, por tanto, en las barajas influenciadas por Crowley/Harris, Waite/Smith y Paul Foster Case.

Cómo usar este libro

Fotocopia las tablas que vayas a utilizar repetidamente. Escribe en este libro. También sugiero que lleves un cuaderno o diario de tarot. Puedes usar un libro en blanco, una carpeta de tres anillas, un conjunto de carpetas de ordenador o físicas, o una combinación de todo esto. Un formato flexible te permite añadir y ampliar tus notas a medida que aumentan tus conocimientos e intereses, mientras que un bonito diario puede ofrecer una sensación de placer y aprecio. O utiliza un diario físico para los diálogos y un diario de ordenador para lo que quieras cortar y pegar. Lo que funciona para una persona no tiene por qué funcionar para otra. Plantéate incluir alguno de los siguientes elementos:

- Interpretaciones y asociaciones de cartas.
- Tu propio diccionario de símbolos.
- Imágenes, bocetos, música y citas relacionadas con el tarot.
- Análisis y comparaciones de diferentes barajas.
- Tiradas y disposiciones de cartas.

- Lecturas realizadas para ti mismo o para otros.
- Diálogos, procesos, meditaciones y mandalas de cartas.
- Cartas de vida de familiares y amigos.
- Tu gráfico de la carta anual y tus observaciones al respecto.

Internet y las aplicaciones en la nube ofrecen muchas opciones para crear diarios personales. Es fácil incluir imágenes, vídeo y audio, además de enlaces a recursos útiles. Por ejemplo, los blogs pueden configurarse como públicos, privados o solo para miembros, y también conectarse a las redes sociales, como tú quieras. Puedes acceder a tu diario *online* desde cualquier lugar y compartir únicamente lo que quieras. Sin embargo, ten en cuenta que todo lo que se publique en Internet está sujeto a problemas de derechos de autor, ya sea por tu uso de obras ajenas o porque otros infrinjan tus derechos.

Aunque este libro está diseñado para que lo utilices individualmente, puedes progresar más rápido interactuando con otros. Encuentra un compañero de tarot o forma un grupo de estudio de tarot. También encontrarás foros de tarot en la Red con debates y grupos de estudio que cubren muchos de los procesos de los que se habla aquí. No hay razón para que te sientas solo en tu viaje de tarot o para pensar que yo o cualquier otro autor somos tu única fuente de información.

El capítulo dos contiene varios procesos que puedes utilizar para explorar el significado personal de tus cartas de vida y año o, de hecho, de cualquier carta del tarot.

Si lo deseas, pasa al capítulo tres para calcular tus cartas de vida. Aunque el orden de los capítulos te proporciona herramientas, métodos y conceptos, el libro, en su conjunto, debe considerarse un recurso flexible. Podrás leer las secciones en el orden que más te interese.

Estudia tu carta de vida

Como con cualquier sistema de tipificación psicológica, tienes que preguntarte: «¿Qué me dice esto sobre mí y cómo puedo utilizar esta información?». Cuando escribí la primera versión de *Tarot Constellations* [Las constelaciones de tarot] y luego, a lo largo de todos los años transcurridos desde entonces, estudié de manera informal la relación entre las personas y sus cartas natales. Te animo a hacer lo mismo y, por esta razón, he incluido una lista de personajes famosos que coinciden con las diferentes constelaciones para que investigues.

Lo que descubrí es que las cartas de vida no tienen nada que ver con la personalidad pública de un individuo, con su carrera, con su capacidad para triunfar o con el hecho de ser un innovador en su campo, que son las razones por las que son famosos. Así que habrá que mirar bajo la superficie de sus célebres fachadas. Es cierto que parecen surgir algunas tendencias que he introducido en las descripciones de las cartas. Pero la mayoría de las descripciones de las cartas de vida provienen de lo que he aprendido de amigos, familiares, estudiantes, clientes y otros profesionales del tarot con los que he analizado este tema.

Sus constelaciones parecen describir la clase de lecciones que aparecen continuamente en su vida y el tipo de impulsos internos sutiles que motivan sus elecciones y acciones.

Las cartas de vida describen la clase de lecciones vitales a las que los individuos se enfrentan una y otra vez y el tipo de impulsos internos sutiles que motivan sus elecciones y acciones.

Entonces, si el propósito de tu alma no es un trabajo, una esfera de actividad, un talento externo o una lista de logros, ¿en qué consiste? Parece que, más que lo anterior, es una compulsión interna, un anhelo o un cuestionamiento y la necesidad de ir a dondequiera que esto te lleve y, de paso, aprender todo lo que puedas de ello. Se trata de una fuerza o impulso subyacente que da sentido a los acontecimientos y a las interacciones personales, de manera que los vivimos como experiencias profundamente significativas y satisfactorias.

La mayoría de las personas famosas más jóvenes que he incluido en la lista son celebridades del mundo del pop y empresarios de Internet, porque estos son los nombres con los que la mayoría estamos familiarizados. Gran parte de lo que conocemos de ellos suele ser falso y sensacionalista, y está cuidadosamente manipulado por la maquinaria mediática que los respalda. Sus personajes públicos podrían tener poco que ver con lo que realmente son. Los incluyo simplemente para impulsarte a que indagues por tu cuenta.

Para obtener algo de las listas de famosos, hay que investigar y encontrar sus declaraciones más sinceras, citas autobiográficas que revelen lo que, de verdad, los conmueve, en qué creen, contra qué luchan y qué defienden. No se trata de lo que se ve en la superficie, sino de lo que se esconde debajo. Hay que buscar los temas que motivan e impulsan a una persona a lo largo de su vida. ¿Qué canciones expresan más lo que un compositor siente de verdad, a pesar de los altibajos del momento? ¿Qué es lo que un arquitecto o cineasta innovador lucha siempre por conseguir? ¿Qué circunstancias les plantean sus mayores retos? ¿En qué creen? ¿Qué es lo que sostiene a una persona y la impulsa a actuar? Y, a medida que descubras estos temas centrales, pregúntate cómo experimentas cuestiones similares en ti mismo.

Sin embargo, descubrirás que la mejor fuente para entender las cartas de vida es examinar cómo funcionan para ti y para la gente que conoces.

Capítulo 1

Constelaciones, principios, arquetipos y creencias

Estás a punto de iniciar una aventura en la que este libro te servirá de guía. Se trata de un recorrido mágico, iluminado por lo que he dado en llamar las *constelaciones del tarot*. El firmamento que contemplamos por las noches fue cartografiado por primera vez seis siglos antes de Cristo por los antiguos caldeos, «los observadores del cielo», que lo dividieron en grupos significativos de astros. En Occidente identificamos estos conjuntos de estrellas como constelaciones; les asignamos el nombre de seres míticos, animales y objetos, y compusimos leyendas sobre ellos que nos sirvieron de guía para entender el significado y el propósito de la vida. Del mismo modo, la baraja del tarot es otro mapa de la conciencia elaborado por nuestros antepasados que ha llegado a nuestros días, en el que ahora plasmamos el viaje de nuestro Yo. Un filósofo legendario, y probablemente ficticio, llamado Hermes Trismegisto, describió así la relación entre el universo interior y el exterior:

> Como es arriba es abajo, y como es abajo es arriba, para consumar el milagro de la Unidad.

Esta frase, conocida como el *axioma hermético*, constituye el núcleo de toda la filosofía alquímica y metafísica y la clave para entender el uso de símbolos como el tarot.

Sin embargo, hay que tener en cuenta que, en realidad, las constelaciones astronómicas y astrológicas no son sistemas estelares conectados, sino conjuntos imaginados de puntos de luz, algunos de los cuales se encuentran relativamente cerca de nosotros y otros mucho más distantes, de manera que la aparente relación que existe entre ellos se da tan solo desde nuestra propia plataforma de visión, que es la Tierra. Debido a nuestra necesidad interna de significado personal, a lo largo de la historia la humanidad ha proyectado su propia consciencia sobre el firmamento nocturno en forma de complejos patrones e imágenes. No obstante, el significado que encontramos en ellos es absolutamente válido: cuando miramos las estrellas, nos vemos claramente a nosotros mismos. En las acertadas palabras del autor Joseph Chilton Pearce: «La mente del hombre refleja un universo que, a su vez, refleja la mente del hombre».[2]

Constelaciones del tarot y los nueve principios básicos

Según el *American Heritage Dictionary*, las constelaciones son «agrupaciones de objetos, propiedades o individuos», especialmente las que están «relacionadas de forma estructural o sistemática». La mayoría de los acontecimientos y las inquietudes actuales en un momento determinado de tu vida están «constelados», o agrupados, en torno a temas centrales específicos. En la medida en que las cuestiones consteladas en tu interior influyen en tus acciones, también definen tu carácter.

Las cartas de una lectura reflejan tus asuntos constelados actuales, tanto internos como externos. Estas constelaciones están formadas por cartas que resuenan con el mismo tema, de mayor y menor intensidad, y cada carta de una constelación ofrece una perspectiva diferente sobre el tema. Cuantas más situaciones de tu vida encajen en la descripción, más implicado estarás en un asunto o dilema central, que seguirá proyectándose a sí mismo y proyectando su significado en los acontecimientos externos hasta que se resuelva. Las posiciones de una tirada de tarot descomponen la constelación en varias propiedades distintivas. Al igual que una constelación celeste, que es una agrupación de estrellas que define las líneas de una figura y representa una historia, una tirada de tarot te retrata y cuenta una historia sobre ti. Por lo tanto, las tiradas son también constelaciones que representan los acontecimientos que han confluido para formar tu historia actual.

Para nuestros propósitos, lo más importante es que hay un conjunto de nueve constelaciones de tarot que consisten en las cartas de los arcanos mayores más las cartas de los arcanos menores de los mismos números raíz (del 1 al 9). (Estos nueve conjuntos de cartas constelan o se agrupan en torno a nueve principios básicos. La división de los arcanos mayores en nueve grupos similares, llamada «la cábala de las nueve cámaras» (ver el apéndice B), aparece en los escritos de MacGregor Mathers y Aleister Crowley, miembros de la Orden Hermética de la Aurora Dorada, de la que surgieron dos de las barajas de tarot más influyentes que se utilizan hoy en día: las barajas de Waite-Smith y Thoth.

El descubrimiento de las constelaciones

El concepto de «constelaciones del tarot» lo conocí en 1978 gracias a Ángeles Arrien, que enseñaba el tarot con la baraja Crowley-Harris Thoth. Me explicó que una noche estaba jugando con las cartas y dispuso los arcanos mayores y menores en grupos basados en los números: puso todos los 1 juntos y todos los 2, etc. Luego incluyó todas las cartas que sumaban cada uno de los nueve números de un solo dígito (raíz). Por ejemplo, como 17 = 1 + 7 = 8, la decimoséptima carta, la Estrella, se colocaba con los 8, y así sucesivamente.

Estaba organizando los grupos en patrones cuando sonó el teléfono. Era Joseph Campbell, autor de obras sobre mitología y simbolismo, con quien dirigía un taller en el Instituto Esalen. Estaba entusiasmado por la revelación que había tenido recientemente de que las constelaciones no están únicamente en el cielo y las estrellas, sino que esas agrupaciones de patrones se dan en todas partes a lo largo de nuestras vidas. Angie dice que, mientras Campbell hablaba, se quedó mirando las cartas que acababa de agrupar por el suelo y vio que eran «constelaciones del tarot». En la medida en que los patrones constelados dentro de ti determinan tu carácter, se convierten en patrones de destino personal: en las fuerzas principales que motivan y dirigen tu vida.

Tabla 1: Los nueve principios de las constelaciones

1. El principio de la voluntad y la consciencia enfocada.
2. El principio del juicio equilibrado a través de la consciencia intuitiva.
3. El principio del amor y la imaginación creativa.
4. El principio de la fuerza vital y la consciencia del poder.
5. El principio de la enseñanza y el aprendizaje.
6. El principio de la relación y la elección.
7. El principio de dominio a través del cambio.
8. El principio del valor y la autoestima.
9. El principio de la introspección y la integridad personal.

Cómo utilizar las cartas de vida en una lectura

Imagina que has venido a una consulta de tarot. Podría comenzar (incluso antes de conocer tu pregunta) con la constelación del tarot determinada por tu fecha de nacimiento: tus cartas de la personalidad, del alma y del factor oculto, seguidas de tu carta anual. Todas ellas las explico en este libro.

A partir de la información contenida en tus cartas de la personalidad y del alma, me hago una idea de cómo comunicarme contigo en una lectura. Esta comprensión puede modificar la forma en que interpreto una carta o el grado en que enfatizo su importancia. Además, estas cartas personales te sugieren cómo podrías escuchar mejor lo que el tarot tiene que decir.

Durante el proceso de descripción de tus características primordiales y tus temas vitales, mi intuición sintoniza con tu potencial y tus posibilidades. Casi con toda probabilidad descubrirás que esta información básica resuena contigo y te confirma que hay motivos para actuar como lo haces. Si, por ejemplo, tienes el Carro como carta de la personalidad y del alma, es natural que protejas tus sentimientos internos. No solo te escondes bajo una máscara de bravuconería, o un papel en tu vida, sino que ese es el santuario en el que desarrollas tus habilidades. Sin embargo, con el tiempo, cuando hayas aprendido lo que necesitabas de ese refugio, tendrás que derribarlo. Como Carro, si actualmente tu vida se encuentra en un estado de agitación, trataremos de saber si estás dejando atrás una identidad antigua y restrictiva que hasta ahora te frenaba.

De este modo, incluso antes de que comience la lectura propiamente dicha, tendrás una idea no solo del «qué», sino también del «porqué» está sucediendo algo en tu vida. Esto es especialmente pertinente si te preguntas: «¿Por qué me pasa *siempre* lo mismo?». A menudo, las ocurrencias repetitivas se pueden rastrear hasta las lecciones inherentes a tus cartas de la personalidad, del alma y del factor oculto, que responden a la pregunta: «¿Qué he venido a aprender aquí?». Las cartas de números de los arcanos menores de la misma constelación muestran los tipos de situaciones vitales en las que es más probable que experimentes estas lecciones. A menudo, a los pocos minutos de que te describa las características de tu patrón de constelación particular, empezarás a ver por ti mismo, en las imágenes de las cartas, su relevancia en tu vida.

A continuación, calculo tus cartas anuales de los últimos años y de los próximos tres a cinco años. A partir de la descripción que hago de estas cartas, empiezas a ver cómo se forma un patrón de desarrollo: por ejemplo, cómo la elección de un año se materializa en el siguiente o cómo pasas de un estado interior o más reflexivo a una energía social o más agresiva. Verás cómo esto te permite experimentar lecciones complementarias en los años siguientes. Por ejemplo, en un año del Carro, intentas mantener el control sobre los instintos e impulsos opuestos, pero en el año de la Fuerza que sigue, aprendes a aceptar tus instintos para lograr actuar en armonía con ese poder desde el interior. Esta oportunidad no durará para siempre: solo tienes un tiempo limitado para plantarle cara a tu «bestia» interior y descubrir lo que de verdad «deseas». Tras esto, pasarás a la siguiente lección, llevando contigo lo que has aprendido esta vez. De este modo, empiezas a ver cada año como una emocionante oportunidad de crecimiento. Las lecciones del año en curso suelen afectar directamente a la situación por la que has acudido a la consulta.

Este proceso suele llevar de un cuarto a un tercio del tiempo que dedico a una consulta. Es posible que, para cuando te pregunto qué quieres saber o cuál es tu problema específico, ya hayas obtenido respuesta a tus preguntas más acuciantes. Tus preocupaciones inmediatas se sitúan ahora en una perspectiva más amplia, de modo que las ves como parte de un patrón de vida completo. Este es uno de los principales objetivos de las constelaciones del tarot.

Los arquetipos y el tarot

Las cartas del tarot tienen un gran significado personal porque simbolizan tus características humanas inherentes y eternas, que el psicólogo Carl Jung denominó «arquetipos». Estos arquetipos, visualizados y proyectados en naipes pintados en dos dimensiones, hablan en los niveles más profundos de los secretos que se ocultan tras tu personalidad cotidiana.

Los acontecimientos de tu vida se desarrollan en torno a innumerables patrones o temas, de forma similar a los temas de los mitos antiguos. Una vez que empiezas a percibir esos patrones, entiendes que tu vida no carece de sentido, sino que tiene un gran significado mítico y espiritual. En palabras de M. Esther Harding, psicoanalista junguiana:

> El hecho de que el camino se desarrolle de esta manera, paso a paso, y dirija, a menudo mediante giros inesperados, al individuo hacia la meta de la plenitud, debe significar que en la psique existen pautas o reglas de desarrollo análogas a las que operan en el ámbito fisiológico, como las que llevan al crecimiento y desarrollo del embrión. Ciertamente, no debería sorprendernos encontrar en la vida psíquica tales pautas *a priori*.[3]

Harding continúa diciendo que los hombres y las mujeres, al hallar esa integridad en su interior, y al liberarse de los conflictos y la división en sus propias vidas, «están haciendo algo constructivo para la solución de los propios problemas que asolan a la humanidad».[4] Un mundo libre de conflictos y divisiones solo puede existir si está habitado por individuos que ya se han liberado del conflicto y la división.

En los conceptos de la psicología junguiana, el término *constelado* se refiere a un arquetipo particular formado por factores entrelazados, dotado de gran poder y activado por un exceso de energía. Este arquetipo constelado dominará tu psique a menos que comprendas su energía y la integres en tu personalidad. Si no es así, sus cualidades se proyectarán en otras personas que consideres más poderosas y capaces. Entonces te sentirás inadecuado e inferior o egoísta y engreído en ese ámbito. Sin embargo, los valores inherentes a ese arquetipo están en ti y los irás asimilando poco a poco.

Aunque un arquetipo puede constelarse en tu psique en cualquier momento de tu vida, al nacer ya estás dentro de una constelación concreta. Esto se demuestra directamente a través de tu carta astral calculada para el minuto exacto de tu nacimiento. Otro nivel de esta «marca de nacimiento» es el arquetipo cuya energía se constela en la fecha en que naciste, simbolizada por la carta del tarot correspondiente a la suma numerológica de esa fecha. Cuando se te asigna un nombre, se constela otra energía, que te corresponde asimilar. Estas ocurrencias aparentemente «casuales» se vuelven más comprensibles si aceptas que tu Yo Superior eligió tus circunstancias de nacimiento para que pudieras desarrollar características particulares, afrontar tipos específicos de desafíos y concentrarte en cumplir una meta autodeterminada. El nombre que te dieron al nacer, con sus significados culturales, familiares y generacionales, indica las constelaciones sociales con las que tu alma deseaba trabajar. Si cambias de nombre, eliges expresar nuevos arquetipos que reflejan nuevas constelaciones energéticas. A menudo, cuando liberas un arquetipo en la conciencia, no puede volver a encajar en su antiguo receptáculo, por lo que hay que crear uno nuevo: una nueva formación constelada, un nuevo nombre para él. Cada año de tu vida también se define por una confluencia particular de energía, representada por un arquetipo cuya influencia pasajera te da la oportunidad de comprender e integrar sus valores y lecciones en tu Yo. Si esa energía ya existe en tu nombre o en la fecha de tu nacimiento, se activa y es más accesible de lo habitual. Debes tratar con ella de forma directa y constructiva, o, de lo contrario, sus poderosos efectos serán más destructivos que beneficiosos.

Podría decirse que las cartas determinadas por tu nombre y fecha de nacimiento representan las principales tensiones con las que lucharás toda tu vida. Las cartas que te expresan solo en ciertos momentos o bajo circunstancias particulares pueden mostrar cuestiones secundarias. La analista junguiana Marie-Louise von Franz llama a estos arquetipos constelados «una masa de energía dinámica» y «un factor de probabilidad psicológica». Según ella, en realidad, la constelación de un arquetipo crea un patrón o estructura interna en la psique. Las técnicas oraculares, dice, son intentos de llegar a estas estructuras básicas para poder realizar una lectura de las probabilidades psicológicas. Como ella misma dice: «Los oráculos de adivinación son un intento de contactar con la carga dinámica de una constelación arquetípica y dar un patrón de lectura de su esencia».[5]

Las constelaciones arquetípicas centrales en la vida de una persona –con las que debe enfrentarse a lo largo de toda su trayectoria vital– son las formas del propósito que ha elegido y se expresan en la fecha de nacimiento y en el nombre recibido al nacer. Estos datos personales representan a un nivel profundo lo que uno está destinado a realizar en la vida y cuyo significado debe comprender.

Otra forma de ver al Yo en el acto de elegir su propio destino es la imagen del niño o del Loco jugando a un juego de azar, es decir, de apostar. Cuando se lanzan los dados (una de las formas más antiguas de juego), la «suerte del lanzamiento» determina la jugada. El destino supuestamente rige ese momento. Sin embargo, según la teoría de la sincronicidad de Jung, todo lo que ocurre en un momento dado está relacionado de forma significativa. El destino se convierte entonces en un fenómeno sincrónico.[6] Así, los sucesos sincrónicos –que parecen ser únicos, esporádicos e imprevisibles– ocurren dentro de un firmamento más amplio, que nunca, o rara vez, somos capaces de ver. Los sucesos coincidentes reflejan la constelación, y cada uno de ellos ilumina una pequeña porción del campo mayor, es decir, el arquetipo que busca expresarse. Veo esto en la imagen del Loco en el tarot, que lanza el destino –y a sí mismo– al viento. Se limita a adentrarse en una corriente que ya está ahí y la sigue, aunque no la vea. Confía en su destino y con el tiempo es posible que llegue a reconocer sus pautas y sus límites. Pero te preguntarás: «¿Cómo puede un número decirme cuál es mi constelación arquetípica central?». Científicamente hablando, vivimos en un continuo de tiempo-espacio basado en la «relatividad» matemática. Medimos en números tanto el tiempo como el espacio. De nuevo, según Von Franz:

> El número nos proporciona información sobre el conjunto de acontecimientos ligados a un determinado periodo de tiempo. Cada momento propicia otro conjunto, y el número nos revela la estructura cualitativa de esas agrupaciones de acontecimientos de naturaleza temporal. Creo que tenemos que ver que el número es una representación o idea arquetípica que contiene un aspecto cuantitativo y otro cualitativo.[7]

Von Franz hace referencia a Richard Wilhelm, traductor del *I Ching*, quien explica que los chinos consideraban que se podía predecir el futuro del mismo modo en que sabemos que un árbol se condensa en una semilla. Así, «si conocemos el núcleo central de una situación [como puede ser la propia vida], podemos predecir sus consecuencias». Interpreto que aquí las «consecuencias» serían el equivalente a la propia vida. Von Franz continúa:

> Ahora bien, lo que esto significa en lenguaje psicológico es que si conocemos la constelación arquetípica subyacente más profunda de nuestra situación actual, podremos, hasta cierto punto, saber cómo irán las cosas.[8]

En este libro, procuraré ofrecerte algunas herramientas para que descubras tu constelación «nuclear».

La naturaleza de las creencias

Las cartas del tarot actúan como espejos que te permiten observar tus experiencias con cierta objetividad. Las imágenes del tarot reflejan nuestras creencias sobre la vida y representan literalmente las estructuras de creencias hereditarias y sociales en las que hemos nacido, específicamente en nuestra cultura occidental. Muestran gran afinidad con la filosofía hermética, la cábala, la astrología, la numerología, la psicología junguiana, las psicologías míticas y simbólicas, la alquimia y otros sistemas metafísicos esotéricos. Cada uno de ellos describe un marco particular de la realidad, del mismo modo que los sistemas científicos describen el tipo de estructura que existe en los átomos y las moléculas. Uno de los marcos más básicos puede imaginarse como algo similar a la danza de Shakti y Shiva (deidades del panteón hindú), en la que sus trazos se asemejarían a una red con la que se construye nuestro universo. Y como Shakti y Shiva expresan la dualidad básica de lo femenino y lo masculino, su entramado se describiría en una especie de código binario: encendido/apagado, orden/caos, consciente/inconsciente, blanco/negro, energía/materia, masculino/femenino, bueno/malo, el parpadeo dentro y fuera de la manifestación.

Cada individuo contribuye a las creencias colectivas que, en conjunto, forman nuestra sociedad. Siempre que actuamos de acuerdo con una creencia, independientemente de que pensemos que sea buena o no, la perpetuamos. La mayoría de las veces no somos conscientes de que nuestras acciones se basan en creencias. Simplemente «hacemos lo que es natural». «¿Por qué cuestionar cada uno de nuestros movimientos?», nos preguntamos. Solo hay que ser «natural». Sin embargo, ¿es natural seguir ciegamente una serie de creencias e ideas que nos han inculcado, primero nuestros padres y profesores, y después los grandes empresarios, la élite política y la televisión? Eso es lo que hace la mayoría de la gente. Lo llaman natural, pero no tiene nada que ver con la naturaleza. Es un comportamiento habitual y reactivo en lugar de activo; nos lleva a una sensación de impotencia cuando nos vemos atrapados en el fuego cruzado de las creencias conflictivas de cada uno de nuestros numerosos maestros.

Las creencias son tanto útiles como perjudiciales, y la mayoría solo nos sirven en el contexto adecuado. El problema es que tienden a generalizarse como normas de conducta y se olvidan las razones que las justifican. Por ejemplo, a algunas personas se les inculca que no hay que poner nunca un sombrero sobre la cama o la silla. Por consiguiente, regañan a todo el mundo y pueden entablar desagradables disputas si alguien deja un sombrero en la cama. Son muy pocos los que se preguntan de dónde viene esta idea. («Son solo buenos modales»). En realidad, esta idea tiene un origen práctico. Muchas comunidades, incluso hoy en día, tienen problemas de piojos. Estos parásitos pueden propagarse muy rápidamente de un sombrero a una cama, y luego a otra persona. Ahora bien, a no ser que vivas en un entorno pésimo, no tienes que preocuparte por un sombrero en la cama. Se trata de una norma de conducta aislada de su origen. Contradecirla puede tener malas consecuencias, pero estas son impuestas o creadas a partir del miedo, no directamente como un efecto natural. Otras creencias son más insidiosas: «Si sales bajo la lluvia, te resfriarás». Sin embargo, esta idea no se encuentra en algunas culturas, en las que el hecho de que te sorprenda la lluvia no se considera que tenga ninguna relación con resfriarte.

Cuando la gente cree en fenómenos psíquicos y espera que ocurran en su vida, los busca y los nota. Si crees que te beneficiará desarrollar tu sexto sentido, ¿por qué no ibas a creer en él? Si estás en contra de la guerra, pero estás convencido de que es inevitable, actuarás con una expectativa de hostilidad y violencia. ¡Una de las primeras cosas que debes hacer es tomar conciencia de cuáles son tus emociones y creencias!

Uno de los principios básicos de todos los sistemas de pensamiento metafísico es que creamos nuestra propia realidad de acuerdo con nuestras creencias. Estas creencias forman la verdadera estructura de esa realidad y mantienen su cohesión. Pero en cierto sentido, se trata de creencias arbitrarias. Por eso, por ejemplo, uno puede creer en los sueños precognitivos y experimentarlos a menudo, mientras que otro que no cree encontrará «pruebas» en cada caso de que se trata de un conocimiento previo o de una coincidencia. Un escéptico no experimentará nada contrario a sus creencias hasta que una creencia de estas cambie, permitiéndole percibir otra realidad, es decir, abrir su universo.

Tal vez hayas leído recientemente un libro que leíste hace años, pero ahora descubres que dice algo totalmente distinto. ¿Cómo pudiste interpretarlo mal aquella primera vez? Porque no te diste cuenta de los aspectos que no encajaban en tu sistema de creencias. Las creencias dirigen tus percepciones, así como tus respuestas emocionales. En este libro trato de utilizar los términos *pienso*... o *creo*... deliberadamente para señalar una creencia personal mía que tú podrías compartir o no. No obstante, aun cuando muchas veces no los utilice, debes tener en cuenta que están implícitos en todo momento. Si no tienes una creencia similar, quizás no entiendas lo que digo, o puede que le atribuyas un significado completamente diferente. Como mínimo, cuestiona las ideas que expreso, siendo consciente de que existe una infinita variedad de creencias. De todos modos, te pido que mantengas una «suspensión voluntaria de la incredulidad», es decir, que te acerques a las ideas y ejercicios de este libro con una actitud de diversión y despreocupación. Debes estar dispuesto a jugar conmigo, a probar las sugerencias de este libro para ver si te enseñan algo nuevo; luego, por supuesto, podrás desarrollar tus propias reglas de juego.

Capítulo 2

Técnicas para trabajar con tus cartas personales

Este capítulo ofrece varias formas de obtener una visión personal de lo que significan para ti tus cartas anuales y de vida (entre ellas las cartas de lecciones y oportunidades de los arcanos menores) y los significadores de las cartas de la corte. Te pido que empieces por explorar primero una carta con la que te sientas más identificado (antes de aprender qué cartas están determinadas para ti en los capítulos siguientes); la otra opción sería pasar al siguiente capítulo para averiguar cuáles son tus cartas de nacimiento y volver a este capítulo cuando estés preparado para trabajar más a fondo con estas.

Inevitablemente, durante gran parte de este libro te hablaré de los rasgos y características de las cartas y constelaciones. Aunque esto te resultará útil, en cierto modo también es limitante y puede impedirte acceder a tu propia sabiduría interior. Del mismo modo que ningún libro que explique el significado de los símbolos de los sueños es capaz de desentrañar adecuadamente o con exactitud tus propios sueños, tampoco mis interpretaciones pueden explorar tu propio abanico de posibilidades. Sin embargo, te animo a que consultes otros libros y a que amplíes continuamente tu repertorio de significados para profundizar en tu apreciación de las cartas.

Tu primer ejercicio

Ahora mismo, extiende tu baraja de tarot, bocarriba, y elige la carta de los arcanos mayores que creas que representa mejor qué te gusta pensar de ti mismo. Para ello, toma los veintidós arcanos mayores de tu baraja y repásalos mirando las imágenes. Elimina todas las cartas que no sean la expresión más completa de este Yo (aunque puedan representar alguna parte del todo). Sigue eliminando cartas hasta llegar a quedarte con tres o cinco cartas. Extiéndelas delante de ti y elige la carta que mejor represente lo que crees que eres.

La carta que hayas elegido en primer lugar siempre ocupará un lugar especial en tu corazón. Tal vez represente un Yo ideal o una parte de ti con la que te sientes muy a gusto, como una camisa favorita y muy usada, o podría ser una parte de ti que está oculta a los demás o una imagen de ti mismo que te cuesta materializar o que intentas rechazar.

Para dialogar con tu carta sigue las instrucciones que vienen a continuación.

Diálogo con las cartas

Se trata de conversar con una figura de la carta. Esta es una primera tarea ideal para tu cuaderno de tarot.

1. Busca tu carta en la lista de preguntas para las cartas que encontrarás a continuación de estas instrucciones. Léelas y escoge una como punto de partida o formula tu propia pregunta para hacérsela a la carta. Escríbela.
2. Elige una figura u objeto de la carta que parezca más receptivo a una conversación (en este reino mágico los objetos pueden hablar). Dale un nombre (como León, Luna o Sacerdotisa) y dirige tu pregunta a esa figura.
3. Permítete *escribir la primera respuesta que se te ocurra*. Sé espontáneo, no dudes ni te autocensures. Si te sientes ridículo o bloqueado, déjate llevar e inventa la tontería más gorda que diría la figura.

Esto ayuda a romper el hielo y a comenzar el diálogo. Haz el tonto. Sigue haciendo las mismas preguntas o preguntas relacionadas e improvisa las respuestas.

4. Olvídate de la letra, la ortografía, la gramática o cualquier otra cosa que pueda entorpecer la conversación de ida y vuelta. Continúa durante al menos *doce o quince minutos*. Una vez que te hayas acostumbrado al proceso, podrás escribir todo el tiempo que quieras, aunque una escritura cronometrada te ayudará a mantener la concentración.
5. Es posible que notes que cuanto más tiempo escribes más cambia tu letra, volviéndose más suelta e infantil. Esto indica que estás eludiendo las restricciones normales establecidas en tu mente pensante y liberando tu «conocimiento interior» para que se exprese directamente.
6. Probablemente llegarás a lo que yo llamo *umbrales*. Un umbral es un punto en el que sientes que has escrito lo suficiente y que no es imprescindible seguir adelante; puede que de repente te sientas cansado o distraído o simplemente tengas la sensación de que has terminado. Has alcanzado una barrera más allá de la cual tus pensamientos no suelen ir. Si de verdad quieres conocerte a ti mismo, *ahora* es el momento de actuar según tu intención. Tan solo tienes que reconocer para ti mismo: «Estoy en un umbral». Luego establece la intención de seguir adelante, diciéndote a ti mismo: «Elijo seguir hacia lo que está al otro lado». Verás que lo que parecía un muro de ladrillos ahora tiene una puerta abierta por la que puedes pasar fácilmente. Las primeras veces que hagas esto, atraviesa únicamente uno o dos umbrales. Una vez que ganes confianza, podrás atravesar más.

A medida que continúe el diálogo, podrías preguntar:

- ¿Cuál es el significado del símbolo _______ en la carta?
- ¿Cómo puedo utilizar este símbolo en mi vida ahora mismo?

- ¿Por qué me atrae (o me repele)?
- ¿Cómo puedo afrontar mejor el problema o el reto que se muestra aquí?
- ¿Cómo puedo triunfar gracias a las cualidades representadas?
- ¿Por qué he elegido hablar contigo [dirigiéndote a la figura u objeto concreto con el que estás conversando] y qué tienes que enseñarme?

¡No te sorprendas si la figura empieza a hacerte preguntas! Tus respuestas a ellas son especialmente significativas. Cualquier resistencia a las preguntas implica que te encuentras en un umbral.

Preguntas para las cartas

Siempre puedes hacer la pregunta general que sirve en todos los casos: «¿Qué necesito aprender de ti?». Sin embargo, como cada carta tiene sus propias características y problemas particulares, es posible que te convenga abordarlos directamente. Si deseas empezar, selecciona una o varias de las preguntas de ejemplo que aparecen a continuación para la carta con la que has decidido trabajar.

Las 22 cartas de los arcanos mayores

El Mago (1): ¿en qué consiste mi magia personal? ¿Cómo la enfoco y dirijo? ¿Quién es mi Yo mágico? ¿De qué manera puedo utilizar los cuatro palos o elementos en mi vida? ¿Cómo podría comunicarme de las cuatro maneras?

La Suma Sacerdotisa (2): mi sabiduría interior: ¿cómo puedo tomar conciencia de tu conocimiento? ¿Qué preguntas debo hacerme para conocerme a mí mismo? ¿Cómo voy a mi interior? ¿Qué intentan decirme mis sueños o mi intuición? ¿Cómo puedo alcanzar tu calma y serenidad?

La Emperatriz (3): ¿a qué estoy dando a luz? ¿Cómo desarrollo mi belleza? ¿Qué es rico y exuberante en mi vida? ¿Cómo me nutre mi entorno físico y qué estoy nutriendo yo? ¿Qué quiere expresarse creativamente a través de mí?

El Emperador (4): ¿dónde reside mi poder? ¿Cómo puedo establecer mi propia autoridad? ¿Qué debo gobernar dentro de mí? ¿En qué dirección he elegido enfocar mis energías? ¿Qué reglas o límites debo considerar o construir?

El Papa (5): ¿qué necesito aprender de mis problemas? ¿Cómo puedo aprender? ¿Qué factores religiosos, morales o sociales debo tener en cuenta? ¿En qué valores se basan mis decisiones? ¿Qué tengo que enseñar? ¿Qué creencias debo cuestionar?

Los Enamorados (6): ¿qué debo compartir abiertamente sobre mí mismo? ¿Qué elección o elecciones tengo que hacer? ¿Cómo puedo aceptar a los demás por quienes son y por lo que son? ¿Qué quiero y necesito de las relaciones? ¿Qué opuestos puedo abrazar?

El Carro (7): ¿qué energías debo aprovechar para avanzar hacia mi objetivo? ¿Hacia dónde me dirijo? ¿Cómo puedo controlar mis instintos y mantenerme centrado? ¿Qué me haría sentir victorioso? ¿Qué dominio es necesario para ello?

La Fuerza (8): bestia: ¿quién eres? ¿Dónde reside mi fuerza? ¿Dónde puedo utilizar mis fuerzas? ¿Cómo podría equilibrar el poder con el amor y expresarlo de forma amorosa? ¿Cómo puedo trabajar con mis deseos (o con mi rabia)?

El Ermitaño (9): ¿qué estoy buscando? ¿Dónde debo buscar? ¿Qué necesito saber sobre el camino que estoy recorriendo? ¿Qué necesito terminar? ¿Qué conocimientos he aprendido que puedo compartir con los demás?

La Rueda de la Fortuna (10): ¿qué está cambiando y cómo puedo manejar mejor esos cambios? ¿Qué quiere de mí la fortuna? ¿Cuál es mi destino? ¿Qué pide la estación o el ciclo? ¿Cómo puedo llegar al núcleo central y dejar al margen los altibajos de la suerte?

La Justicia (11): ¿qué hay que negociar, conciliar o ajustar? ¿En qué se necesita equidad o justicia? ¿Sobre qué base puedo juzgar o evaluar algo? ¿Cómo puedo ser fiel a mí mismo? ¿Cuáles de mis necesidades pueden equilibrarse con las de otro?

El Colgado (12): ¿cuáles son mis ataduras actuales? ¿Dónde me siento atascado o qué está en suspenso? ¿Qué sucede si veo las cosas desde una perspectiva diferente? ¿A qué necesito rendirme? ¿Qué requiere humildad? ¿En qué me siento incomprendido o poco apreciado?

La Muerte (13): ¿qué necesita morir? ¿Qué debo cortar para crecer de nuevo? ¿Cómo puedo soltar los patrones innecesarios? ¿De qué me liberará el dejar ir? ¿Qué hay que transformar? ¿Qué elementos básicos o soportes esenciales necesito recuperar?

La Templanza (14): ¿en qué consiste mi arte? ¿Qué cosas debo ajustar o combinar? ¿Qué pruebas de ensayo y error puedo hacer? ¿Cómo puedo reavivar mis intereses y renovar mi espíritu? ¿Qué energías y recursos están disponibles para la curación? ¿Qué aspectos necesitan compasión o perdón?

El Diablo (15): ¿en qué ambiciones concentro mis energías? ¿Qué odio o temo? ¿Dónde me siento mal o culpable? ¿A qué me atan mis sentimientos? ¿Cómo me libero de estas ataduras? ¿Qué conocimiento liberará mi pensamiento? ¿Cómo pueden ayudar la alegría y el humor?

La Torre (16): ¿dónde me ha hecho vulnerable el orgullo? ¿Cómo puedo expresar mis enfados y agresiones? ¿Qué podría arruinarse? ¿Qué barreras personales he levantado? ¿Qué debo hacer para romper la rigidez y las constricciones? ¿Qué hay que liberar?

La Estrella (17): ¿en qué sentido soy una estrella? ¿Qué talentos y habilidades estimo en mí mismo? ¿Qué espero? ¿Qué podría hacer realidad mis sueños? ¿En qué aspectos soy más libre? ¿Qué necesito conservar o renovar? ¿Cómo puedo trabajar con las estrellas o con el flujo y los patrones mayores?

La Luna (18): ¿qué me preocupa o me hace sentir incómodo? ¿A qué secretos o corrientes subterráneas debería prestar atención? ¿Cómo puedo aprovechar los recursos ocultos? ¿A dónde me ha llevado mi propia evolución? ¿Qué debo digerir de mi pasado para seguir adelante?

El Sol (19): ¿qué me hace sentir optimista y feliz? ¿En qué aspectos experimento la alegría y el amor? ¿Qué revelo cuando me abro plenamente? ¿Cómo tengo éxito? ¿Qué ilumina mi mundo? ¿En qué áreas debo tener cuidado con el agotamiento?

El Juicio (20): ¿qué me pide mi propósito? ¿Cómo reconoceré mi vocación? ¿Qué puedo hacer para formar parte de una nueva era y reconocer mi conexión con los demás? ¿Qué necesita ser recuperado o resucitado en mi vida? ¿Qué requiere un juicio de valor por mi parte?

El Mundo (21): ¿qué potenciales dentro de mí buscan manifestarse? ¿A dónde quiero viajar? ¿Cómo puedo expresar la libertad dentro de la estructura y superar mis limitaciones? ¿Qué es lo que satisfaría mis objetivos más elevados? ¿De qué manera estoy ya entero y completo?

El Loco (22): ¿a dónde voy? ¿De qué manera estoy siendo insensato? ¿Qué sabiduría hay en mi locura? ¿Cómo puedo confiar? ¿Cómo sería vivir con más espontaneidad y alegría? ¿Qué aprendo siendo ingenuo, inocente e irresponsable?

En el resto de este libro, descubrirás las cartas que te corresponden en función de varios factores. En mi opinión, la mejor manera de conocer estas cartas y lo que significan para ti es el proceso de diálogo, es decir, establecer una relación personal con ellas. Vuelve a este proceso con frecuencia.

El ejercicio del triunfo

El siguiente ejercicio te muestra cómo descubrir los significados por ti mismo mientras estás haciendo una lectura. Funciona incluso si no habías visto una baraja de tarot en tu vida hasta ahora. Se trata de un procedimiento que utilizo en mis consultas profesionales en esos momentos en los que me quedo mirando una carta en una tirada con la mente en blanco. Por supuesto, me entra angustia al pensar: «¡No recuerdo nada de esta carta! ¿Ahora qué digo?». Y, por otra parte, sé que es algo que le pasa a todo el mundo. En los momentos en que me sucede esto agarro firmemente las riendas y sigo los pasos que encontrarás a continuación. Por regla general, prefiero guiar a mi cliente a través de ellos, ya que he descubierto que la razón por la que se me queda la mente en blanco es que, a menudo, el consultante es quien tiene la pieza esencial del rompecabezas que abre toda la lectura y le otorga el poder. He aprendido a confiar en esto.

Aunque a esto lo llamo «el ejercicio del triunfo» –porque solo utiliza los arcanos mayores–, los principios se aplican a las setenta y ocho cartas. En su origen, los arcanos mayores se llamaban el palo de triunfo (*il trionfo*) porque, en los juegos, triunfaban sobre las cartas de palo. El término también puede provenir de que son representaciones pictóricas de los carros de las procesiones triunfales que se encontraban en la Italia del Renacimiento. Cada carro contenía personas y símbolos que representaban una historia alegórica del triunfo de una virtud o principio universal (como el Amor, la Justicia, el Tiempo, la Muerte, etc.).[9] Aplicando esto hoy, los arcanos mayores, como «cartas de triunfo», representan las formas en que podemos «triunfar» en una situación.[10] Una definición contemporánea de *triunfo* dada por el *American Heritage Dictionary* es «un recurso clave que se utiliza en el momento oportuno». Como los arcanos mayores también se denominan «llaves», estos términos indican que la información que se recibe puede utilizarse para abrirse a las oportunidades y prevalecer con éxito en cualquier situación.

Emplea cualquiera de tus cartas anuales o de vida con este ejercicio para descubrir más sobre ellas. Si quieres probarlo inmediatamente, separa las veintidós cartas mayores del resto de la baraja, mézclalas bien bocabajo, extiéndelas en abanico y selecciona una al azar, mientras te preguntas: «¿Qué puede ayudarme a triunfar en mi vida ahora mismo?».

La carta que he seleccionado es: ____________________. Anótala aquí en este libro o en un diario ahora mismo. (Este libro deberías leerlo siempre con una baraja de tarot y con un bolígrafo o un lápiz en la mano).

Describe la carta. Utiliza generosamente adjetivos y frases descriptivas. ¿Qué ocurre? Escribe deprisa, sin pararte a pensar en lo que vas a decir. Sorpréndete a ti mismo. (Por ejemplo: *Hay un mago en un jardín lleno de flores en plena floración. Está de pie ante una mesa sobre la cual se extienden los símbolos de los cuatro palos: sus herramientas, quizás. Tiene una varita en su mano derecha, levantada. Apunta con la mano izquierda hacia la tierra. Solamente se ve una pata de la mesa*). Es probable que cada vez que veas esta carta la describas de forma diferente: notarás cosas que antes desconocías e ignorarás otras.

Si aún no lo has hecho, describe cómo se sienten los personajes en la situación que has descrito. ¿Cuál es su actitud o estado de ánimo? ¿Qué sensación produce la situación? (Por ejemplo: *Está concentrado como si manifestara algo o canalizara algún poder con total confianza. Parece como si quisiera mostrarnos cómo hacer algo*).

Formula al menos una declaración fantasiosa sobre la carta, que comience con la frase *Qué pasaría si...* Hazlo ahora, sin pensar nada, solo con ánimo de divertirte. (Por ejemplo: *Qué pasaría si el Mago fuera un narrador, que improvisa un cuento para su cena, en el que debe utilizar cada uno de los objetos de la mesa*).

A continuación, repite los elementos básicos de lo que has escrito en los enunciados anteriores, pero ahora utiliza la forma de primera persona, en tiempo presente: *Soy....* Te conviertes en la figura de la carta y asumes las características que has descrito. Quita también las palabras *qué pasaría si* de tu fantasía y transfórmalas en parte de la misma frase afirmativa. (Por ejemplo: *Soy un mago en un jardín de flores en plena floración. Estoy de pie ante una mesa en la que están extendidos los símbolos que representan los cuatro palos: mis herramientas. Tengo una varita en la mano derecha levantada y estoy apuntando con la mano izquierda hacia la tierra, canalizando el poder con total confianza y concentración. Estoy totalmente concentrado en demostrar cómo se hace algo. Soy un narrador, improvisando un cuento para la cena, en el*

que utilizo cada elemento que hay en la mesa). Fíjate en que he eliminado expresiones innecesarias como *tal vez* y *parece que*, para hacer afirmaciones más contundentes, y que he enlazado las ideas.

Ahora transforma tus propias afirmaciones en el tiempo presente de la primera persona: inmediatamente verás que algunas afirmaciones son muy apropiadas para tu vida en este momento. Subráyalas.

Convierte cada una de tus frases en una pregunta. Según las frases que hayas utilizado, pregúntate, por ejemplo: «¿En qué me estoy concentrando en mi vida ahora?». Del ejemplo anterior, podrías preguntarte: «¿Qué elementos o herramientas estoy utilizando?» y «¿Cuál es la historia que estoy improvisando y cómo puede nutrirme (o recompensarme)?». Incluso puedes volver a las imágenes de la carta y preguntarte: «¿Cómo podría utilizar cada objeto de la mesa en mi improvisación?».

Examina todas las imágenes que has utilizado como símbolos de acontecimientos, creencias y elecciones en tu vida, es decir, de la realidad que estás creando. Como ejemplo, una descripción para la Emperatriz podría ser: *Una mujer grande con un niño, sentada en medio de un campo muy frondoso,* que se convierte en: *Soy una mujer grande con un niño y estoy sentada en medio de un campo muy frondoso.*

A continuación, pregúntate: «De qué clase de hijo o creación estoy embarazada y qué clase de riquezas me rodean». Y otro ejemplo: una descripción de la carta de la Justicia, como, podría ser: *Da la impresión de que esta figura se encuentra en un tribunal o en algún entorno formal o rígido; y de que trata de ser severa y justa, y parece que no se conformará con menos de lo que le corresponde*, se convertiría en: *Me encuentro en el entorno formal de un tribunal; soy severo y justo, y no me conformaré con menos de lo que me corresponde*. A continuación, formula preguntas a partir de estas frases: «¿Qué hay de formal o rígido en mi entorno o en mi ambiente?», «¿Qué se juzga?», «¿En qué parte de mi vida estoy tratando de ser severo y justo?», «¿Qué creo que se me debe?».

Ahora enumera tus propias preguntas, basadas en la descripción de tu carta.

Responde a tus preguntas con la mayor sinceridad posible, centrándote en tu situación vital actual.

Dado que cada carta es una forma de «triunfar», ahora debes considerar la carta que has sacado como una oportunidad de crecimiento o un reto que debes superar, al mismo tiempo que representa las cualidades necesarias para hacerlo.

¿Cómo puedes triunfar? ¿Cuáles son las cualidades más elevadas que ves en la carta? ¿Qué características sugiere que valoras o que te gustaría desarrollar? Escribe al menos cinco cualidades que veas. Hazlo rápidamente, sin pararte a pensar.

En este ejercicio, es importante evitar las afirmaciones negativas; en su lugar, transfórmalas en su opuesto, en cualidades beneficiosas. Por ejemplo, si escribes que puedes triunfar si «no tienes miedo», ¿qué cualidades positivas están implícitas? ¿Valor? ¿Amar tu miedo? ¿Determinación? ¿Compasión?

Transforma cualquier afirmación negativa de tu lista anterior en sus cualidades triunfales.

Ahora convierte estas cualidades en una declaración en primera persona, en tiempo presente, utilizando una de tus palabras como verbo activo, de modo que estés afirmando que tienes esas cualidades en ti mismo.

Para ampliar aún más el significado que esta carta puede tener para ti y confirmar su relevancia, vuelve a esta página mañana y escribe en el espacio de abajo un rápido repaso de lo que ha ocurrido en las veinticuatro horas transcurridas desde que comenzaste este ejercicio. Observa especialmente cómo los pensamientos, las suposiciones y los acontecimientos pueden relacionarse con tu carta o cómo has utilizado sus cualidades en tus actividades.

Carta ____________ Fecha (1.ª revisión) ________

Observaciones o sincronías: Fecha (2.ª revisión) ________

Revisa la misma carta dentro de siete o diez días para ver si puedes añadir más perspectiva. Utiliza un bolígrafo de otro color la segunda vez, para poder diferenciar tus comentarios.

Esta es una técnica básica de interpretación que en realidad puede emplearse en cualquier lectura y con cualquier carta que tenga una escena pictórica. Tras hacerlo varias veces, el proceso empezará a parecer natural y se desarrollará fácilmente de manera automática, ya que lo verás de forma holística en tu mente. Realizado en profundidad, puede aportarte tanta información como la que recibes de una lectura media de cartas múltiples y será más relevante para el asunto que cualquier significado que encuentres en un libro. Poco a poco irás definiendo las cartas según tus criterios personalizados y en función de situaciones reales, haciendo que se vuelvan verdaderamente tuyas. Esta es la esencia de la personalización de las cartas y del descubrimiento del tarot por uno mismo. Aquí tienes un resumen de la técnica:

Tabla 2: Cómo leer una carta del tarot

1. ¡Simplemente descríbela! Utiliza generosamente adjetivos y frases descriptivas. ¿Qué está pasando en la carta? ¿Cómo se sienten los personajes en la situación que has descrito? ¿Cuál es el ambiente?
2. Procurando utilizar las frases exactas del paso anterior, repite lo que acabas de decir, pero en primera persona, en tiempo presente: «Soy...» (o, si lees para otro: «Puede que seas...»).
3. Convierte los enunciados en abiertos y contéstalos. Por ejemplo: «¿En qué sentido estoy/estás siendo diabólico?».
4. Examina las imágenes como símbolos de acontecimientos, creencias y elecciones de tu vida. ¿De qué manera son beneficiosos o limitantes?
5. ¿Cómo puedes triunfar? ¿Qué cualidades tiene la carta que valoras o que te gustaría desarrollar?

Tiradas para conocer tus cartas

Las páginas 62 y 63 muestran dos ejemplos de cómo utilizar las tiradas para conocer mejor la sabiduría que te aportan tus cartas personales. Las cartas extraídas al azar pueden abrir perspectivas totalmente nuevas y sugerir direcciones que no te habías planteado antes. Recuerda que las respuestas son desde el punto de vista de la carta con la que has elegido comunicarte, ya sea una de tus cartas anuales o de vida, un significante de la corte o cualquier otra carta de la baraja.

Si las preguntas en estas posiciones no son suficientes para lo que necesitas en este momento, cámbialas. Puedes fotocopiar las tiradas para tu propio uso.

Por último, lleva una de tus cartas de vida a través de los veintiún pasos de mi libro *Mary K. Greer's 21 Ways to Read a Tarot Card* [Las 21 formas de leer una carta de tarot de Mary K. Greer]. Te aseguro que te revelará dimensiones de la carta y cosas sobre ti mismo que no sabías antes.

Tirada para conocerte

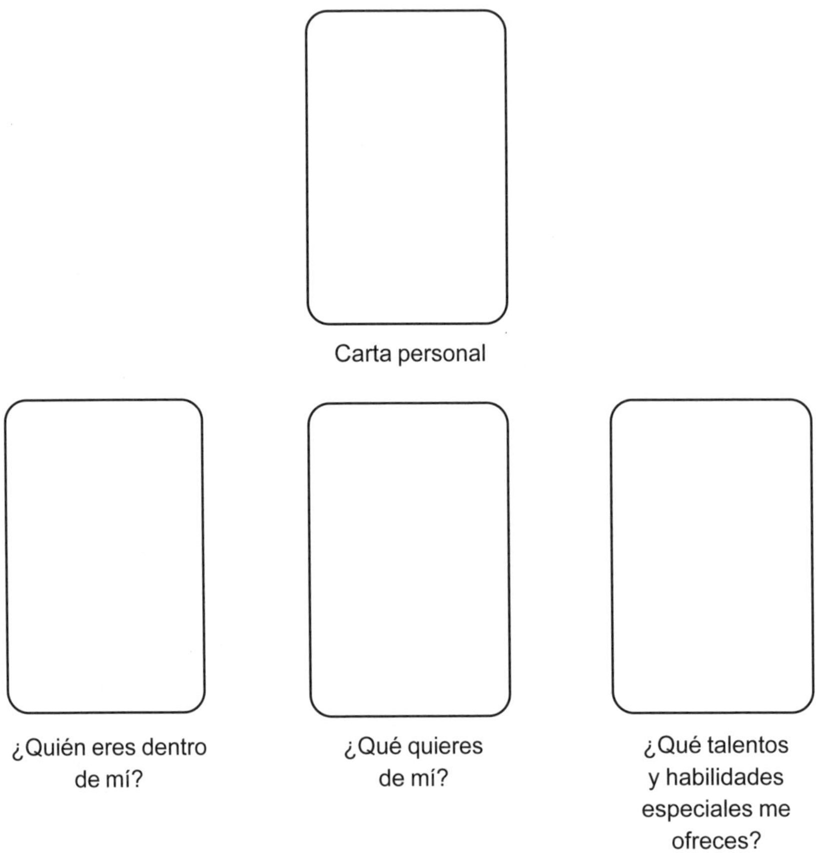

Tirada para pedir un consejo

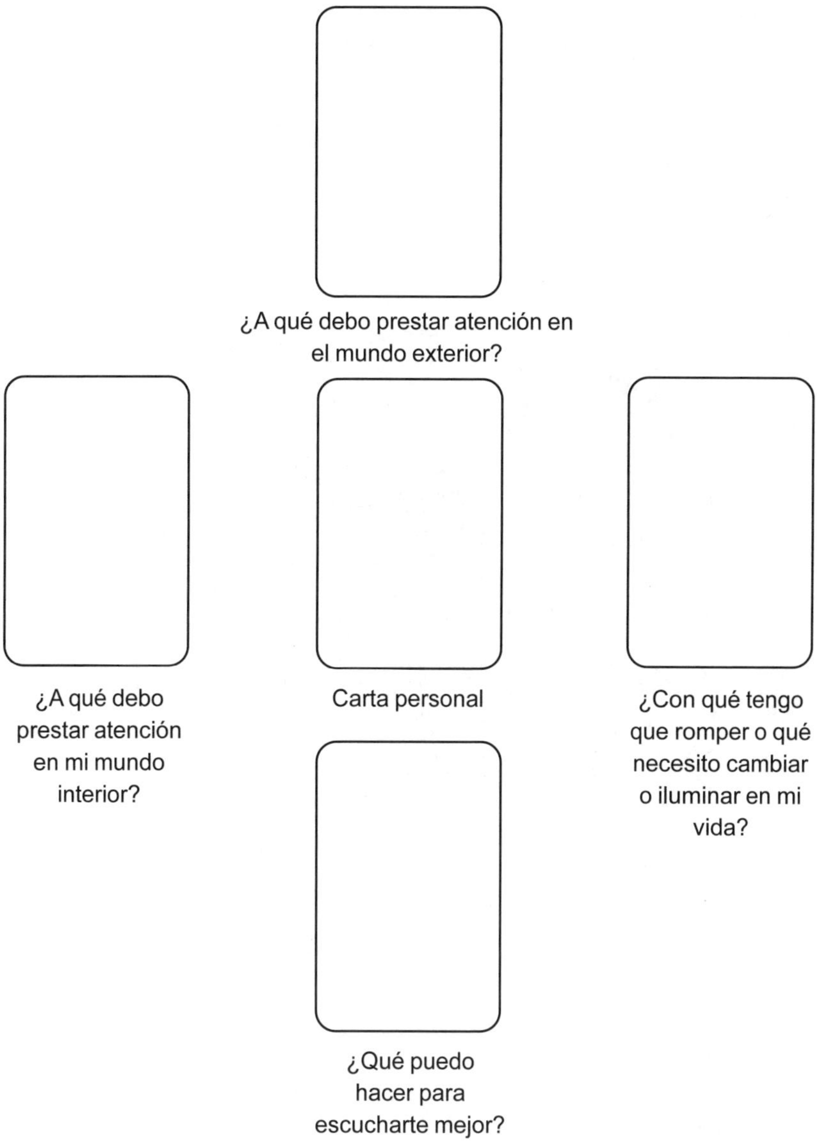

LAS PARCAS

Capítulo 3

Tus cartas de nacimiento

Cartas de vida

Como he mencionado, uno de los conceptos más útiles que he encontrado al trabajar con el tarot es lo que la inspiradora conferenciante y profesora Ángeles Arrien denominó las «cartas de vida». He utilizado este concepto extensamente como una parte importante de mi trabajo con el tarot y, con el permiso de Angie, lo introduje en mi libro *El tarot, un viaje interior* (Ed. Sirio). En conjunto, las cartas de vida se refieren a una serie de cartas que están determinadas por (1) la fecha de tu nacimiento (llamadas *cartas de nacimiento* o *cartas natales*) y (2) el nombre que te dieron al nacer (llamadas *cartas de nombre*), ya que estas se aplican a ti durante toda tu vida. (Para aclarar los nombres de las cartas utilizados en este libro, consulta el apéndice C, «Resumen de los nombres de las cartas», en la página 367).

Destino y suerte

Las cartas determinadas por tu fecha de nacimiento (y por el nombre que recibiste al nacer) se basan en el calendario gregoriano, que no fue adoptado en Inglaterra y Estados Unidos (entonces las colonias norteamericanas) hasta 1752. Hoy en día se utilizan cientos de calendarios diferentes en el mundo, como el chino, el japonés, el hindú, el hebreo, el eclesiástico católico romano y el musulmán.

Estos calendarios no solo tienen diferentes nombres de meses, sino también diferentes comienzos de año, y compensan el cuarto de día «extra» del año solar de muy diversas maneras, normalmente mediante un año bisiesto. El calendario continuo más antiguo parece ser el calendario lunar chino, que se utiliza desde el año 2397 antes de Cristo. Nuestra propia versión se tomó originalmente de un calendario egipcio modificado por los romanos y «rectificado» por el papa Gregorio XIII en 1582.

Así pues, cabe preguntarse cómo puede tener validez para nosotros un sistema tan arbitrario. ¿Has intentado alguna vez pensar en otro sistema de tiempo? Hay muchos idiomas que no tienen palabras para pasado, presente o futuro; piensan, por ejemplo, en términos de lo que «se ha manifestado» y lo que «se está manifestando».

Sin embargo, esa definición tampoco es del todo correcta, porque no tenemos palabras para lo que ellos experimentan.

Estamos condicionados por nuestra propia percepción del tiempo, inculcada desde la infancia. Si le preguntamos a cualquier niño de cinco años cuándo es su cumpleaños, probablemente sabrá la fecha y tendrá alguna idea de cuánto falta para su cumpleaños. Nuestras definiciones del tiempo estructuran literalmente la forma en que lo percibimos, y no somos verdaderamente libres de desprendernos de esta comprensión aprendida. Por ser occidentales, estamos «destinados» a relacionarnos con el tiempo de la forma en que lo hacemos y a «saber» que a enero le sigue febrero. Es parte de nuestro condicionamiento cultural, y al igual que nuestros cromosomas nos dan un determinado «destino» en nuestro condicionamiento genético –caucásico, negroide, asiático; pelo rojizo liso y ojos verdes, o pelo negro rizado y ojos castaños, etc.–, también estamos destinados a experimentar el tiempo a través de nuestra herencia cultural y el calendario y los relojes a los que se ciñe. Esto no es algo que hayamos «causado» individualmente ni somos «responsables» *de* ello. Somos responsables de lo que hagamos *con* ello.

Muchos maestros espirituales señalan que antes de nacer tu alma elige el tipo de vida que necesitas experimentar para completar tu educación en el plano físico, y que a veces escogerá una existencia breve llena de dolor y sufrimiento para desarrollarse mucho más rápidamente o para ayudar al crecimiento y aprendizaje de todo el planeta. ¿Quiénes somos nosotros para decirlo? Quiero creer que en algún nivel mi Yo Superior ve un plan más grande, pero por el momento solamente puedo trabajar con lo que tengo. Según esta forma de pensar, la vida a la que estás «destinado» puede describirse psíquicamente mediante tu nombre y tu fecha de nacimiento, del mismo modo que puede trazarse físicamente mediante tus cromosomas. Tu nombre y tu fecha de nacimiento son las claves de tu vida para tu Yo psíquico interior, *tal y como te percibes a ti mismo a través de tu cultura, tu idioma y tu herencia étnica.*

Al comprender el significado de tus cartas de vida, que incluyen tus diversas cartas natales y cartas de nombre, puedes responsabilizarte de lo que elijas hacer con tu destino: en esto consiste el libre albedrío.

Métodos para sumar la fecha de nacimiento

Hay muchas formas diferentes de sumar los números de tu fecha de nacimiento. Todas ellas dan como resultado el mismo número de un solo dígito o raíz. Todas son válidas a su manera. Sin embargo, como estamos buscando veintidós resultados posibles para una carta de personalidad, nos será más útil un método de adición de fechas que aproveche al máximo estos resultados. Por eso recomiendo el método de adición que aparece a continuación. Lo más importante es que utilices siempre el mismo método y que conozcas a conciencia sus pautas y detalles.

Tus cartas de la personalidad y del alma

En cualquier lectura de tarot, siempre determino primero la carta de la personalidad y la carta del alma del consultante, basándome en su fecha de nacimiento. Solo con esta información, podemos saber qué es lo que más necesita aprender una persona en su vida y qué lecciones la llevarán a comprender este impulso.

Utilizando tu fecha de nacimiento, vamos a calcular numerológicamente tus cartas de la personalidad, del alma y del factor oculto.

En primer lugar, para encontrar tu combinación personalidad-alma (patrón de destino), suma tu mes, día y año de nacimiento.

Por ejemplo (utilizando la fecha de nacimiento de la artista mexicana Frida Kahlo, 6 de julio de 1907):

Mes (julio, el séptimo mes del año) =	7
Día =	6
Año =	+ 1907
	1920

Suma los dígitos del número resultante: 1 + 9 + 2 + 0 = 12

Si obtienes una suma entre 1 y 22:

El número resultante es tu número de la personalidad, que en este ejemplo es el 12 y corresponde a la duodécima carta de los arcanos mayores (el Colgado). *Tu carta de la personalidad indica las características de personalidad que desarrollas con facilidad y las lecciones que aprendes desde el principio de tu vida, ya que parecen resonar con tu naturaleza esencial.*

Suma los dígitos de ese número (en este ejemplo, 12 = 1 + 2 = 3), para encontrar tu número del alma. El número del alma de la pintora Frida Kahlo (3) corresponde a la tercera carta de los arcanos mayores (la Emperatriz). *Tu carta del alma muestra el propósito de tu alma: aquellas cualidades en ti mismo que debes expresar y utilizar para sentirte realizado en cualquier cosa que hagas.*

Si obtienes una sola cifra o una suma superior a 22:

En algunos casos, la primera suma es de un solo dígito (2 + 0 + 1 + 4 = 7). O, más a menudo, el número sumará más de 22. Como solamente hay veintidós cartas en los arcanos mayores, reduce el número a 22 o menos (esto dará como resultado un solo dígito).

Por ejemplo (utilizando el cumpleaños del cantante de rock *Mick Jagger, el 26 de julio de 1943):*

Mes (julio, el séptimo mes del año) =	7
Día =	26
Año =	+ 1943
	1976

Suma los dígitos del número resultante: 1 + 9 + 7 + 6 = 23. Como esta suma es mayor que 22, vuelve a sumar los dígitos: 2 + 3 = 5

En este caso, la quinta carta, el Papa, es *a la vez* la carta de la personalidad y la del alma. Todo aquel cuya suma sea un solo dígito (del 1 al 9) tiene el mismo número para ambas cartas y está trabajando específicamente en su propósito del alma en esta vida. Esto lo hace más centrado y encauzado, aunque puede restarle flexibilidad hasta que las lecciones de la vida lo obliguen a ser más abierto y adaptable.

Si obtienes 19:

Hay un caso en el que pueden aparecer más de dos cartas. Si tu primer número es el 19, tendrás tres cartas.

Por ejemplo (usando el cumpleaños de Martin Luther King, Jr., el 15 de enero de 1929):

Mes (enero, el primer mes del año) =	1
Día =	15
Año =	+ 1929
	1945

Suma los dígitos del número resultante: 1 + 9 + 4 + 5 = 19
Suma los dígitos resultantes: 1 + 9 = 10
Suma los dígitos resultantes: 1 + 0 = 1

Solamente cuando tu fecha de nacimiento sume 19, como la de Martin Luther King Jr., tendrás una secuencia triple de este tipo. Para emplearlo aquí, puedes considerar el Sol (19) como tu carta de la personalidad, el Mago (1) como tu carta del alma y la Rueda de la Fortuna (10) como tu carta maestra (más adelante hablaremos de la carta maestra). Las personas con esta secuencia deben aprender a comunicar su expresión creativa individual. Su identidad personal y su sentido del Yo estarán inextricablemente ligados a su propósito de vida y del alma. Su capacidad para relacionarse con los demás dependerá de la armonía de la visión y del sentido del propósito compartido.

Si obtienes 22:

Si tu fecha de nacimiento suma 22, tienes por un lado una gran impulsividad y, por el otro, un gran dominio; hay un frágil equilibrio entre ambos. El número 22 representa el 0 (el Loco), ya que hay veintidós cartas en los arcanos mayores, y en numerología, el 22 es un número maestro que significa gran sabiduría o locura. Se reduce a 4 (el Emperador). Estoy convencida de que, aunque podrías considerar el 4 (el Emperador) como tu carta del alma y el 22/0 (el Loco) como tu carta de la personalidad (especialmente al calcular tus cartas de lecciones y oportunidades numerológicas), en la práctica funcionan como una unidad. No esperes que los emperadores-locos, como Woody Allen, se queden quietos en el sistema de nadie.

Por ejemplo (utilizando la fecha de nacimiento de Woody Allen, 1 de diciembre de 1935):

Mes (diciembre, el duodécimo mes del año) =	12
Día =	1
Año =	+ 1935
	1948

Suma los dígitos del número resultante: 1 + 9 + 4+ 8 = 22 (el Loco). Suma los dígitos de nuevo: 2 + 2 = 4 (el Emperador).

Tabla 3: Cartas de la personalidad y del alma

Determina tus propias cartas de la personalidad y del alma de la siguiente manera:

Suma: Tu mes de nacimiento: ________
El año en que naciste: ________
El día de nacimiento: ________
TOTAL: ________

Suma cada dígito: ____ + ____ + ____ + ____ = ________
Si la respuesta es un doble dígito, vuelve a sumar: ____ + ____ = ____

Mi número de la personalidad es ______ (el mayor de los dos números si es 22 o menos).
La carta de los arcanos mayores correspondiente a este número es ________________
CARTA DE LA PERSONALIDAD

Mi número del alma es ______ (el número de un solo dígito en tu reducción final).
La carta de los arcanos mayores correspondiente a este número es ________________
CARTA DEL ALMA

(Nota: Si tienes un 19-10-1, la Rueda de la Fortuna es tu carta maestra).

El factor oculto o carta maestra

Además de las cifras obtenidas directamente a través de la suma y la reducción, con frecuencia hay otro concepto de número y carta indirectamente conectado con la fecha de nacimiento, que denomino «factor oculto» o «carta maestra». La tabla 4, «Tabla de constelaciones», te ayudará a determinar este número. Una constelación del tarot consiste en todas las cartas con el mismo «número raíz» (los números de un solo dígito, del 1 al 9), así como los demás arcanos mayores cuyos números se reduzcan a ese número raíz. Sus energías se constelan, o se juntan, basándose en principios similares, es decir, en esencias vibratorias de la misma calidad.

La carta alinea todos los números de los arcanos mayores por encima de los números raíz a los que se reducen. Por ejemplo, en la columna 19-10-1, cada uno de esos números se reduce al número raíz 1. Cada uno de los nueve grupos o constelaciones así formados incluye también todas las cartas de los arcanos menores del mismo número raíz.

Volvamos a la primera fecha de nacimiento utilizada como ejemplo, la de Frida Kahlo: su carta de la personalidad es el Colgado (12) y su carta del alma es la Emperatriz (3). Al combinar estos números, podemos referirnos a ella como un «12-3». Ahora mira la «Tabla de constelaciones» y nota que hay otro número de arcanos mayores listado en su constelación, a saber, el 21. Como no obtuvo un 21 en los cálculos, es un aspecto oculto de su esencia vibratoria natal. Esta es, pues, su carta de factor oculto: el Mundo (21). *Es el número que no apareció cuando hicimos los cálculos, pero que también está en su constelación.* Todos los 3 de los arcanos menores también pertenecen a su constelación.

Tabla 4: Tabla de constelaciones

19 10 1	20 11 2	21 12 3	22 13 4	14 5	15 6	16 7	17 8	18 9	Arcanos mayores
10s/ 1s	2s	3s	4s	5s	6s	7s	8s	9s	Arcanos menores
1	2	3	4	5	6	7	8	9	Números raíz

Variaciones del factor oculto

Un factor oculto: 20, 21

La primera variación es parecida a la anterior y la ejemplifica el cuadragésimo cuarto presidente de Estados Unidos, Barack Obama (nacido el 4 de agosto de 1961):

Mes (agosto, el octavo mes del año) =	8
Día =	4
Año =	+ 1961
	1973

1 + 9 + 7 + 3 = 20 (el Juicio)
2 + 0 = 2 (la Suma Sacerdotisa)

La carta de personalidad de Barack Obama es el Juicio (20) y su carta del alma es la Suma Sacerdotisa (2); es un 20-2. Por lo tanto, su carta de factor oculto es la Justicia (11), ya que el 11 es el único número de su constelación que no aparece directamente en la reducción de la fecha de nacimiento. Los 2 de los arcanos menores también pertenecen a su constelación.

Un factor oculto: de los 5 hasta los 9

Mick Jagger tiene el Papa (5) tanto como carta de la personalidad como del alma (ver la página 69), por lo que la Templanza

(14) es su carta del factor oculto. Los 5 de los arcanos menores forman parte de su constelación.

Sin factor oculto: las «cartas nocturnas»

La siguiente variante se produce en las constelaciones del 5 al 9, con los patrones de personalidad-alma del 14-5 al 18-9. Las llamo las *cartas nocturnas*.

Por ejemplo (utilizando la fecha de nacimiento de Marilyn Monroe, 1 de junio de 1926):

Mes (junio, sexto mes del año) =	6
Día =	1
Año =	+ 1926
	1933

1 + 9 + 3 + 3 = 16 (la Torre)
1 + 6 = 7 (el Carro)

Marilyn Monroe es por tanto un 16-7, con la Torre (16) como la carta de la personalidad y el Carro (7) como la carta del alma. No hay ningún número que no aparezca en su constelación y, por tanto, ninguna carta de factor oculto. Así pues, esta combinación (y las de los 14-5, 15-6, 17-8 y 18-9) incluye el factor oculto dentro de sí misma.

Las cartas de la Templanza (14) a la Luna (18) se denominan cartas nocturnas porque siguen a la carta de la Muerte (13) y preceden al despuntar del Sol (19). Todas están representadas de noche. En la baraja de Waite-Smith, la Templanza (14) representa la puesta de sol; el Diablo (15) está en la oscuridad, y la Torre (16), la Estrella (17) y la Luna (18) son definitivamente imágenes nocturnas. Estas cartas poseen intrínsecamente un lado «oscuro», o ignorado, no reconocido. Sin embargo, quiero advertirte que no pienses en el lado oscuro como algo malo, maligno o sin valor; después de todo, en nuestro viaje a través de la oscuridad (sin las distracciones de la luz), llegamos a sentir quiénes de verdad somos.

Ningún factor oculto: los 19-10-1

Dado que la Rueda de la Fortuna (10) intervino en el cómputo, no está «oculta». No manifiesta la cualidad de «sombra» normalmente asociada a la carta de factor oculto.

Dos cartas de factor oculto: de 1 a 4

Las personas con un 1, 2, 3 o 4 simple (es decir, que presentan patrones de personalidad-alma de 1-1, 2-2, 3-3 o 4-4) tienen *dos* cartas de factor oculto, como muestra la tabla. Por ejemplo, un 4 simple (4-4) tiene al Loco (22) y a la Muerte (13) como cartas de factor oculto. Estos patrones son bastante raros, y ocurren sobre todo en torno al cambio de milenio (de hecho, no hay ningún 1 simple desde el año 998 de la era cristiana).

La carta del factor oculto como carta de la sombra

Tu carta del factor oculto indica aspectos de ti mismo que temes, rechazas o no ves, por lo que también puede llamarse *carta de la sombra*. La «sombra», un término introducido y definido por el psicólogo Carl Jung, se refiere a las partes desconocidas o poco conocidas de la personalidad. Son aspectos de nosotros mismos que negamos y, por tanto, no podemos ver directamente. Sin embargo, seguimos siendo sensibles a estas cualidades y, por ello, tendemos a verlas reflejadas en los demás a través del mecanismo psicológico de la proyección.

Estas cualidades de la sombra son dualistas; tienen un lado oscuro y un lado luminoso. Lo que llamamos la «sombra oscura» se refiere a aquellas cualidades de las que desconfiamos y que nos desagradan: los pequeños «pecados». Contienen un tremendo poder psíquico que podríamos utilizar si contactáramos con ellas sin miedo. La «sombra brillante» son esas cualidades que admiramos (apariencia, creatividad, asertividad) y que, de hecho, tenemos el potencial de manifestar, pero, como dije, no podemos ver directamente en nosotros mismos. A menudo estos impulsos internos surgen en momentos inadecuados y de forma inesperada, porque no están bajo el control de nuestra mente consciente.

La carta de la sombra funciona de forma muy parecida a como lo hace Saturno en la carta astral. Saturno es el planeta personal más externo y, como tal, establece los límites que no podemos traspasar sin expandirnos hacia la experiencia transpersonal y metafísica. La carta representa, pues, una puerta de entrada a ese reino transpersonal y metafísico, los planos interiores. Sin embargo, la mayoría la vivimos como un espejo en el que vemos reflejados miedos y pasiones. En la carta de la sombra nos enfrentamos a nuestras limitaciones, nuestras obsesiones, nuestras ansiedades, las fuentes del estrés. A menudo, el factor oculto señala las «creencias invisibles»: las que se esconden tras otras creencias. Por ejemplo, una de estas creencias es que eres responsable de la felicidad de tu pareja, que para algunos se encuentra invisiblemente detrás de la creencia de que si esa persona no es feliz, es tu culpa y debes hacer algo para arreglarlo.

La carta del factor oculto como carta maestra

He descubierto que la carta del factor oculto actúa como tu sombra con más fuerza durante los años de juventud. El planeta Saturno tarda entre veintiocho y treinta años en completar un circuito del Zodiaco, es decir, en volver al lugar del cielo en el que se encontraba cuando naciste. Este ciclo aproximado de veintinueve años se conoce como tu «retorno de Saturno». Como he mencionado antes, Saturno –que representa muchas de las cualidades de tu sombra y que tiene un significado muy parecido al del factor oculto– tiene que enfrentarse a sí mismo cada veintinueve años.

A los treinta años, la mayoría de las personas reconocen estas características de la sombra en sí mismas y se dan cuenta de que han aprendido sus mayores lecciones de sus problemas relacionados con la sombra. Carl Jung declaró que *la sombra es tu mayor maestra* y que solo conociéndola puedes lograr la individualización. En el segundo retorno de Saturno, entre los cincuenta y siete y los sesenta años, los aspectos de la sombra se revisan a un nuevo nivel y pueden requerir que dejes de lado las habilidades y responsabilidades externas en las que habías aprendido a confiar, para que en la segunda mitad de la vida te puedas centrar en el desarrollo de cualidades más internas.

Con las personas de más de treinta años, suelo llamar a su carta del factor oculto su «carta maestra», porque están preparadas para trabajar activa y conscientemente con sus principios. No estoy diciendo que no puedas hacer esto antes de tu primer retorno de Saturno. Mucha gente se da cuenta de sus asuntos del factor oculto mucho antes y experimenta este retorno de Saturno como un momento de liberación y alegría. La mayoría, al menos de forma intermitente, se enfrenta a sus miedos, restricciones internas y limitaciones. Todo esto puede relacionarse con la carta maestra. *Si tienes una carta nocturna (una carta de personalidad entre el 14 y el 18), entonces esa carta incluirá en sus características algunas de las cualidades del factor oculto.*

Si tienes un 19-10-1, no tienes una carta de factor oculto; en cambio, tienes la Rueda de la Fortuna (10) como carta maestra. En este patrón, las cualidades de la sombra no se enfatizan; más bien, sientes conscientemente que la vida te trae las experiencias que necesitas para lograr tu propósito. En el peor de los casos, al carecer de la determinación que se desarrolla al tratar con tu sombra, tiendes a ir a la deriva por la vida, sin que se te plantee el reto de utilizar tus abundantes talentos.

Tu carta del factor oculto siempre te desafía a ir más allá de tus experiencias habituales. A menudo representa lo que te esfuerzas por comprender y desarrollar en ti mismo y en el mundo que te rodea.

La tabla 5 enumera los veintidós patrones de la personalidad y el alma y sus cartas de factor oculto asociadas.

Tabla 5: Tabla del factor oculto

Patrones de las cartas de la personalidad y del alma	Cartas del factor oculto (maestras)
1-1	10, 19
10-1	19
19-10-1	10 (maestra)
2-2	11, 20
11-2	20
20-2	11
3-3	12, 21
12-3	21
21-3	12
4-4	13, 22
13-4	22
22-4	13
5-5	14
14-5	*
6-6	15
15-6	*
7-7	16
16-7	*
8-8	17
17-8	*
9-9	18
18-9	*

* *Las cartas de la personalidad 14 a 18, como cartas nocturnas, incluyen el factor oculto dentro de sí mismas y por lo tanto no tienen una carta de factor oculto separada.*

Cartas de las lecciones y oportunidades

Según tu fecha de nacimiento, también tienes cartas de los arcanos menores con el mismo número que tu carta del alma. Por lo tanto, si tu carta del alma es el Papa (5), por ejemplo, también tienes todos los 5 de los arcanos menores como tus cartas de lecciones y oportunidades. Estas definen los tipos de situaciones en las que es más probable que encuentres tus bloqueos y desafíos, así como tus dones y oportunidades personales. A través de las experiencias indicadas por estas cartas, aprendes las *lecciones* necesarias para desarrollar tu personalidad y las *oportunidades* más probables para expresar el propósito de tu alma.

Si eres un Emperador-Loco (22-4), por ejemplo, todos los 4 de cada palo de los arcanos menores son tus cartas de lecciones y oportunidades. La excepción es el Sol-Rueda de la Fortuna-Mago (19-10-1), en el que tienes tanto los ases como los 10 de cada palo.

Tu carta de la lección zodiacal y la oportunidad

Cada una de las cartas numéricas de los arcanos menores (excepto los ases) de las que se habla en los capítulos cinco a trece incluye un rango de fechas asociado a ella. La carta asociada a tu cumpleaños específico se llama tu *carta de la lección zodiacal y la oportunidad*.

La Orden Hermética de la Aurora Dorada asignó cada una de las treinta y seis cartas de números de arcanos menores a diez grados del Zodiaco, conocidos como los «decanos». En 1941, Muriel Bruce Hasbrouck publicó un libro titulado *Pursuit of Destiny* [En busca del destino] en el que atribuía a *Perdurabo* (Aleister Crowley) y a «Paul» (Paul Foster Case) el mérito de haber guiado sus estudios de tarot. En 1932 conoció la publicación de Crowley *The Equinox* [El equinoccio], que incluía el texto iniciático de la Aurora Dorada *«Book T»* [Libro T], en el que se delineaban las correspondencias de decanos de diez días que Muriel utiliza en su libro.

Hasbrouck describe la carta del destino como un condicionamiento psicológico de nacimiento basado en esta fórmula de ciclos de diez días. Una carta que revela la «respuesta fundamental y natural de las personas a los retos básicos de la vida».[11] Aunque nuestro destino sugiere hacia dónde nos dirigimos, la autora señala que «somos libres de elegir por nosotros mismos el uso que haremos de los dones que recibimos al nacer... [para] alcanzar nuestro destino».[12]

Si lo deseas, pasa a leer sobre tus cartas personales de vida o continúa en el capítulo cuatro.

Tabla 6: Tu tabla de cartas de vida

Mi carta del alma (un solo dígito) es ____________.

Mi carta de la personalidad (doble dígito) es ____________. (Puede ser la misma que tu carta del alma).

Mi carta maestra / del factor oculto / de la sombra es ____________.

Mis cartas de las lecciones y oportunidades en los arcanos menores son:

_____ de bastos	_____ de copas
_____ de espadas	_____ de pentáculos

Mi carta de la lección zodiacal y la oportunidad en los arcanos menores es ____________.

Las constelaciones del tarot

Capítulo 4

Las constelaciones del tarot

En el capítulo anterior aprendiste a conocer tus cartas de la personalidad, el alma y el factor oculto, y que todas ellas se encuentran en la misma constelación. Este capítulo te ofrece una visión general detallada de las constelaciones y también te muestra varias formas de utilizar la información que aparece en los capítulos individuales de las constelaciones. Los nueve capítulos siguientes (del cinco al trece) describen el significado de tus cartas en cada una de las nueve constelaciones.

¿Qué son las constelaciones?

La carta de la personalidad es una señal importante en el camino de tu vida, mientras que la carta del alma revela el objetivo o propósito de tu ser. Estas cartas pueden emparejarse en veintidós combinaciones que yo llamo los «patrones del destino personal» (o patrones del destino), constelados en torno a nueve principios básicos de la trayectoria vital. Estos patrones y las constelaciones asociadas a ellos forman el núcleo de este libro. En torno a estos nueve principios también se constelan las cartas asociadas de los arcanos menores, que te proporcionan otros puntos de referencia en el mapa de tu viaje espiritual. Si no estás familiarizado con los cuatro palos de los arcanos menores, encontrarás una descripción de sus rasgos principales más adelante en este capítulo.

Las constelaciones del tarot expresan los nueve principios o arquetipos fundamentales que subyacen en nuestra constitución metafísica. Aunque es imposible determinar los arquetipos básicos, de hecho son tendencias inconscientes que hacen que ciertos motivos aparezcan en todas las culturas humanas. La carta del alma de las constelaciones del tarot nos brinda nueve representaciones de los motivos más frecuentes y esenciales del Yo. Estos se muestran en la tabla 7.

Cada uno de estos nueve motivos básicos se amplía con las demás cartas de su constelación. Las constelaciones que tienen una especial relación contigo, porque se corresponden con tus cartas de nacimiento y tus cartas de nombre (estas últimas las veremos más adelante), te indican los arquetipos constelados para ti en tu nacimiento. Se trata, pues, de las energías y los principios particulares que expresarás, explorarás y desarrollarás en tu vida, así como de desafíos que deberás afrontar para comprenderlos. Señalan el propósito que te ha traído a estar aquí y las cualidades particulares que podrás manifestar en esta vida.

Tabla 7: Tabla de motivos arquetípicos de la carta del alma

El Mago	La consciencia; el sentido externo del yo; la persona.
La Suma Sacerdotisa	El inconsciente; el interior; el yo omnisciente; la psique.
La Emperatriz	Lo femenino; la madre fértil y creativa.
El Emperador	Lo masculino; el padre ordenado y estructurado.
El Papa	El Espíritu; el maestro; la moral.
Los Enamorados	La elección: unión o separación; los gemelos, dualidad.
El Carro	El héroe; el guerrero; la búsqueda; el poder.
La Fuerza	La heroína; la encantadora; la cuidadora de los animales; el poder interior.
El Ermitaño	El viejo sabio; el viaje al inframundo.

Las constelaciones y sus principios

Esta sección contiene un resumen de las constelaciones y sus principios que deben ser utilizados y ampliados.

La constelación del Mago

Incluye los patrones de la personalidad-alma 1-1, 10-1 y 19-10-1.

El principio de la voluntad y la conciencia focalizada.

Arquetipo del alma: la consciencia; el sentido externo del yo; la persona.

Los ases indican la oportunidad de empezar cosas nuevas y revelan tus cuatro habilidades básicas.

Los 10 demuestran las habilidades desarrolladas con las que afrontar los retos y los resultados de llevar los principios a sus extremos.

Tabla 8: Tabla de las constelaciones del tarot

Constelación	Principio	Patrones de las cartas de la personalidad y del alma	Cartas del factor oculto (maestras)	Cartas de los arcanos menores
El Mago (el Sol, la Rueda de la Fortuna, el Mago)	Voluntad y consciencia focalizada.	1-1 10-1 19-10-1	10, 19 19 10 (maestra)	10s, 1s
La Suma Sacerdotisa (el Juicio, la Justicia, la Suma Sacerdotisa)	Juicio equilibrado por medio de la consciencia intuitiva.	2-2 11-2 20-2	11, 20 20 11	2s
La Emperatriz (el Mundo, el Colgado, la Emperatriz)	Amor e imaginación creativa.	3-3 12-3 21-3	12, 21 21 12	3s
El Emperador (el Loco, la Muerte, el Emperador)	Fuerza vital y consecución del poder.	4-4 13-4 22-4	13, 22 22 13	4s

Constelación	Principio	Patrones de las cartas de la personalidad y del alma	Cartas del factor oculto (maestras)	Cartas de los arcanos menores
El Papa (la Templanza, el Papa)	Enseñanza y aprendizaje.	5-5 14-5	14 *	5s
Los Enamorados (el Diablo, los Enamorados)	Relación y elección.	6-6 15-6	15 *	6s
El Carro (la Torre, el Carro)	Dominio a través del cambio.	7-7 16-7	16 *	7s
La Fuerza (la Estrella, la Fuerza)	Coraje y autoestima.	8-8 17-8	17 *	8s
El Ermitaño (la Luna, el Ermitaño)	Introspección e integridad personal.	9-9 18-9	18 *	9s

* *Las cartas de la personalidad desde el 14 hasta el 18 carecen de factor oculto.*

2 La constelación de la Suma Sacerdotisa

Incluye los patrones de la personalidad-alma 2-2, 11-2 y 20-2.

El principio del juicio equilibrado por medio de la consciencia intuitiva.

Arquetipo del alma: el inconsciente; el yo interior y omnisciente; la psique.

Los 2 representan las cuatro formas en que se efectúan los juicios.

3 La constelación de la Emperatriz

Incluye los patrones de la personalidad-alma 3-3, 12-3 y 21-3.

El principio del amor y la imaginación creativa.

Arquetipo del alma: lo femenino; la madre fértil y creativa.

Los 3 indican las oportunidades y los retos para demostrar el amor de forma creativa.

La constelación del Emperador

Incluye los patrones de la personalidad-alma 4-4, 13-4 y 22-4.

El principio de la fuerza vital y la consecución del poder.

Arquetipo del alma: lo masculino; el padre ordenado y estructurado.

Los 4 indican las oportunidades de consolidar y completar algo para preparar la renovación.

La constelación del Papa

Incluye los patrones de la personalidad-alma 5-5 y 14-5.

El principio de la enseñanza y el aprendizaje.

Arquetipo del alma: el Espíritu; el maestro; la moral.

Los 5 indican los retos a los que nos enfrentamos cuando aprendemos a través de la experiencia.

La constelación de los Enamorados

Incluye los patrones de la personalidad-alma 6-6 y 15-6.

El principio de relación y elección.

Arquetipo del alma: la elección: la unión o separación; los gemelos-dualidad.

Los 6 indican los retos de mantener y sostener las relaciones y de asumir la responsabilidad de tus elecciones.

La constelación del Carro

Incluye los patrones de la personalidad-alma 7-7 y 16-7.

El principio del dominio a través del cambio.

Arquetipo del alma: el héroe; el guerrero; la búsqueda; el poder sobre las cosas.

Los 7 ponen a prueba si el dominio y el control pueden mantenerse a través del cambio.

La constelación de la Fuerza

Incluye los patrones de la personalidad-alma 8-8 y 17-8.

El principio del coraje y la autoestima.

Arquetipo del alma: la heroína; la encantadora; la cuidadora de animales; el poder interior.

Los 8 indican los dones y los retos que supone desarrollar la confianza en uno mismo para seguir una visión.

La constelación del Ermitaño

Incluye los patrones de la personalidad-alma 9-9 y 18-9.

El principio de la introspección y la integridad personal.

Arquetipo del alma: el viejo sabio; el viaje al inframundo.

Los 9 indican los retos a los que hay que enfrentarse cuando se mira hacia dentro para descubrir la propia sabiduría.

Los palos de los arcanos menores

Los siguientes capítulos sobre cada una de las constelaciones contienen los significados de los palos de los arcanos menores, que pueden aplicarse a cualquier lectura. Si no conoces bien los cuatro palos, esta exposición te servirá de presentación o de repaso.

Los cuatro palos de los arcanos menores se basan en los cuatro elementos. Utilizando el sistema de la Aurora Dorada, los bastos son fuego, las copas son agua, las espadas son aire y los pentáculos son tierra. Tú tienes estos cuatro palos y elementos dentro de ti en una combinación que fluctúa constantemente y que nunca está en perfecto equilibrio. Cuando lees estas cartas del tarot, te dicen lo que ocurre en estos cuatro niveles o dentro de estos cuatro aspectos de ti mismo. (Si utilizas diferentes correspondencias elementales, tendrás que adaptar la siguiente información a tu propio sistema).

En las descripciones de las constelaciones, verás que cada carta de los arcanos menores aparece etiquetada, conforme al sistema de la Aurora Dorada, con un rango de fechas, diez grados dentro de un signo zodiacal y las características que definen a ese signo: su elemento y su cualidad.

- Los 2, 3 y 4 de cada palo son los signos *cardinales* de cada elemento. Aries, Cáncer, Libra y Capricornio abren una estación y demuestran la afirmación y el impulso de ese elemento.
- Los 5, 6 y 7 son los signos *fijos* Tauro, Leo, Escorpio y Acuario. Demuestran la profundidad, el mantenimiento y la persistencia del palo y del elemento.
- Los 8, 9 y 10 son los signos *mutables* Géminis, Virgo, Sagitario y Piscis. Demuestran la flexibilidad y adaptabilidad del elemento mientras se preparan para la finalización que precede a una nueva iniciación.

Además, como se mencionó en el capítulo anterior, cada carta representa una subdivisión de diez días del signo zodiacal asociado a ella. El 10 de bastos, por ejemplo, es el tercer decanato de Sagitario (fuego mutable), que incluye las fechas del 13 al 21 de diciembre. Así, tu cumpleaños (mes y día) corresponde a una de las cartas de los arcanos menores, que se conoce como tu *lección zodiacal y oportunidad*. Su función como una de tus cartas de vida se analiza en el capítulo tres.

La utilización de las constelaciones

La información sobre las constelaciones en los nueve capítulos siguientes puede emplearse de diversas maneras:

1. Busca tus cartas de la personalidad, del alma y del factor oculto o carta maestra.
2. Dialoga con las figuras de tus cartas de la personalidad, del alma y del factor oculto (ver el capítulo dos); averigua lo que tienen que decirte directamente.

3. Incluye una visión general de las cartas de vida y del año reciente del consultante en tus lecturas para los demás.

Tabla 9: Carta de los palos de los arcanos menores

Símbolo	Palo y elemento	Significado de los palos
	BASTOS Fuego	Crecimiento personal. Espíritu. Inspiración. Energía. Creatividad. Iniciación. Entusiasmo. Deseo. Pasión. Percepción. Acción. Movimiento. Optimismo. Función intuitiva.
	COPAS Agua	Sentimientos y emociones. Inconsciente. Imaginación. Ser psíquico. Sueños. Visualización. Procesos internos. Relaciones. Receptividad. Reflexión. Función de los sentimientos.
	ESPADAS Aire	Pensamientos. Lucha. Conflictos. Decisiones. Ingenio y astucia. Análisis. Discusión. Comunicación. Procesos mentales. Agudeza. Crítica. Pesimismo. Función de pensar.
	PENTÁCULOS Tierra	Resultados. Actualización. Sensación. Seguridad. Conexión a tierra. Centrado. Manifestación. Habilidades. Artesanía. Recompensas por los logros. Frutos del trabajo. La tradición. Lo físico y lo material. Función sensorial.

4. Ofrece a tus consultantes una consulta de especialidad en la que examines sus cartas de vida y las de los miembros de su árbol genealógico (ver más adelante), además de una descripción de los puntos significativos de sus cartas anuales (ver el capítulo catorce).
5. Utiliza las descripciones de las constelaciones para interpretar las cartas individuales en cualquier lectura. Estas interpretaciones ponen de relieve los principios a los que se accede, así como

las lecciones y los retos que se presentan. Emplea las descripciones para centrar tu lectura en los potenciales disponibles y en el propósito de la experiencia. Te indican qué energías están activas actualmente.

6. Siempre que una carta sea especialmente importante en una lectura, o si aparecen tres o más cartas de una constelación en una tirada, piensa en cómo se aplica el principio básico de esa constelación. Examina todas las cartas de esa constelación para encontrar formas de trabajar con la energía en tu vida.
7. Determina las cartas de vida de tu familia y amigos. Si lo deseas, escribe tu árbol genealógico avanzando y retrocediendo todo lo que puedas en el tiempo y añade las cartas de cada persona. Observa los patrones relacionales formados y lo que esto sugiere sobre el linaje, las relaciones y las interacciones que forman parte de tu herencia familiar (gracias a Carrie Paris, que sugirió el árbol genealógico).
8. Lee sobre los personajes famosos de tu constelación (en Internet es fácil encontrarlos). Busca similitudes y coincidencias interesantes entre ellos. Recuerda que las cartas no describen tanto lo que hicieron los sujetos como el *porqué de esa acción*. En el caso de los escritores y filósofos, esto suele reflejarse en los temas clave de sus libros. ¿Por qué citas se los recuerda? Pregúntate de qué manera los temas significativos de sus vidas podrían aplicarse a la tuya. Ten en cuenta que un patrón de destino concreto puede contener «tipos» muy diferentes, ya que estos temas podrían expresarse en un amplio espectro de comportamientos y profesiones.
9. Escoge las cartas de tu constelación y extiéndelas por el suelo o la mesa. Colócalas de varias maneras hasta que encuentres un patrón que te parezca lógico. Hazte las siguientes preguntas:

    - ¿En qué se parecen las cartas y en qué se diferencian?
    - ¿Cómo expresan los arcanos menores las cualidades de los arcanos mayores de la misma constelación?

- ¿Cómo expresan estos arcanos menores las características beneficiosas e inspiradoras y cómo expresan las limitantes y problemáticas?
- ¿Qué recomiendan los arcanos mayores correspondientes para los desafíos que presentan los arcanos menores?
- ¿Qué tipo de situaciones, descritas por los arcanos menores, te enseñarán a materializar los potenciales inherentes a los arcanos mayores?
- ¿De qué manera los arcanos menores son las pruebas y los recursos de los arcanos mayores?

10. Si enseñas tarot, utiliza las cartas de vida y anuales como una forma especialmente relevante de presentar los arcanos mayores a tus alumnos. En las clases más grandes, pídeles a los estudiantes que se dividan en pequeños grupos según su constelación de cumpleaños y comenten de qué manera creen que son relevantes las cartas para cada uno. A continuación, pide a cada grupo de constelación que comparta sus conclusiones con toda la clase.

¿Quién eres tú en el tarot?

Tu asociación con una de las constelaciones basada en tu fecha de nacimiento te describe en términos de las creencias y costumbres culturales del mundo occidental que utiliza este sistema calendárico de ciclos solares. Las características señaladas son tendencias generales. Cada persona encuentra su propia manera de expresar las posibilidades que le brinda el destino. Utiliza estos bocetos del territorio únicamente como punto de partida para tu propia contemplación y apreciación.

La constelación del Mago

Capítulo 5

La constelación del Mago 19-10-1

El Sol (19)
La Rueda de la Fortuna (10)
El Mago (1)

As y 10 de bastos	As y 10 de copas
As y 10 de pentáculos	As y 10 de espadas

El principio de la voluntad y la conciencia focalizada

El Mago	
Correspondencia astrológica:	Mercurio.
Funciones de la carta dentro de la constelación:	La unidad del yo; el individuo.
La Rueda de la Fortuna	
Correspondencia astrológica:	Júpiter.
Funciones de la carta dentro de la constelación:	La unidad en la diversidad; el individuo en la sociedad.
El Sol	
Correspondencia astrológica:	Sol.
Funciones de la carta dentro de la constelación:	La unidad en el Espíritu; todo como uno.

Arquetipo del alma: la consciencia. El sentido externo del yo. La persona.

Palabras clave: comunicación. Conciencia de sí mismo. Individualización. Autoexpresión. Iniciativa. Sintonía. Originalidad.

Si tienes un 10-1, lee las siguientes secciones de este capítulo:

El Mago (1) como carta del alma.

La Rueda de la Fortuna (10) como carta de la personalidad o carta maestra.

El Sol (19) como factor oculto.

Famosos 10-1.

Los ases de los arcanos mayores

Los 10 de los arcanos menores.

Si tienes un 19-10-1, lee:

El Mago (1) como carta del alma.

La Rueda de la Fortuna (10) como carta de la personalidad o maestra.

El Sol (19) como carta de la personalidad.

Famosos 19-10-1.

Los ases de los arcanos mayores

Los 10 de los arcanos menores.

El Mago (1) como carta del alma

(*Esto es válido tanto si tienes un 19-10-1 como un 10-1*)

La unidad del yo; el individuo

El Mago representa la consciencia y la voluntad focalizadas. Como carta relacionada con Mercurio, indica que eres un comunicador y un hábil artesano, capaz de dirigir a otros y de lograr resultados.

Los símbolos de los cuatro palos en la mesa indican tu capacidad para trabajar con los cuatro elementos como herramientas.

Como mago, trabajas de forma creativa utilizando tanto tus manos como tu mente. Eres capaz de una gran concentración mental y tienes iniciativa propia a la hora de realizar tus actividades. Se te da bien influir en los demás y controlar tu entorno. El análisis lógico te resulta fácil, y utilizas esta habilidad para manipular cualquier asunto que te interese.

Es posible que te cueste trabajar para otros porque quieres concentrarte en tus propios proyectos. Canalizas todas tus energías en tus tareas. Esto te ayuda a creer en tus ideas y a comunicarlas, pero tu tendencia al egocentrismo no siempre deja espacio para los demás, a menos que estén dispuestos a seguirte. Eres un individualista. No tienes mucha paciencia y esperas una gratificación instantánea.

Para desarrollar tus capacidades más elevadas, necesitas darte cuenta de que puedes ser un canal para una consciencia superior. Si te abres al Espíritu y dejas que la Voluntad divina actúe a través de ti, podrás formar parte del destacado grupo de los 19-10-1 que son extraordinarios sanadores, maestros, líderes, innovadores, inventores y comunicadores de todo tipo.

Tienes una mente innovadora y piensas con rapidez. Por lo tanto, también te desvías fácilmente por las nuevas ideas que te van surgiendo; probablemente te convendría tener un compañero de trabajo que completara la tarea que tienes entre manos. Tiendes a identificarte con tu trabajo y tus creaciones, viviéndolas como una parte integral de ti mismo, por lo que eres sensible a las críticas sobre tus proyectos.

Tienes la capacidad mágica de cambiar y transformarte, así como de transformar los acontecimientos mundanos y ordinarios en mágicos. Te ves a ti mismo como la consciencia que da sentido a las sincronías, el actor sin el cual ninguna acción puede tener lugar.

En el peor de los casos, podrías terminar convirtiéndote en un estafador o en un embaucador que habla a toda velocidad y que tiene la capacidad de convencer a los demás de que pueden obtener algo a cambio de nada. Juegas y creas ilusiones para conseguir tus fines personales. Por tanto, eres algo diferente para cada individuo con el que entras en contacto y te muestras tal y como esa persona quiere creer que eres. Dado que tienes afinidad por la fascinación y el encanto, disfrutas al máximo con un público que aprecia tus cualidades para entretenerlos. Los magos también son propensos a tener lo que se llama el complejo de Peter Pan: no querer crecer y aceptar las responsabilidades de los adultos. Aunque conservas fácilmente el sentido de la diversión y el juego, es característico el impulso hacia la autogratificación. Dices lo que piensas en el momento, pero no quieres que te obliguen a nada después. Si eres una mujer y reprimes este lado alegre de ti misma, puedes proyectarlo en tus hombres, cuya negativa a crecer refleja tus propios deseos ocultos.

El Mago actúa solo como carta del alma, y por lo tanto nunca lo experimentarás como carta de la personalidad, del factor oculto o del año. El número 1 no ha aparecido por sí mismo desde el 1 de enero del 998 y no aparecerá otra vez hasta el 31 de diciembre del 9957, cuando las fechas volverán a sumar 10.000 (si es que nuestro calendario dura tanto).

La Rueda de la Fortuna (10) como carta de la personalidad o maestra

(Esto se aplica como carta de la personalidad si tienes un 10-1, y como carta maestra si tienes un 19-10-1. Desde el año 998 de nuestra era no es posible tener la Rueda de la Fortuna como carta de factor oculto).

La unidad en la diversidad; el individuo en la sociedad

La Rueda de la Fortuna representa el cambio, el movimiento y la expansión de las ideas. Es una carta de suerte, tanto buena como mala. A medida que la rueda gira, aparecen nuevas oportunidades y los viejos proyectos dan una nueva vuelta de tuerca. La rueda bordeada por las cuatro figuras de las esquinas representa un círculo sagrado protegido por los espíritus sobrehumanos de las cuatro direcciones y elementos.

Júpiter se asocia con mayor frecuencia a esta carta y, por tanto, amplía el pensamiento del Mago a un nuevo nivel, al añadir una perspectiva filosófica. Tu consciencia de tu capacidad de elección deriva de tu visión global de la situación. Tus creencias y esperanzas te empujan o te hunden en la desesperación (aunque seguramente no por mucho tiempo). Es probable que tus ideas lleguen al público a través de publicaciones u otras formas de comunicación, como indican los libros que sujetan las figuras de la esquina (en nuestra cultura contemporánea, podrían tener cámaras de vídeo u ordenadores) y que conectan esta carta con las cualidades mentales del Mago.

La Rueda de la Fortuna trae consigo el potencial de recompensa de los proyectos creativos que inicia el Mago. Si tienes una personalidad de la Rueda de la Fortuna, aprendes a través del cambio. Apuestas y asumes riesgos por los retos que te plantean. Experimentas los efectos de tu actuación en el mundo y, a menudo, los ves volver a ti más tarde, transformados y aplicados de formas que quizá no habías imaginado. Por lo tanto, es posible que tengas que enfrentarte a los resultados de la irreflexión ocasional de tu alma de mago. Para ti es importante tener la sensación de que controlas tu propio destino.

El problema es que puedes seguir la corriente sin apenas esforzarte, si tienes la suerte y la agilidad suficientes para mantenerte en pie y en movimiento. A veces, la ambición se ve anulada al surgir situaciones nuevas e interesantes con vías intrigantes que explorar. Parece que todo lo que necesitas vendrá a ti si esperas lo suficiente. Por eso te falta persistencia y puedes ser impaciente con los detalles, tendiendo a dejar muchos proyectos a medias. Esta actitud diletante y sin rumbo podría impedirte alcanzar tu máximo potencial.

Sin embargo, la Rueda de la Fortuna muestra, sobre todo, la flexibilidad y la capacidad de aprovechar las oportunidades cuando se presentan. Eres una persona magnánima e indulgente, con la que es fácil estar. Te desenvuelves con la misma facilidad en los momentos bajos que en las cimas, sabiendo que esos extremos son temporales y que los aguantarás.

La esfinge monta guardia en la puerta de entrada a un mayor desarrollo; te pregunta si estás dispuesto a girar en la rueda de las parcas (la rueda del destino), para así resurgir dotado de una mayor comprensión.

El Sol (19) como factor oculto

(*Esto se aplica si tienes un 10-1*)

En un patrón de personalidad-alma 10-1, el Sol se convierte, paradójicamente, en tu carta de la sombra. Sin embargo, tu sombra particular es lo que los junguianos llaman una «sombra brillante». Esto significa que probablemente tengas alguna dificultad para reconocer tus buenas cualidades y logros. Mira a tu alrededor: ¿hay alguien a quien te gustaría parecerte? Es posible que no valores suficientemente tu propia valía y que te sientas «eclipsado» por los demás.

O bien, para compensarlo, podrías irte al extremo de pensar que eres tan único que no hay nadie como tú, o que pueda entenderte, en el mundo. Como quieres que se reconozca tu individualidad, anhelas ser el centro del universo de alguien, lo cual es difícil porque tiendes a mantener oculta tu luz. Parte de tu tarea consiste en identificar un objetivo o foco central que ilumine tu vida y le dé sentido. Hasta entonces, es posible que des tumbos de un lado a otro, que pruebes infinidad de cosas mientras buscas un propósito. Te centrarás cuando te des cuenta de que ese propósito es sencillo: lo que de verdad te interese.

Tal vez en tu juventud te costaba abrirte a los demás. Eres esencialmente un solitario y te sientes más cómodo cuando trabajas por tu cuenta en tus propios proyectos. No dejas que los demás se acerquen mucho a ti, pues te resulta difícil confiar en alguien porque sabes que, debido a la inestabilidad de la vida, podría estar aquí hoy y marcharse mañana. Más adelante, con el Sol como tu carta maestra, te abrirás poco a poco a gozar de los placeres de la amistad. Una de tus mayores lecciones pendientes es aprender a confiar, a confiar en ti para hacerlo bien y a confiar en los demás con tus sentimientos más profundos. Cuando te falta la confianza, dudas de tus proyectos, de ti mismo y del valor de tus amistades. Con las cualidades de cambio de forma del Mago como carta del alma, tu identidad es escurridiza y cambia para adaptarse a cada nueva circunstancia. El Sol te desafía a reconocerte como el creador de tu propia realidad.

Famosos 10-1

El filósofo René Descartes basó su «prueba» de Dios en el hecho de que dudamos, y si dudamos, pensamos, y por lo tanto debemos ser concebidos a partir de un ser pensante: «Pienso, luego existo». Pero, para Descartes, la mente y la materia eran sustancias totalmente separadas: una por encima (el Espíritu) y otra por debajo (el mundo físico).

René Descartes (filósofo), 31/03/1596.
Tiger Woods (golfista), 30/12/1975.
Kaká (futbolista brasileño), 22/04/1982.
LeBron James (jugador de baloncesto), 30/12/1984.
Lady Gaga (música), 28/03/1986.
Miley Cyrus (actriz, cantante), 23/11/1992.

El Sol (19) como carta de la personalidad

(Esto se aplica si tienes un 19-10-1)

La unidad en el Espíritu; todo como uno

El Sol representa la totalidad, el logro y la revelación que llega cuando brilla la luz plena del sol y no hay nada que ocultar. Walt Whitman, un 19-10-1, escribió: «¡Dame el espléndido sol silencioso, con todos sus rayos totalmente deslumbrantes!». Con una personalidad de Sol, eres básicamente optimista y alegre. Como los girasoles, siempre buscas el lado luminoso de las cosas. El muro de la carta indica que eres consciente de tus limitaciones. Estás aprendiendo a reconocer tus logros, y si has tenido éxito en el camino interior de la Rueda, te das cuenta de que puedes revelar plenamente tu persona y tus motivaciones a los demás.

Como un niño, te deleitas inocentemente en las pequeñas alegrías de la vida y has descubierto que puedes dejarte llevar por tus instintos, ya que sin motivaciones ocultas te guiarán hacia la verdad. Irradias tu convicción de que los demás también pueden cumplir sus sueños y, por tanto, eres una inspiración para ellos. Tu confianza hace que saquen lo mejor de sí mismos.

La mayoría de las barajas de tarot representan a dos niños bailando bajo la luz del sol. Esto subraya que te gusta compartir tu experiencia con los demás. Por lo tanto, esta es la carta de la cocreación. Necesitas a alguien con quien compartir tus ideas y con quien trabajar y jugar. Al igual que el Sol siempre está emparejado con la Luna en los mitos y las historias, tú también sientes la necesidad de emparejarte, de contar con alguien que te complemente. Al ser el Mago la esencia de tu alma, te identificas tanto con tu trabajo que te es difícil mantener una relación con alguien que no esté también interesado en lo que haces. Es una situación del tipo «ámame y ama mi trabajo». Eres incapaz de dejar a un lado tus proyectos e ideas, así que te vendría bien tener una pareja que esté tan involucrada e interesada como tú, o al menos dispuesta a escuchar. Como eres un líder y una persona de ideas, tu «otra mitad» debe apoyarte y ayudarte a finalizar las cosas. Te encanta ser el centro de atención. Disfrutarás de una magnífica asociación si tu pareja se encarga de las tareas de apoyo; de lo contrario, podrías sentir que te hace sombra.

Si tienes un trabajo en el que no es posible ser creativo o no puedes trabajar de forma independiente, nunca lo considerarás tu «vocación», sino un simple trabajo. Por lo tanto, necesitarás otra salida a través de la cual puedas «brillar».

Famosos 19-10-1

Como puedes ver en la lista, los 19-10-1 son líderes e inventores y muchos destacan como individualistas. Son iniciadores de nuevos movimientos y cuentan con muchas «primicias» en su haber. Más que ningún otro grupo, destacan, para sus seguidores, como líderes y portavoces de las causas o movimientos con los que se identifican.

George Washington (presidente de Estados Unidos), 22/02/1732.
Napoleón Bonaparte (emperador francés), 15/08/1769.
Karl Marx (filósofo social), 05/05/1818.
Walt Whitman (poeta), 31/05/1819.
Herman Melville (escritor), 01/08/1819.
Susan B. Anthony (reformista, feminista), 15/02/1820.
León Tolstói (escritor), 09/09/1828.
Nikola Tesla (inventor, ingeniero eléctrico), 10/07/1856.
Maria Montessori (educadora), 31/08/1870.
Carl Jung (psiquiatra), 07/26/1876.
George Gurdjieff (metafísico), 13/01/1877.
Ernest Hemingway (escritor), 21/07/1899.
Walt Disney (cineasta de animación), 05/12/1901.
Werner Heisenberg (físico), 05/12/1901.
Simone de Beauvoir (escritora existencialista), 09/01/1908.
L. Ron Hubbard (escritor; fundador de la cienciología), 13/03/1911.
Billy Graham (pastor evangelista), 07/11/1918.
Martin L. King Jr. (clérigo, activista), 15/01/1929.
Rupert Murdoch (magnate de los medios de comunicación), 11/03/1931.
Salman Rushdie (escritor), 19/06/1947.
O. J. Simpson (jugador de fútbol americano), 09/07/1947.

Bruce Springsteen (músico), 23/09/1949.
Michael Moore (director de cine, comentarista político), 23/04/1954.
Steve Jobs (fundador de Apple), 24/02/1955.
Yo-Yo Ma (violonchelista, compositor), 07/10/1955.
Tom Cruise (actor), 03/07/1962.
Jimmy Wales (fundador, Wikipedia), 07/08/1966.

Los ases de los arcanos menores

Los ases (o 1) indican los niveles de consciencia en los que operas. También son tus cuatro habilidades básicas y las cuatro áreas en las que puedes concentrar tus energías. Para enfocar verdaderamente tu consciencia y tu energía, debes comprometerte con un esfuerzo. Los ases representan ese punto de partida, las ideas iniciales, el reconocimiento de la oportunidad que te ofrece la mano del Espíritu que aparece en cada carta. También representan la progresión necesaria para que cualquier nuevo proyecto se ponga en marcha. Marcan el inicio del enfoque y la concentración de la energía. En cualquier momento, si una de las energías del as es débil, el proyecto puede fracasar y tener que empezarse de nuevo.

As de bastos: la raíz del fuego

El as de bastos representa la consciencia inspirada, el punto en el que brota una idea. Con este as, aprovechas una oportunidad con firmeza. Como un leño ardiendo o una idea brillante, arde con la energía y la luz del entusiasmo. Te apasiona la tarea que estás a punto de realizar. Tienes el ánimo de empezar y quieres que tus ideas se desarrollen y prosperen. Este as te da el primer impulso y la voluntad apasionada de comenzar.

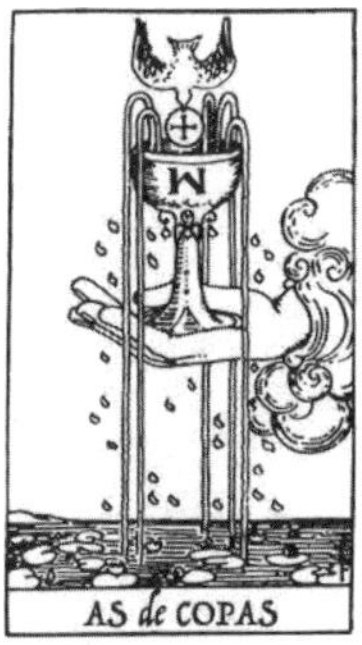

As de copas: la raíz del agua

El as de copas representa la consciencia del amor. Con él, te abres a tus sentimientos y reconoces tus resistencias. Debes ser receptivo a todas las esperanzas y dudas que te surgen ante cualquier objetivo. ¿Sientes una conexión interna con este proyecto y la voluntad de alimentarlo? Si no es así, carecerá de valor y lo desecharás una vez que tu entusiasmo inicial se desvanezca. La abundancia que se derrama sobre el borde de la copa representa el ardor que sientes por tu idea, que le da el sustento que necesita para crecer. Con este as, tu aceptación emocional está disponible para que cualquier proyecto se desarrolle y florezca.

As de espadas: la raíz del aire

El as de espadas representa el razonamiento y la consciencia enfocada. Con él, analizas lo que hay que hacer, utilizando la lógica y la inteligencia para dar los pasos necesarios. Juzgas los pros y los contras de los distintos métodos. Investigas y sintetizas la información necesaria. La espada simboliza la eliminación de los detalles innecesarios, manteniéndote centrado en lo esencial. Con este as, por primera vez te atreves a desarrollar la idea de forma sistemática.

As de pentáculos: la raíz de la tierra

El as de pentáculos representa la cristalización de la consciencia. Te proporciona la estabilidad y las habilidades para obtener resultados. Te empeñas en seguir adelante con el proceso porque quieres ver el resultado final y experimentar los frutos de tu trabajo. La mano sostiene el producto de tus esfuerzos, que se convierte en la semilla de un nuevo proyecto. Con este as, visualizas en silencio tus resultados esperados y decides cómo utilizarlos de una nueva forma.

Los 10 de los arcanos menores

Los 10 son el final de cualquier ciclo y el comienzo del siguiente. Nos recuerdan que todos los 1 (ases) son realmente el resultado de un proceso anterior. Es al contemplar los 10 cuando obtenemos la imagen del uróboros –la serpiente que se muerde la cola– y nos damos cuenta de que la vida es un proceso continuo. Así, al igual que la Rueda de la Fortuna, los 10 marcan una transición y nos brindan un cambio. Por lo general, el cambio se ve favorecido o dificultado por el tipo de condiciones que aparecen en cada una de las cartas del palo. Los 10 representan el resultado de todo lo que hemos completado a través de los 9. También representan el resultado lógico de seguir con las energías de cada palo.

Para las personas de la constelación del Mago, los 10 son regalos o desafíos para su proceso de comunicación e individuación.

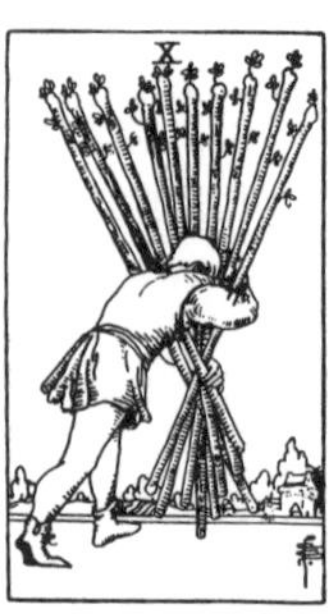

10 de bastos (13-21 de diciembre, 20°-30° Sagitario, fuego mutable)

El 10 de bastos muestra lo que ocurre cuando se inician demasiados proyectos nuevos. Señala que la creatividad se ve sofocada cuando abarcas demasiado. Los cambios dinámicos parecerán imposibles si te encuentras agobiado por una pesada carga o demasiadas responsabilidades. Si te ocupas de los problemas y proyectos de todo el mundo, te quedas sin tiempo para ti. Tu visión puede verse bloqueada por las preocupaciones inmediatas y el trabajo cotidiano.

Por otro lado, el 10 de bastos muestra la importancia de desarrollar el sentido de la responsabilidad. Cuando cumples tus obligaciones y acuerdos, desarrollas la madurez esencial para todas las relaciones sociales; encuentras la fe en ti mismo y en tu capacidad para lograr tus objetivos.

10 de copas (11-20 de marzo, 20°-30° Piscis, agua mutable)

El 10 de copas indica que tienes el don de llevar luz y buen humor a quienes te rodean. Tu familia y tus relaciones tienen mucha importancia para ti, y sin ellas no te sientes completo. Necesitas a otros para compartir tus inspiraciones e ideas, y te importan sus reacciones. Aunque tu individualidad es tu principal característica, necesitas un entorno muy social en el que expresarla. Esto es lo que significa para ti la prosperidad.

Como desafío, el 10 de copas puede indicar fantasías ilusorias y sueños irreales. El arcoíris representa la promesa, pero hay que trabajar para conseguir una realidad. Sin embargo, para poder materializar tus sueños de armonía social y coexistencia global, o tus esperanzas personales de crear una familia feliz, es necesario que los visualices con claridad.

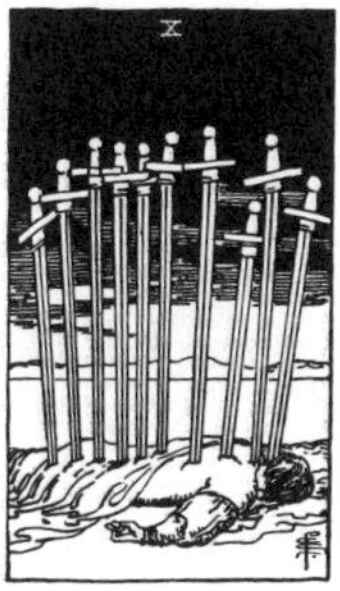

10 de espadas (11-20 de junio, 20°-30° Géminis, aire mutable)

El 10 de espadas indica que te sientes más bloqueado cuando crees que tus amigos están en tu contra o que no puedes sacar adelante un proyecto. La imagen es la de una puñalada por la espalda. Esto puede ser mortal para tu sentido de la autoestima.

Uno de los mayores desafíos es el de reconocer cuándo hay que rendirse, cuándo hay que alejarse de los amigos ingratos o abandonar un esfuerzo inútil. Es como una pesadilla en la que «algo» te persigue, pero no puedes correr; como si tuvieras la médula espinal cercenada, te encontraras paralizado y fueras incapaz de moverte. Quizá tengas que dejar de intentarlo, renunciar a seguir librando una batalla perdida. En cuanto te rindas, descubrirás que se produce un cambio; te liberas y puedes correr, o te das cuenta de que, después de todo, el monstruo no era tan malo. Es la carta donde «tocamos fondo y solo podemos subir...». Las nubes negras se disipan y comienza un nuevo día. Como regalo, el 10 de espadas indica que examinas las cosas desde todos los ángulos y eres muy minucioso al tratar de precisar la totalidad de los aspectos de una situación. Te esfuerzas en la búsqueda del conocimiento y, con diligencia, desarrollarás la sabiduría.

10 de pentáculos (12-22 de septiembre, 20°-30° Virgo, tierra mutable)

El 10 de pentáculos indica que cuentas con la riqueza de tus recursos y talentos para edificar estructuras duraderas en el mundo. Te enfrentas al reto de hacer de este un lugar mejor para vivir y de dejar algo consistente y tangible tras de ti. Asimismo, tienes por delante el reto de respaldar con tus dones las tradiciones que revisten importancia para ti. Al igual que el 10 de copas, esta carta indica que obtienes un valioso apoyo de tus amigos, relaciones y herencia. A la inmensa mayoría de quienes tienen la Rueda de la Fortuna como una de sus cartas de vida nunca les falta el dinero, como afirma esta imagen.

Los signos mágicos en la túnica del anciano, la varita apoyada en el arco y la colocación del Árbol Cabalístico de la Vida que encontramos en el 10 de pentáculos son indicadores de que, en realidad, estamos ante una carta de magia. El anciano es el Mago, ahora un viejo sabio después de haber pasado por las experiencias de la vida. Pese a que dejas los conocimientos que has adquirido a quienes vienen detrás, tu sabiduría te permite advertir que cada nuevo recién nacido deberá volver a emprender el viaje por su cuenta.

La constelación de la Suma Sacerdotisa

Capítulo 6

La constelación de la Suma Sacerdotisa 20-11-2

El Juicio (20)
La Justicia (11)
La Suma Sacerdotisa (2)

2 de bastos	2 de copas
2 de espadas	2 de pentáculos

El principio del juicio equilibrado por medio de la consciencia intuitiva

La Suma Sacerdotisa	
Correspondencia astrológica:	Luna.
Funciones de la carta dentro de la constelación:	El conocimiento personal; la verdad interior.
La Justicia/Ajuste	
Correspondencia astrológica:	Libra.
Funciones de la carta dentro de la constelación:	La sabiduría social; la verdad social/pública.
El Juicio/Aeón	
Correspondencia astrológica:	Plutón.
Funciones de la carta dentro de la constelación:	La comprensión cósmica; la verdad espiritual.

Arquetipo del alma: el inconsciente; el yo interior omnisciente; la psique.

Palabras clave: intuición. Autosuficiencia. Confianza en sí mismo. Independencia. Dualidad. El yo y el otro. Elección. Análisis. Lucha. División. Reflexión. Claridad. Contrapeso o contraposición. Equilibrio. Ajuste.

Si tienes un 2 simple (2-2), lee:

La Suma Sacerdotisa (2) como carta de la personalidad o del alma.
Famosos con un 2 simple.
La Justicia (11) como factor oculto.
El Juicio (20) como factor oculto.
Los 2 de los arcanos menores.

Si tienes un 11-2, lee:

La Suma Sacerdotisa (2) como carta de la personalidad o del alma.
La Justicia (11) como carta de la personalidad.
El Juicio (20) como factor oculto.
Famosos 11-2.
Los 2 de los arcanos menores.

Si tienes un 20-2, lee:

La Suma Sacerdotisa (2) como carta de la personalidad o del alma.
El Juicio (20) como carta de la personalidad.
La Justicia (11) como factor oculto.
Famosos 20-2.
Los 2 de los arcanos menores.

Si ves el 11 como la Fuerza, lee:

La Fuerza como número 11.

La Suma Sacerdotisa (2) como carta de la personalidad o del alma

(Esto se aplica si es un 2 simple, un 11-2 o un 20-11-2)

El conocimiento personal; la verdad interior

La Suma Sacerdotisa representa la sabiduría, la independencia y la autosuficiencia de la mente interior, o psique. Como carta relacionada astrológicamente con la Luna, representa sus fases crecientes y menguantes y el flujo y reflujo de las mareas. Espejo de nuestras circunstancias actuales en el que se reflejan acontecimientos y recuerdos anteriores, codificados en símbolos y proyectados hacia nosotros (como en el velo que hay detrás de ella) a través de nuestros sueños y sentimientos. Aunque también se la conoce como la Sacerdotisa Virgen, debemos remontarnos al significado original de la palabra *virgen* para encontrar que significa 'entera para sí misma' o 'que no pertenece a ningún hombre'. Era una sacerdotisa dedicada a la Diosa, guardiana del conocimiento de los misterios del nacimiento y la muerte, de nuestras vidas pasadas y futuras, y de nuestro propósito en esta vida. M. Esther Harding, en *Woman's Mysteries* [Misterios de la mujer], describe a la Suma Sacerdotisa:

> La mujer que es virgen, una en sí misma, hace lo que hace, no por ningún deseo de complacer, ni de gustar, ni de ser aprobada, ni siquiera por ella misma; no por ningún deseo de ganar poder sobre otra [...] sino porque lo que hace es verdadero.[13]

Como segunda carta de los triunfos del tarot, siguiendo el concepto de la unidad del Ser, la Suma Sacerdotisa representa tu comprensión del «otro», de la dualidad. Es como el bebé que empieza a darse cuenta de que todo no es una parte de sí mismo, que está separado de su madre. Y así, como indica la combinación de las palmas y las granadas (significadores de la sexualidad y la fertilidad), esta carta también representa la aparente dualidad del Yo y el otro, lo masculino y lo femenino, la oscuridad y la luz, etc.

Como Suma Sacerdotisa, tomas decisiones de forma intuitiva y las cambias a menudo. Esto no se debe a que seas inconstante, sino a que reconoces que las circunstancias son siempre cambiantes, que la energía fluye y refluye. Te mueves con un ritmo interior en el que has llegado a confiar y que no puede apresurarse. Tu calma tranquiliza a los demás, que a menudo se sienten atraídos por tu comportamiento sereno. Otras personas te hablan abiertamente de sí mismas y de sus preocupaciones porque sabes escuchar; da la impresión de que conoces sus pensamientos más íntimos. En tu aceptación sin prejuicios, ven el reflejo de sus ideas y sentimientos.

Eres empático y clarividente, consciente de las sutiles corrientes subterráneas de una situación. A menudo experimentas algo en tu cuerpo antes de saberlo a nivel mental. Ser receptivo a estas impresiones puede crear rápidos cambios de humor. Con frecuencia sientes los sentimientos de otros además de los tuyos. La carta de la Justicia puede ayudarte a separar tus energías de las ajenas.

Para tu bienestar mental y físico es esencial que estés cerca del agua. Si no tienes nada más, un baño caliente con sal y bicarbonato limpiará tu campo energético. Tu energía es la del agua y la Luna: fría, oscura y fluida. Necesita ser contenida.

Las Sumas Sacerdotisas tienen cualidades femeninas muy destacadas, y las amigas, mentoras y maestras son de una gran importancia para ellas. Como los hombres suelen sentir la necesidad de reprimir este lado de sí mismos, podrían proyectar en otra persona sus cualidades internas de Suma Sacerdotisa. Por lo tanto, los hombres cuya carta del alma sea la Suma Sacerdotisa tienen ánimas –imágenes internas de lo femenino– muy desarrolladas que siempre buscan en el mundo exterior. El problema es que ninguna mujer real puede estar a la altura de la perfección de esta imagen ideal.

Eres independiente y autosuficiente. La soledad es importante para ti porque te ofrece la oportunidad de reconectar con tu fuente espiritual. No sueles revelar tus verdaderos sentimientos y por eso atraes a otros que te encuentran misteriosa y sabia. Tu motivación viene de tus sentimientos y emociones. Tu mente compara y asocia las situaciones actuales con las que recuerdas del pasado; tus reacciones son tremendamente emocionales.

Si has reprimido tus experiencias intuitivas y tus poderes psíquicos, es posible que seas escéptico con respecto a las creencias metafísicas, hasta el punto de que te venga a la mente la frase de Shakespeare: «Me da la impresión de que la dama protesta demasiado».* Por eso, te costará confiar en tus sentimientos intuitivos e intentarás justificar con la «razón» todas tus acciones.

Tus sueños pueden tener una gran importancia para ti: ponlos por escrito. Son un medio excelente para acceder a tu intuición y obtener consejos de tu Yo interior. Al mirar en tu inconsciente profundo, llegarás a conocerte a ti mismo.

El lado problemático de la Suma Sacerdotisa proviene de su naturaleza esencialmente paradójica. Puedes ser fascinantemente misteriosa o verte envuelta en intrigas y mentiras. Puedes ser flexible o inconstante. Puedes desconfiar de la lógica y mostrar un afectado desdén hacia ella o todo lo contrario, desconfiar de la intuición, creando una fachada de lógica y sofistería. Puedes enorgullecerte de tu sensibilidad emocional o, por el contrario, mantenerte fríamente distante de cualquier cosa que afecte a tu paz interior.

Si tienes un 2 simple, con la Suma Sacerdotisa como cartas de la personalidad y del alma, tanto la Justicia como el Juicio son tus cartas del factor oculto; lee las descripciones de estas cartas que vienen a continuación.

* N. del T.: La frase pertenece a la obra *Hamlet* y en la actualidad se usa en el habla cotidiana para expresar dudas sobre la sinceridad de alguien.

Famosos con un 2 simple

Solo hay un breve espacio de tiempo en el que podrían haber nacido los que tienen un 2 simple.

Mariah Carey (cantante, compositora), 27/3/1970.

La Justicia (11) como carta de la personalidad

(Esto se aplica si tienes un 11-2)

La sabiduría social; la verdad social/pública

La Justicia representa las leyes sociales y culturales que creamos para mantener el orden y compensar a los damnificados. La figura representa a diosas de la verdad como Ma'at en Egipto y Temis y Atenea en Grecia, que buscan mantener el equilibrio de la naturaleza y el ritmo de la vida. Para que las leyes exteriores sean justas, deben estar en consonancia con nuestra naturaleza interior.

Esta carta indica que consideras que es importante adaptarte a los demás. Asumes la responsabilidad de cómo tus juicios y decisiones te afectan a ti y a otros. Eres consciente de que cada acción requiere una reacción de la que se te debe responsabilizar, así que miras hacia delante para ver los posibles resultados de tus impulsos y actos. O miras hacia atrás para ver qué hiciste para justificar un resultado específico.

Como carta de la personalidad, la Justicia habla de la necesidad de ser fiel a uno mismo, ya que sin honestidad ni la justicia ni la misericordia son posibles. Aprendes a través de tus errores, evaluando cuidadosamente a las personas y las situaciones y creencias en las que confías. Cuando estas ya no tienen validez, ni te proporcionan resultados apropiados, eres capaz de cortar tus conexiones y liberarte de dependencias obsoletas. Con tu espada, sacrificas las ilusiones, las pretensiones y los sueños errados. Sin embargo, defenderás con fuerza aquellas ideas que representan para ti las verdades básicas de la existencia. A veces, como señala Sallie Nichols en *Jung y el tarot: un viaje arquetípico*, puedes llegar al extremo de obsesionarte con que todo sea justo y pasar todo el tiempo «en los tribunales» o reprendiendo al sistema en lugar de trabajar en ti mismo.

Tu forma lógica de ver el mundo significa que prestas mucha atención a la ley de causa y efecto y prefieres confiar en el razonamiento deductivo. Sin embargo, con la Suma Sacerdotisa como carta del alma (fíjate en los dos pilares que aparecen en la Suma Sacerdotisa y también en la Justicia), has de aprender a emplear tanto la lógica como la intuición para equilibrar tus juicios (simbolizado por los pilares que, al mezclarse, se vuelven de color gris). La carta de la Justicia te indica que cuando actúes en el mundo debes aplicar la sabiduría de la Suma Sacerdotisa.

Esperas pagar por tus transgresiones y beneficiarte de tus buenas acciones. A la hora de tomar decisiones, sopesas cuidadosamente todos los pros y los contras, como en una balanza, para asegurarte de que se alcanza el equilibrio. Buscas la armonía y la estabilidad observando las reglas. Ten en cuenta que solo a través de la consciencia del dolor del caos se puede apreciar el equilibrio.

Aprovechas los recuerdos, sopesándolos y equilibrándolos para lograr la armonía interior. Por esta razón, muchos famosos 11-2 están relacionados con los niños. Exploran la relación de las experiencias de la infancia con el desarrollo psicológico o utilizan la espada como pluma para anotar y buscar el significado en los recuerdos y sentimientos de la juventud.

Como 11-2, te esfuerzas por mantener la calma cuando te ves sacudido por tensiones emocionales y sentimientos no expresados. Tal vez la escritura sea una buena salida para esos sentimientos y para tus inquietudes sobre la justicia.

El Juicio (20) como factor oculto

(Esto se aplica si tienes un 2 simple o un 11-2)

El Juicio como factor oculto indica que el cambio y la transformación son esenciales pero difíciles. Sientes el peso del orden y la autoridad que te juzgan. Puedes ser extremadamente crítico con los demás y contigo mismo. Te gustaría llevar las riendas, pero ves a los demás como más poderosos que tú y quizás tan solo te sientas capaz de reaccionar, no de iniciar la acción. Es posible que busques obtener el poder en una situación mediante la resistencia pasiva.

Tu elevada sensibilidad a los grandes cambios globales y de la Tierra podría llegar a ser dolorosa y, en casos extremos, aterradora; tal vez a consecuencia de esto llegues a la conclusión de que la justicia natural trata de reafirmar el equilibrio mediante la destrucción.

De este maestro puedes aprender que *tú* eres el iniciador de tu propio cambio y desarrollo; eres responsable de ti. Además, tienes una responsabilidad con toda la humanidad y con el planeta. Intentar aguantar pasivamente solo hace más difíciles los cambios. Al final, ese cambio que al principio te parecía destructivo llegas a verlo como liberador. Te esfuerzas por apaciguar los miedos y corregir las injusticias sacando a la luz las verdades que antes estaban ocultas o no eran reconocidas, especialmente aquellos miedos e injusticias que tú mismo experimentaste alguna vez.

Al aprender a asumir la responsabilidad de transformar tu vida, la aceptación de tu poder personal te abre a un mundo de nuevas posibilidades. Con el tiempo, se despierta el significado social o espiritual que hay detrás de incidentes individuales y a menudo aislados.

Famosos 11-2

En este pequeño grupo de 11-2, encontrarás a varias personas que han defendido físicamente las ideas básicas de la verdad y la libertad:

Davy Crockett, Lord Byron o Benjamin Spock. Crockett dijo en su autobiografía: «Dejo esta regla para otros cuando esté muerto: asegúrate siempre de que tienes razón, y luego sigue adelante». Byron es conocido por la frase: «La verdad es siempre más extraña que la ficción» (de *Don Juan*, canto XIV). Varias de estas personas estudiaron el desarrollo infantil temprano y escribieron libros para y sobre los niños.

J. M. W. Turner (pintor), 23/04/1775.
Davy Crockett (hombre de frontera), 17/08/1786.
Lord Byron (poeta, aventurero), 22/01/1788.
Hans Christian Andersen (escritor), 02/04/1805.
Beatrix Potter (escritora infantil, ilustradora), 28/07/1866.
Harry Houdini (mago, escapista), 24/03/1874.
A. A. Milne (escritor infantil), 18/01/1882.
Marc Chagall (pintor modernista), 07/07/1887.
Benjamin Spock (pediatra, activista por la paz), 02/05/1903.
Stephanie Meyer (escritora), 24/12/1973.
Príncipe Guillermo (duque de Cambridge), 21/06/1982.

El Juicio (20) como carta de la personalidad

(Esto se aplica si tienes un 20-2)

La comprensión cósmica; la verdad espiritual

El Juicio representa la resurrección o el «despertar» en todas las formas de esta carta. En la baraja Waite-Smith y en la mayoría de las barajas, el Juicio muestra la resurrección de los muertos de sus ataúdes mientras un ángel apocalíptico toca la trompeta de la vida. En la baraja Thoth de Crowley, esa misma carta muestra a Isis (llamada «dadora de vida») con Osiris («dios de la muerte»); así nos recuerda cómo Isis encontró a Osiris esparcido por las aguas del Nilo y lo devolvió a la vida. Para completar el simbolismo de la constelación, la Suma Sacerdotisa es claramente Isis y la carta de la Justicia de Crowley (llamada Ajuste) representa a la diosa Ma'at, que mostró a Isis el camino hacia Osiris. Este tipo de conciencia mítica de una constelación puede añadir profundidad a tu propia historia vital, ayudándote a contemplar el panorama general y el propósito de los acontecimientos cotidianos.

Como 20-2, eres consciente de que, aunque el pasado te ha convertido en lo que eres, puedes trascender esas limitaciones. Tendrás muchos despertares de este tipo en tu vida: sacudidas o «epifanías» en las que de repente reconoces que existe un propósito detrás de los acontecimientos.

El Juicio es la carta de las sincronías, es decir, de los acontecimientos que parecen «coincidencias» pero que pueden tener un fuerte significado personal. El significado siempre está ahí, solo que la mayoría de las veces no nos molestamos en buscarlo. Con el Juicio como carta de la personalidad, descubrirás que estas sincronías llaman la atención sobre los puntos de decisión cuando tu camino se bifurca en varias direcciones.

Los que tienen el 20-2 buscan transformar lo que los rodea y tomar el control de la situación. Te pareces a los plutonianos descritos por Robert Hand en su libro *Horoscope Symbols* [Símbolos del horóscopo]: «Encarnan las fuerzas de muerte y resurrección inherentes a la sociedad... [aprovechando] las energías que se agitan dentro de la cultura». Con frecuencia, participas directamente en la lucha de tu generación por la consciencia y la identidad. Te ves a ti mismo como la encarnación de unos valores que hay que llevar al mundo y compartir.

Los 20-2 pueden ser sanadores, terapeutas y quienes enseñan técnicas de autotransformación, o gurús y líderes religiosos que destacan el papel de la muerte y el renacimiento. Tienes una visión intuitiva del inconsciente de las masas de tu tiempo, pero sobre todo de tu generación.

Esta carta representa el proceso de perfeccionamiento de uno mismo y, por lo tanto, la necesidad de dejar atrás los elementos burdos o imperfectos que pueden frenarle. Al igual que el escritor revolucionario 20-2 Thomas Paine, crees en la importancia de llegar hasta el final: «La moderación en principio es siempre un vicio».

La lección que debes aprender es la de utilizar tu propio poder e influencia sobre los demás no para fines personales, sino para ayudarlos en sus propias transformaciones. Los que tienen un 20-2 presentan el potencial de comunicarse con todas las partes de sí mismos, como demuestran las tres figuras que se suelen presentar saliendo de los ataúdes. En el análisis transaccional de Eric Berne, por ejemplo, representarían al Padre, al Adulto y al Niño; en términos junguianos, al Yo, a la Sombra y al Ego. Como 20-2, puedes llegar a otros, así como a varias partes del Yo, con tu comprensión y visión. La mayoría de las veces te guardas tus visiones para ti mismo y afectas a los demás a través de la integridad de tus acciones. Tienes una orientación social y se te da bien reunir a la gente. Puedes ser un amigo valioso y un socio leal, al tiempo que mantienes un fuerte sentido de tu propia independencia y autoestima.

Con tu fuerte relación Plutón-Luna, tienes una gran capacidad psíquica, pero como nuestra cultura no valora el desarrollo psíquico, puedes negar este aspecto de ti mismo y centrarte decididamente en las cualidades racionales de la Justicia, que es tu factor oculto. (Por oculto, en este caso, me refiero a que está conectado con aspectos reprimidos del inconsciente y es, posiblemente, susceptible de provocar un comportamiento inapropiado). Los hombres de nuestra cultura suelen tener problemas para reconocer sus sentimientos intuitivos. Si este es tu caso, tu racionalidad manifiesta podría ser una ilusión. Muchos 20-2 han escuchado una llamada interior y han respondido a una visión intuitiva de cómo podría ser un mundo armonioso.

La Justicia (11) como factor oculto

(Esto se aplica si tienes un 2 simple o un 20-2)

La Justicia suele aparecer como una carta de factor oculto. Indica que debes aprender a aceptar la razón y la responsabilidad cuando se te pide. Tienes una conciencia muy desarrollada del bien y el mal y eres muy crítico contigo mismo y con los demás. Tus juicios pueden apartarte de los otros y destruir amistades. Paradójicamente, eres muy sensible a las críticas, incluso cuando no son intencionadas.

Antes de actuar, analizas todos los aspectos de un problema o conflicto, sopesando cuidadosamente los pros y los contras. Para ti es importante ser lógico, aunque no sea apropiado para la situación. En tu afán por ser justo, es posible que te bases únicamente en los «hechos», sin reconocer las circunstancias atenuantes. Recuerda que la mayoría de los juicios son en realidad una cuestión de intuición. Las razones vienen después. La Justicia indica que tus acciones dependen de la comprensión del pasado tal y como lo recuerda tu Suma Sacerdotisa interior y de la utilización de su conocimiento intuitivo de forma práctica. Los recuerdos son tus recursos más instructivos. La comunicación entre tu yo consciente y tu yo inconsciente te lleva al equilibrio.

Dado que tu carta del factor oculto es, en última instancia, tu maestra, descubrirás que, si te ajustas a las circunstancias y reconoces los resultados, te volverás más sabio. Al asumir la responsabilidad por tus acciones, desarrollas la misericordia, y al aceptar que los valores y necesidades de cada persona son tan válidos como los tuyos, fomentas la compasión. Debes enfrentarte a los desequilibrios de tu vida y evaluar qué parte es fiel a tu propia naturaleza. Solamente tú puedes juzgar qué recuerdos debes alentar y cuáles rechazar, qué acciones honrar y cuáles castigar, qué creencias mantener y cuáles rehusar. Así podrás controlar el equilibrio.

La Fuerza como número 11

Si ves la carta de la Fuerza como la encarnación del número 11, el enfoque de esta constelación se centra en cómo lo femenino responde tanto interior como exteriormente a la llamada a la resurrección o a una nueva vida del Espíritu. Indica que el criterio adecuado es tener la fuerza para actuar exteriormente según tu sabiduría interior. Necesitamos fe (la Suma Sacerdotisa) para mantenernos firmes en nuestros instintos naturales cuando el Juicio nos desafía. La Fuerza es el poder y la determinación que se requieren cuando la Suma Sacerdotisa responde a una llamada superior o a un momento de gran crisis y cambio. La Fuerza representa las leyes de la naturaleza –«dientes y garras»– en lugar de la ley humana representada por la Justicia. Este punto de vista alternativo sugiere este enfoque: en lugar de unirse la intuición y la razón, la unión se produce, tal y como se profetiza para el juicio final, entre el cuerpo y la mente.

Famosos 20-2

En esta lista encontrarás a personas que respondieron a una llamada para dedicarse plenamente al restablecimiento de la armonía mundial. Hay muchos defensores de los derechos humanos, como Thomas Paine, Elizabeth Cady Stanton, Rosa Parks y Julian Bond. (No se incluyen en esta lista varias videntes famosas y dos creadoras de barajas de tarot de cartas redondas y de orientación feminista). También encontrarás muchos románticos imaginativos: Mozart, Poe o Julio Verne, personas que fueron capaces de hacer realidad sus visiones interiores. Lo más sorprendente es el número de políticos que parecen tener algún tipo de sensibilidad innata al inconsciente grupal y que nos han proporcionado las imágenes que necesitan los pueblos, aunque no siempre la sustancia.

Isabel I (reina de Inglaterra), 17/09/1533.
Antonio Vivaldi (músico, compositor), 04/03/1678.
Thomas Paine (escritor, activista por los derechos humanos), 09/02/1737.
Wolfgang Amadeus Mozart (músico, compositor), 27/01/1756.
Edgar Allan Poe (escritor de novelas de misterio), 19/01/1809.
Elizabeth Cady Stanton (feminista), 12/11/1815.
Julio Verne (escritor de ciencia ficción), 08/02/1828.
Ramakrishna (místico hindú), 18/02/1836.
Claude Monet (pintor), 14/11/1840.
Nikolai Rimsky-Korsakov (músico, compositor), 18/03/1844.
Claude Debussy (músico, compositor), 22/08/1862.
Amelia Earhart (aviadora), 24/07/1897.
Karl Popper (filósofo, racionalista crítico), 28/07/1902.
Bob Hope (comediante), 29/05/1903.
Ronald Reagan (presidente de Estados Unidos), 06/02/1911.
Rosa Parks (activista por los derechos civiles), 04/02/1913.
L. I. Brezhnev (líder ruso), 19/12/1906.
Peter Hurkos (vidente), 21/05/1911.
Edith Piaf (cantante), 19/12/1915.
Joe Louis (boxeador), 13/05/1919.
Jack Kerouac (escritor), 12/03/1922.
Norman Mailer (escritor), 31/01/1923.
Maria Callas (cantante de ópera), 02/12/1923.
Richard Burton (actor), 10/11/1925.
Jackie Kennedy Onassis (primera dama de Estados Unidos, figura de la sociedad), 28/07/1929.
Yuri Gagarin (cosmonauta soviético), 09/03/1934.
Jim Brown (atleta, actor), 17/02/1936.
Julian Bond (activista de los derechos civiles, político), 14/01/1940.
Pelé (futbolista brasileño), 23/10/1940.
Bobby Fischer (campeón de ajedrez), 09/03/1943.

Bill Clinton (presidente de Estados Unidos), 19/08/1946.
Andrew Lloyd Webber (compositor de teatro musical), 22/03/1948.
Al Gore (político, ecologista), 31/03/1948.
Príncipe Carlos (príncipe de Gales), 14/11/1948.
Rush Limbaugh (presentador de radio, comentarista político), 12/01/1951.
Tony Blair (primer ministro del Reino Unido), 06/05/1953.
Barack Obama (presidente de Estados Unidos), 04/08/1961.
Michael Jordan (jugador de baloncesto), 17/02/1963.
Michelle Obama (primera dama de Estados Unidos), 17/01/1964.
David Beckham (jugador de fútbol), 02/05/1975.

Los 2 de los arcanos menores

Los 2 representan tus lecciones y oportunidades, tus dones y lo que te impide expresar las cualidades más elevadas de la Suma Sacerdotisa.

Al tratar cualquier aspecto de la constelación de la Suma Sacerdotisa, a menudo te enfrentas a una decisión. Los arcanos menores muestran cómo podrías manejar ese proceso de elección: mezclándolos (copas), eligiendo uno en lugar de otro (bastos), permaneciendo indeciso (espadas) o eligiendo ambos (pentáculos).

Ángeles Arrien utiliza los 2 para representar tipos de intuición: las espadas son telepáticas, las copas son empáticas, los bastos son perceptivos y los pentáculos son cinestésicos.

2 de bastos (21-30 de marzo, 0°-10° Aries, fuego cardinal)

El 2 de bastos indica que cuando tú estás al mando, te sientes cómodo tomando decisiones y las mantienes. Aunque no puedas dar razones lógicas para tus decisiones, te sientes lo suficientemente seguro como para actuar en consecuencia. Rara vez recurres a alguien para que te oriente; prefieres utilizar tus propios valores para asesorarte, pero también asumes la responsabilidad del resultado.

Necesitas un equilibrio entre la mente y el cuerpo, por lo que no actúas hasta que es preciso. Esta autodisciplina, combinada con tu intuición, puede aportar el éxito a tus empresas. El aburrimiento –la falta de dirección o estímulo– es tu mayor problema aquí. Uno de tus defectos consiste en ignorar las valoraciones de los demás y creer que tus decisiones son las correctas para todos.

2 de copas (21 de junio - 12 de julio, 0°-10° Cáncer, agua cardinal)

El 2 de copas indica que eres una persona compasiva y solidaria. Comprendes los poderes curativos del amor y la importancia de relacionarse con los demás. Las dos serpientes entrelazadas y la extraña cabeza de león con alas rojas sugieren una dimensión espiritual en tu pasión y un impulso apasionado hacia la expresión espiritual. La aceptación de tu propio Yo interno masculino o femenino (el opuesto a tu sexo) es una de tus tareas principales.

Esta carta muestra que tus dimensiones consciente y subconsciente pueden trabajar al unísono y que las aparentes oposiciones pueden reconciliarse. Uno de tus defectos es que te vuelves muy sentimental y empatizas tanto con los demás que te olvidas de qué sentimientos son los tuyos. A veces es mejor refrenar tu impulso de reconfortar y aliviar a todo el que se acerca a ti.

2 de espadas (23 de septiembre - 22 de octubre, 0°-10° Libra, aire cardinal)

El 2 de espadas indica que por tu deseo de mantener la paz, puedes ser reacio a expresar una opinión o tomar una decisión a menos que te veas obligado a hacerlo. El deseo de orden y estabilidad podría llevarte a un conformismo ciego y a la rigidez. Aunque buscas mantener la calma a través de una racionalidad equilibrada, esto también te hace negar tus intuiciones. Cuando no estás seguro de tus objetivos, los dejas para más adelante. Los conflictos entre tus propias opiniones y las de los demás suelen provocar estancamientos e indecisiones.

Cuando no eres capaz de ver tus opciones, la racionalidad (espadas) no te sirve de nada. No intentes forzar las cosas antes de tiempo.

Si escuchas las olas de tus emociones, sabrás cuándo cambia la marea y es el momento de actuar.

2 de pentáculos (22-30 de diciembre, 0°-10° Capricornio, tierra cardinal)

El 2 de pentáculos representa tu capacidad para manejar dos o más situaciones a la vez, pero podría impedirte tratar cada una de ellas con la debida seriedad. Los viajes y los cambios te revitalizan, pero un exceso de ellos te provoca inquietud e inestabilidad. Estar cerca del agua es muy curativo para los 2, al igual que disponer de tiempo libre para el ocio. Tómate tiempo para recordar tu infancia y permítete jugar. Ser flexible y aventurero le da margen a tu intuición.

Eres adaptable y dócil con tus amigos y socios; sin embargo, corres el riesgo de dejarte influenciar fácilmente por individuos o por la opinión de la gente. Cuando sientas que la vida te empuja de un lado a otro y no sepas hacia dónde vas, busca sincronías a tu alrededor; tal vez descubras así un significado más profundo para tu experiencia y encuentres una nueva dirección.

La constelación de la Emperatriz

Capítulo 7

La constelación de la Emperatriz 21-12-3

El Mundo (21)
El Colgado (12)
La Emperatriz (3)

3 de bastos	3 de copas
3 de espadas	3 de pentáculos

El principio del amor y la imaginación creativa

La Emperatriz	
Correspondencia astrológica:	Venus.
Funciones de las cartas dentro de la constelación:	Amor personal; dar a luz al cuerpo.
El Colgado	
Correspondencia astrológica:	Neptuno.
Funciones de la carta dentro de la constelación:	Amor incondicional; dar a luz al alma.
El Mundo	
Correspondencia astrológica:	Saturno.
Funciones de la carta dentro de la constelación:	Amor universal; dar nacimiento al Espíritu.

Arquetipo del alma: lo femenino; madre fértil y creativa.

Palabras clave: creatividad. Nutrición. Sacrificio. Entrega. Forma. Relación. Fecundidad. Limitación. Imaginación.

Si tienes un 3 simple (3-3), lee:

La Emperatriz (3) como carta de la personalidad o del alma.
Famosos con un 3 simple.
El Mundo (21) como factor oculto.
El Colgado (12) como factor oculto.
Los 3 de los arcanos menores.

Si tienes un 12-3, lee:

La Emperatriz (3) como carta de la personalidad o del alma.
El Colgado (12) como carta de la personalidad.
El Mundo (21) como factor oculto.
Famosos 12-3.
Los 3 de los arcanos menores.

Si tienes un 21-3, lee:

La Emperatriz (3) como carta de la personalidad o del alma.
El Mundo (21) como carta de la personalidad.
El Colgado (12) como factor oculto.
Famosos 21-3.
Los 3 de los arcanos menores.

La Emperatriz (3) como carta de la personalidad o del alma

(Esto se aplica si tienes un 3, un 12-3 o un 21-3)

Amor personal; dar a luz al cuerpo

La Emperatriz está relacionada con las diosas Deméter y Ceres, que son fecundas y propician el crecimiento. Representa la unión de las dos primeras cartas de los arcanos mayores, el Mago y la Suma Sacerdotisa. Su combinación es la Emperatriz, que aparece en plena gestación de un ser totalmente nuevo, es decir, de algo que es más que la suma de las partes. Como carta relacionada con Venus, significa amor y belleza. Se trata de la energía femenina que proporciona un entorno nutritivo para el crecimiento y el bienestar de quienes la rodean. Es la Madre Tierra arquetípica y busca conectar todos los opuestos, para desterrar la desarmonía.

Con la Emperatriz como carta de la personalidad o del alma, estás dotado de un sentido innato de la estética, la armonía y el equilibrio. Reconoces la belleza en todas sus manifestaciones y disfrutas de ella. Por eso, te sentirás atraído por aficiones o trabajos que te permitan expresar estos talentos. Puede que seas fértil en ideas creativas, pero te falte la disciplina necesaria para darles forma práctica o la agresividad indispensable para comercializarlas. Tu poder proviene del amor, y gobiernas a través de la comprensión de las necesidades de los demás.

Te gusta estar en un entorno acogedor, porque te desagrada la fealdad, que, desde tu punto de vista, es innecesaria. Tal vez la comida sea una metáfora de la expresión y realización de tus cualidades: cultivarla en el huerto, prepararla estéticamente y nutrir a los demás con ella. Sin embargo, como disfrutas tanto de las delicias de un plato bien preparado, deberías vigilar tu peso. Si la comida no es tu especialidad, fíjate en qué otras artes utilizas para complacerte y nutrirte a ti mismo y a los demás.

Otro tema central es la maternidad. Es posible que tengas vínculos estrechos con tu madre; seguramente ella fue quien tuvo más influencia en la formación de tu carácter básico. Tanto si eres hombre como mujer, querrás «ser madre» de los demás. Si esto no se expresa a través de la maternidad o la crianza de los hijos, proyectarás ese instinto en otras personas, proyectos e intereses de tu vida. O bien tal vez te sientas llamado a preparar y aconsejar a otros y a ayudarlos a dar vida a sus proyectos creativos.

Sientes una profunda consideración por la relación que existe entre todas las cosas. La experimentas como un sentimiento de lealtad con la Tierra, con el Espíritu, con tu país, con tu grupo, con tu trabajo o con la gente. Aunque puedes ser muy autoritario y dominante, crees que puedes influir mejor en los demás mediante el amor. Tu principal tarea es establecer conexiones. Gracias a tu imaginación creativa, encuentras nuevas soluciones que unen a las personas y las cosas.

Tienes una sólida noción de la realidad y actúas principalmente a través de tus sentidos físicos. Te gusta conocer y manejar las situaciones directamente. Por ejemplo, quieres saber de dónde proceden tus alimentos y tu ropa, para asegurarte de que son saludables o están bien hechos.

En el aspecto negativo, te aterra dejar ir a aquellos con quienes te sientes vinculado. Tu cariño puede ser asfixiante e incluso castrante. Los celos y la venganza son algunos de tus rasgos menos agradables, pero provienen de la necesidad de preservar tu hogar y a tus seres queridos, o de no querer confiárselos a otro. Cuando no te «necesitan» te sientes infravalorado.

Si tienes un 3 simple (es decir, si la Emperatriz es tu carta de la personalidad y del alma), tanto el Colgado como el Mundo son tus cartas del factor oculto. Lee las descripciones de estas cartas a continuación. Se encuentran más adelante en este capítulo.

Famosos con un 3 simple

Al igual que ocurre con quienes tienen un 2 simple, solo hubo un breve espacio de tiempo para que nacieran los que tienen un 3 simple. Solamente he identificado a tres.

Brooke Shields (modelo, actriz), 31/05/1965.
Christian Bale (actor), 30/01/1974.
Rihanna (música), 20/02/1988.

El Colgado (12) como carta de la personalidad

(Esto se aplica si tienes un 12-3)

Amor incondicional; dar a luz al alma

El Colgado ha aparecido, desde finales del siglo XIX hasta finales del siglo XX, con mayor frecuencia como carta del factor oculto. Recientemente, ha habido quienes han nacido con el Colgado como carta de la personalidad.

Como 12-3, puedes dedicarte tanto a tu trabajo, arte o causa que te vuelvas inconsciente de ti mismo. La personalidad del Colgado puede fundirse por completo con su vocación. Cuando te sacrificas rindiéndote con plena confianza a las exigencias del camino que has elegido, te unificas con su espíritu. Das sin pensar en recibir. Quizá muchos crean que has perdido la cabeza y que has renunciado al sentido común, pero simplemente estás viendo algo que se les escapa a los demás, y con esta visión puedes lograr maravillas.

Tal vez actúes de forma diametralmente opuesta a los otros y estés en conflicto permanente con el mundo (como indica la carta del Mundo, que es tu factor oculto). Es posible que la gente no entienda tu manera de actuar y la malinterprete. El Colgado corresponde a Neptuno y te sensibiliza a los males del mundo y a las injusticias contra la humanidad. Sin embargo, tu manera de expresar esa concienciación puede parecer extremista y desestructurada.

Has de aprender a renunciar a todas las expectativas y a saltarte las normas. Trata de entender que, incluso durante los periodos de inactividad forzada en los que aparentemente no ocurre nada, se está produciendo un crecimiento vital en tu interior. Acepta tus circunstancias con humildad y descubrirás nuevas posibilidades. Tus épocas de soledad y desamparo te permitirán valorar en su justa medida el amor y las relaciones.

Lo curioso es que los 12-3 encuentran su inspiración en una situación de absoluta desesperación. Ser consciente de tu impotencia te impulsa a una profunda reflexión y finalmente a la acción. Cuando uno se siente totalmente desamparado, acaba por recurrir a un poder mayor y dejar que actúe a través de él.

El tiempo se experimenta de forma subjetiva, dependiendo de si estás totalmente involucrado en lo que haces o tan solo esperas a que ocurra algo. El Colgado como número 12 simboliza tanto el reloj (horas) como el año (meses). Te das cuenta de que estás destinado a obedecer no tu propia voluntad, sino los dictados impersonales del tiempo.

Esta es la carta del místico, del chamán, del soñador, y los 12-3 ven cosas que no son de este mundo. Recoges las impresiones de tu imaginación y te entregas a tu visión. Podrás ayudar a otros expresando de forma única, a través de tu propia vida, las necesidades y los dilemas internos de la gente. Al describir lo que ves a través de la escritura, el cine o la pintura, o mediante algún otro medio creativo, ofreces a los demás una nueva perspectiva sobre su propia experiencia.

Llevados al extremo, los 12-3 pueden sacrificarse totalmente por sus amores, ya se trate de seres humanos o causas. Podrían cegarse a las imperfecciones de sus seres queridos o sentirse incapaces de retirarse de una situación difícil. A veces, esto los lleva a ser presos o esclavos de una persona, un estilo de vida o un ideal. Por lo tanto, los 12-3 deben desconfiar de lo que les fascina.

El Mundo (21) como factor oculto

(Esto se aplica si tienes un 3 simple o un 12-3)

El Mundo como tu carta de factor oculto indica que temes las restricciones de cualquier tipo. La forma y la estructura tienden a limitarte, y tratas intencionadamente de escapar de ellas. El tiempo, también una especie de forma, es un enemigo que te retiene; más adelante en la vida, cuando el Mundo se convierte en tu carta maestra, aprendes que el tiempo puede utilizarse con gracia y precisión.

Temes que tu vida esté fuera de control. Quieres «bailar» libremente, pero de alguna manera te ves restringido para hacerlo, y así la libertad se convierte en un problema importante. Te sientes incompleto en ti mismo y la sensación de plenitud se te escapa en el mundo físico. Solo a través de la experiencia mística trascendente, o de la inmersión en tu trabajo, encuentras una sensación de plenitud. La corona que rodea a la bailarina en la carta del Mundo representa la contención de las energías para evitar su disipación. Con el Mundo como tu factor oculto, la falta de límites es peligrosa: conduce a la confusión, como la que experimentan los místicos o psíquicos indisciplinados que no son capaces de distinguir si sus imágenes y emociones son propias o ajenas. Por lo tanto, los 12-3 pueden tener problemas con su identidad, aunque la lucha contra estos problemas ayuda a formular un sentido del Yo fuerte y poco convencional.

Famosos 12-3

El tema del Colgado parece especialmente fuerte en este grupo, ya sea a través de una vida de sacrificio y suspensión o mediante las imágenes de sus obras. Los cuadros surrealistas de Dalí representan sus sueños con imágenes extrañas y técnicas disparatadas; uno de sus más famosos, *La persistencia de la memoria*, trata del tiempo en forma de relojes que se derriten. También le fascinaban los temas religiosos, especialmente el de la crucifixión. Nat Turner era un predicador profundamente religioso y natural que creía que Dios lo había elegido para guiar a sus compañeros esclavos hacia la libertad. Alfred Hitchcock era conocido por sus películas de suspense (en las que todo el mundo está en vilo, agarrado a su asiento). Charles Dickens sufrió el dolor y las penas de sus semejantes y, por medio de su imaginación, hizo que otros también las experimentaran. Emma Goldman, sin hijos, se dedicó desinteresadamente a su causa de la anarquía y de derrocar la estructura del poder, pero sus amigos cercanos la conocían como «mamá». Eva Braun es un ejemplo clásico de una trágica 12-3, una soñadora indefensa y cautiva de las novelas baratas y las películas malas. El chófer de Hitler dijo que «se pasó la mayor parte de su vida esperando a Hitler». Por otro lado, Frida Kahlo inmortalizó en sus cuadros el dolor que experimentó durante toda su vida por haber sido atravesada por una barra de hierro cuando era niña.

Jane Austen (escritora), 16/12/1775.
Nat Turner (líder de esclavos), 02/10/1800.
Charles Dickens (escritor), 07/02/1812.
Emma Goldman (anarquista), 27/06/1869.
Colette (escritora), 28/01/1873.
Alice Bailey (metafísica), 16/06/1880.
Alfred Hitchcock (escritor, director de cine), 13/08/1899.
Salvador Dalí (artista), 11/05/1904.
Frida Kahlo (pintora), 06/07/1907.
Eva Braun (amante de Hitler), 06/02/1912.
Daniel Radcliffe (actor), 23/07/1989.
Dakota Fanning (actriz), 23/02/1994.

El Mundo (21) como carta de la personalidad

(Esto se aplica a los 21-3)

Amor universal; dar nacimiento al Espíritu

La carta del Mundo refleja de forma literal tu fuerte conexión con la Tierra. Por lo tanto, la naturaleza te proporciona un profundo amor por la belleza y una gran sensibilidad estética.

Como carta de la personalidad, el Mundo indica que debes aprender a trabajar dentro de una estructura. La carta muestra a una mujer suspendida en el aire, con una corona trenzada formando un anillo a su alrededor; yo llamo a esto *aprender a bailar sobre tus limitaciones*. Como la carta está asociada a Saturno (conocido como el Gran Libertador), se podría ver la corona como el límite de la personalidad, que se manifiesta en las estructuras en las que vivimos. Muchas de esas estructuras, como la herencia genética y nuestra lengua y cultura, no las podemos cambiar. Sin embargo, estos marcos no limitan nuestra experiencia de la libertad; únicamente la canalizan. Del mismo modo, descubres que tu necesidad de desarrollar tu potencial de autoexpresión, aunque esté circunscrita por tu sociedad, no se ve necesariamente limitada por ella.

Aprendes a dominar el medio con el que trabajas de tal manera que no obstaculice tu creatividad. Por ejemplo, como músico, aprendes las notas, las escalas y la digitación de tu instrumento para poder crear e improvisar con total libertad. Lo mismo ocurre con la pintura: hay que conocer las posibilidades y limitaciones del pincel, los colores y la superficie antes de ser verdaderamente libre para crear con ellos.

Si los 21-3 desean lograr algo, tienen que imponerse una disciplina personal. Solo así podrás utilizar esa inclinación que te atrae a muchas áreas de actividad diferentes para convertirte en un individuo polifacético. Recuerda que la disciplina, combinada con lo que el 21-3 John Wayne llamaba sus «palabras de cuatro letras favoritas: trabajo duro*», te ofrece las herramientas básicas con las que expresar tu imaginación creativa y darle forma.

Las figuras de las esquinas de la carta simbolizan los cuatro signos fijos del Zodiaco –Escorpio (águila), Acuario (ángel), Tauro (toro) y Leo (león)– y las cuatro direcciones, los cuatro vientos, las cuatro estaciones, etc. Representan tu capacidad para ubicarte en el espacio y el tiempo. Sintetizas el pensamiento holístico de un ser intuitivo con la racionalidad cuádruple de un pensador científico. Esta síntesis

* N. del T.: *Hard work*, en inglés. En los países anglosajones, la expresión *palabra de cuatro letras* se suele utilizar para designar términos malsonantes; John Wayne la emplea irónicamente.

también se manifiesta en una carrera profesional que combina dos aspectos diferentes y los expresa de una forma nueva.

Al igual que tu carta del alma, la Emperatriz, representa el nacimiento físico, el Mundo representa tu capacidad para darte a luz a ti mismo y a tus ideas, en esta realidad en la que vivimos. El pañuelo que fluye alrededor de la figura, que ha sido llamado tanto *sudario para envolver a los muertos* como *sábana para el parto*, oculta las cualidades hermafroditas de la bailarina, que también están indicadas por las varitas de doble punta y los signos de infinito en la corona (como los del Mago y la Fuerza). Tu creación definitiva, representada por esta, la última baza, es tu capacidad para integrar las características masculinas y femeninas dentro de ti, dando lugar a la totalidad del ser humano.

Muchos 21-3 utilizan un enfoque holístico que les permite vislumbrar el panorama general. Por eso también es posible que centren su «instinto maternal» en cuestiones planetarias o incluso cósmicas. Como se concentran en funcionar dentro de las limitaciones, los 21-3 amplían nuestros conceptos de lo que es humanamente posible en todos los campos. Además, muchos 21-3 rompen con las ideas previamente aceptadas de lo que es apropiado para su género, como Amelia Earhart e Indira Gandhi en el caso de las mujeres.

Como el 21 es el último número de los arcanos mayores (el Loco es una carta sin número), también es una carta de finalización. En este caso, la culminación implica liberarse de las inhibiciones y verlo todo desde esa perspectiva holística. Una vez que concibas lo que es posible y lo veas en todas sus dimensiones, el proceso de realización se vuelve automático.

El Colgado (12) como factor oculto

(Esto se aplica si tienes un 3 simple o un 21-3)

El Colgado representa el autosacrificio y la rendición del yo a ideales superiores. Para muchas personas con necesidad de ser madre, esto representa el deseo de aferrarse a alguien; por ejemplo, podría corresponder a alguien que habla de sus sacrificios para recibir el reconocimiento del amor. Hay que preguntarse: «¿Cómo y por qué estoy siendo un mártir?». Entre las lecciones que hay que aprender están la humildad y el dejarse llevar.

Si aún no estás centrado en la familia y los hijos, es posible que te dediques a una causa igual o mayor. Sin embargo, esta devoción podría ser abrumadora y adquirir mayor importancia que cualquier relación personal, hasta el punto de llegar a poner patas arriba una vida normal.

El Colgado representa literalmente tus «cuelgues», las cosas a las que tratas de aferrarte y todo aquello de lo que dependes. Temes quedarte solo e indefenso. Sin embargo, a menudo es a través del desconcierto y la confusión como se produce el crecimiento espiritual. Mitológicamente, la figura de la carta representa al hijo/amante de la Diosa, que es sacrificado anualmente después de haberla dejado embarazada. También es el chivo expiatorio, que históricamente era una cabra en la que se depositaban simbólicamente todas las culpas por viejas rencillas, enfados y todo lo que iba mal durante el año. Al sacrificarla, toda la culpa moría con ella, de modo que la comunidad quedaba limpia y renovada y volvía a ser sagrada. Algunos 21-3 parecen asumir los males del mundo o representar los mitos y sueños de las masas. Cuando ese papel se vuelve excesivo, es posible que se recurra a las drogas, a la bebida o al exceso de trabajo para escapar de la presión, lo que en última instancia no hace sino intensificar los problemas. Estas cualidades neptunianas del Colgado también pueden surgir en vuelos de fantasía e imaginación o al perderse en la ilusión.

En su aspecto de maestro, el Colgado te muestra cómo hacer sacrificios nobles e incondicionales. Te verás obligado a liberar tus prejuicios, especialmente en los años del Colgado. También rompe patrones, poniendo patas arriba cualquier hábito que te limite a la hora de desarrollar tu yo más elevado.

Famosos 21-3

Entre los 21-3 hay varias personas cuyas vidas expresan las fantasías y los sueños de grupos específicos de individuos: Arthur Rimbaud representa, para los poetas, los extremos de la pasión que se alcanzan al entregarse a la musa. La reina Victoria, la emperatriz Dowager Cixi, Margaret Mead, Indira Gandhi y Hillary Clinton son mujeres que han demostrado una gran capacidad, pero pagaron un gran precio por ello. Tenemos a Neil Simon, cuyas obras examinan los detalles del amor en las relaciones contemporáneas. La obra de muchos de estos individuos demuestra su capacidad de ser altamente disciplinados y creativos en varios campos.

Johann Goethe (poeta, dramaturgo), 28/08/1749.
George Sand (escritora), 01/07/1804.
Reina Victoria (reina de Inglaterra), 24/05/1819.
Cixi (Tz'u Hsi) (emperatriz viuda de China), 29/11/1835.
Arthur Rimbaud (poeta), 20/10/1854.
William B. Yeats (poeta, ocultista), 13/06/1865.
F. Scott Fitzgerald (escritor), 24/09/1896.
Margaret Mead (antropóloga), 16/12/1901.
John Wayne (actor), 26/05/1907.
Henri Cartier-Bresson (fotógrafo), 22/08/1908.
Wernher von Braun (científico espacial), 23/03/1912.
Indira Gandhi (primera ministra india), 19/11/1917.
Farley Mowat (ecologista), 12/05/1921.
Judy Garland (cantante, actriz), 10/06/1922.
Fidel Castro (líder cubano), 13/08/1926.

Neil Simon (dramaturgo), 04/07/1927.
Ana Frank (diarista), 12/06/1929.
Ted Kennedy (político estadounidense), 22/02/1932.
Mir-Hossein Mousavi (político iraní), 02/03/1942.
Werner Herzog (director de cine), 05/09/1942.
David Bowie (músico, actor), 08/01/1947.
Hillary Rodham Clinton (política estadounidense), 26/10/1947.
Starhawk (Miriam Simos) (bruja, escritora, activista política), 17/06/1951.
Paul Krugman (economista), 28/02/1953.
John Travolta (actor), 18/02/1954.
Jackie Chan (artista marcial, actor), 07/04/1954.
Kate Middleton (duquesa de Cambridge), 09/01/1982.

Los 3 de los arcanos menores

Los 3 son los dones, desafíos y oportunidades del principio del amor y la imaginación creativa. Representan cuatro aspectos de la imaginación creativa y son las pruebas del amor.

3 de bastos (31 de marzo - 10 de abril, 10°-20° Aries, fuego cardinal)

El 3 de bastos indica que tienes la capacidad de imaginar nuevas posibilidades, a menudo mucho antes de que se conviertan en realidad. Tu mente es fértil y receptiva a lo nuevo y a las ideas inusuales. Viajas más lejos en tu mente de lo que algunas personas llegan a hacer en la realidad física, y por eso tienes muchas experiencias insólitas, tal vez incluso viajes astrales. Necesitas una perspectiva amplia y un conocimiento de todo el terreno antes de comenzar cualquier cosa. Te entusiasmas con tu visión y eres capaz de comunicar tu entusiasmo a los demás. Sin embargo, te cuesta decidir los pasos específicos necesarios para hacer realidad tus ideas creativas. A veces te mantienes demasiado alejado de lo que ocurre, sin ninguna noción de cómo poner manos a la obra o concretar tus ideas.

En las relaciones amorosas, esta es la prueba del tiempo y la distancia. Es posible que ya tengas una pareja y que, sin embargo, quieras tener la libertad de mirar a tu alrededor. Esto revela la capacidad de amar a más de una persona a la vez. Uno de los peligros del 3 de bastos es que, al querer siempre algo fuera de su alcance, es posible que no aprecie plenamente lo que tiene. A pesar de tu necesidad de expresar libremente tus sentimientos, sigues siendo firme y confiable. Como una madre que espera a sus hijos o que está pendiente de sus vidas desde la distancia, tu amor y cuidado por los seres queridos es muy fuerte.

3 de copas (2-11 de julio, 10°-20° Cáncer, agua cardinal)

El 3 de copas indica los dones de la amistad y la hospitalidad. Eres sociable y te encantan las fiestas como una oportunidad para reunirte con otros y celebrar los logros mutuos. Trabajas bien en equipo y puedes sacar lo mejor de los demás, para que revelen aspectos de sí mismos que normalmente no son capaces de compartir. Tu gracia natural, tu ritmo y tu armonía hacen que sea agradable estar contigo. Al igual que las musas, inspiras a otros con tu fe en ellos y en sus capacidades.

Como desafío, esta carta puede representar la distracción y el exceso de indulgencia. Al igual que la cigarra del cuento, que solo quiere disfrutar de la vida, es posible que el invierno te depare momentos difíciles y sombríos. Las lecciones de disciplina son duras, pero esenciales. La Emperatriz debe aprender a cultivar su jardín, o gran parte de su potencial se perderá ahogado por el crecimiento descontrolado de las malas hierbas.

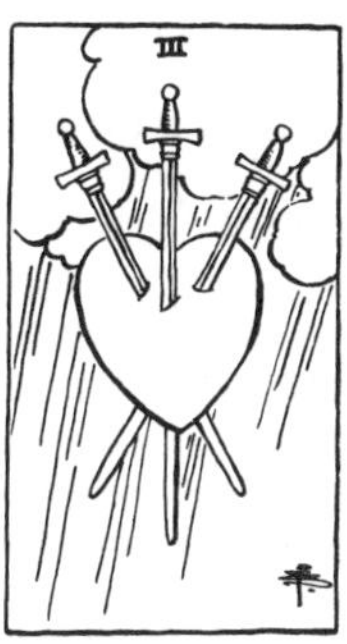

3 de espadas (3-12 de octubre, 10°-20° Libra, aire cardinal)

El 3 de espadas indica el don del dolor. Es la capacidad de experimentar plenamente tus emociones, incluso el dolor y el desamor, para no bloquearte. Es el proceso de limpieza y purificación de la pena, a través del cual dejas que tus sentimientos te arrastren y liberen cualquier angustia que se haya acumulado. Esta carta te dice que incluso en las relaciones más amorosas hay períodos de conflicto, dolor y separación.

También representa los recuerdos dolorosos, normalmente de viejas heridas, desencadenados por los miedos en las relaciones actuales. Los celos, que constituyen el bloqueo por excelencia del amor y la creatividad, son en realidad un proceso mental (espadas) en el que utilizas tu creatividad para imaginar las traiciones de un ser querido o para reproducir viejas escenas. Puedes soportar tranquilamente tu dolor como un mártir o quedarte atrapado en tus celos, ya sean basados en la realidad o en la imaginación. La carta también muestra cómo las ideas contradictorias pueden parecer anularse mutuamente, haciéndote pensar que todo el empeño de tu corazón es en vano; tienes el centro atravesado. A menudo esta etapa de desesperación llega justo antes de un gran avance creativo.

Tu oportunidad con el 3 de espadas consiste en expresar tus sentimientos de herida o dolor a través de alguna forma creativa. Además, como se ha descubierto con el trastorno de estrés postraumático (TEPT), hablar (en el entorno adecuado) ofrece la mejor oportunidad de recuperación. Así se abordan los viejos problemas de una forma nueva, y se libera su energía restrictiva para que la curación sea posible.

3 de pentáculos (31 de diciembre - 9 de enero, 10°-20° Capricornio, tierra cardinal)

El 3 de pentáculos indica el amor a tu trabajo. Es la carta del artesano, y su don consiste en el trabajo conjunto con los demás. Muestra la armonía que se consigue cuando utilizas tus mejores habilidades en cooperación con otros compañeros capaces. Esta carta también refleja tu capacidad para crear y elaborar planes prácticos para cualquier proyecto. Eres capaz de avanzar paso a paso cuando reconoces y valoras el papel de cada persona en el empeño, y aterrizas tu visión en el mundo práctico a través del esfuerzo físico. Si entiendes el plan general, tendrás la disciplina necesaria para esforzarte durante mucho tiempo; de lo contrario, caerás en la monotonía de un esfuerzo sin sentido o te obsesionarás con los detalles. Apártate cada cierto tiempo para echar un vistazo al conjunto y formarte una imagen mental del proyecto completado.

El mayor reto de esta carta estriba en pensar que puedes hacerlo todo. Esto te lleva a la adicción al trabajo, que resulta tan devastadora para el amor y la creatividad como cualquier otro exceso, y acabarás sacrificando muchas cosas por conseguir una. Tu oportunidad con el 3 de pentáculos consiste en exponer tu trabajo y compartirlo con los demás, lo que satisface tu necesidad de retroalimentación y aprobación, y permite la expresión de tus propias cualidades nutritivas. Sea cual sea tu vocación, llegarás más lejos con el apoyo activo y el estímulo de los que te rodean.

La constelación del Emperador

Capítulo 8

La constelación del Emperador 22–13–4

El Loco (22 = 0)
La Muerte (13)
El Emperador (4)

4 de bastos	4 de copas
4 de espadas	4 de pentáculos

El principio de la fuerza vital y la consciencia del poder

El Emperador	
Correspondencia astrológica:	Aries.
Funciones de la carta dentro de la constelación:	Materializar el poder paternal y mundano, fuerza física y generación.
La Muerte	
Correspondencia astrológica:	Escorpio.
Funciones de la carta dentro de la constelación:	Consciencia del poder vital, de la fuerza vital y de la liberación.
El Loco	
Correspondencia astrológica:	Urano.
Funciones de la carta dentro de la constelación:	Materializar el poder eterno, la fuerza espiritual y la regeneración.

Arquetipo del alma: lo masculino; padre ordenado y estructurado.

Palabras clave: culminación y transición. Establecimiento y construcción. Liberación. Mortalidad e inmortalidad. Estabilidad e inestabilidad. Ritos de paso.

Si tienes un 4 (4-4) simple, lee:

El Emperador (4) como carta de la personalidad o del alma.
Famosos con un 4 simple.
El Loco (22) como factor oculto.
La Muerte (13) como factor oculto.
Los 4 de los arcanos menores.

Si tienes un 13-4, lee:

El Emperador (4) como carta de la personalidad o del alma.
La Muerte (13) como carta de la personalidad.
El Loco (22) como factor oculto.
Famosos 13-4.
Los 4 de los arcanos menores.

Si tienes un 22-4, lee:

El Emperador (4) como carta de la personalidad o del alma.
El Loco (22) como carta de la personalidad.
La Muerte (13) como factor oculto.
Famosos 22-4.
Los 4 de los arcanos menores.

El Emperador (4) como carta de la personalidad o del alma

(Esto se aplica si tienes un 4 simple, un 13-4 o un 22-4)

Materialización del poder paternal y mundano, fuerza física y generación

El Emperador representa el poder que surge de establecer, construir y actuar. Como carta relacionada con Aries, está al frente de nuevos proyectos y actividades, pero como 4, busca establecer una estructura y un orden para ellos. Confías en la razón y «usas la cabeza», y te orientas sobre todo hacia los hechos. También te sientes orgulloso de «dar a luz» proyectos, de crearlos, iniciarlos y promoverlos. Quieres inmortalizarte a través de tus creaciones. Tu actitud es convincente y positiva, tienes creencias firmes y actúas enérgicamente.

Como Emperador, te encanta la seguridad que ofrecen las pautas del orden y las estructuras subyacentes. Sin embargo, una vez que reina el orden, empiezas a aburrirte y a sentirte restringido. Lo que te atrae es el acto de descubrir principios, definir leyes y trazar dominios. Buscas entender y comprender las formas de la naturaleza. Al poner nombre a las cosas, sientes que adquieres el poder de utilizarlas de manera constructiva.

Como te esfuerzas tanto por ser el dueño de tu destino, te resulta difícil trabajar a las órdenes de otros. La mayoría de los emperadores acaban trabajando por su cuenta o, si lo hacen por cuenta ajena, necesitan estar al mando o en posiciones de autoridad. Puesto que entiendes el propósito de las reglas y las maniobras empresariales, puedes ascender rápidamente en la escala del éxito si te aplicas.

Si tienes un 4 simple, te sentirás cómodo dentro de tus límites. Necesitas seguridad y estabilidad en tu vida y quieres actuar con poder y autoridad. Si tu situación no te permite gozar de poder, es posible que proyectes tus imágenes de poder en las figuras de autoridad de tu vida, otorgando así a tus padres, líderes políticos, patrones o ídolos culturales más importancia de la debida. Te sentirás más realizado si eres un líder, aunque sea en un ámbito pequeño y personal. Necesitas «empuñar el cetro» para sentirte satisfecho.

Tu mayor problema podría ser tu necesidad de encontrar una explicación razonable para cualquier cosa antes de aceptar su validez o incluso su realidad. Buscas gobernar las situaciones descubriendo un orden en ellas. En ocasiones llegas al extremo de adoptar una actitud dictatorial.

Con la Muerte y el Loco como tus factores ocultos, buscas la inmortalidad a través de las creaciones que «engendras» y las estructuras que produces. El cambio, la interrupción, la anarquía, el humor que se burla de las cosas que defiendes y lo «inexplicable» te confunden o incluso te asustan, y sin embargo es lo que te ofrece las mejores oportunidades tanto para crecer como para comprenderte a ti mismo. Siempre buscas una salida racional a la «locura» que te rodea y quizás encuentres soluciones reales a algunos de los problemas de la humanidad. Estás convencido de que la razón no tiene límites y, por lo tanto, los superas continuamente para ser pionero en nuevas fronteras. Puedes ser un arquitecto del espíritu, un constructor de nuevos mundos.

Si tienes un 4 simple (con el Emperador como carta de la personalidad y del alma), la Muerte y el Loco son tus cartas del factor oculto. Lee las descripciones de estas cartas que aparecen más adelante en este capítulo.

Famosos con un 4 simple

En mi lista de personajes famosos solo hay dos que tengan un 4 simple, aunque deberíamos ver más de ellos en los próximos años.

Mike Tyson (boxeador), 30/06/1966.
Will Smith (actor), 25/09/1968.

La Muerte (13) como carta de la personalidad

(Esto se aplica si tienes un 13-4)

Materialización del poder vital, la fuerza vital, la liberación

La Muerte representa un final, pero a la vez es un nuevo comienzo, una poda que da lugar a nuevos brotes. Es destrucción y renovación, inmortalidad y regeneración, así como fragmentación y ruptura. En relación con su signo, Escorpio, elimina todo lo que restringe o ya no sirve. La considero como la «carta del abono», la materia muerta en descomposición de la que sale una tierra rica y fértil que favorece el nuevo crecimiento.

Como carta de la personalidad, la Muerte se refiere a dejar de lado viejas costumbres y pensamientos para transformarse o renovarse. «Ya es suficiente» fueron las últimas palabras del filósofo 13-4 Immanuel Kant. La mayoría de los 13-4 tienden a aprender enfrentándose a su mortalidad, incluso burlándose de ella, y orquestan su vida para que los lleve al borde mismo de la muerte o la descorporeización. Krishnamurti, un 13-4, acogió el proceso de morir como una forma de vida. Dijo: «Cada día muero un poco».

Te sumerges profunda y totalmente en tus experiencias, poniendo tal pasión en tus creencias que no siempre eres consciente de las consecuencias de tus actos. Como dijo Benjamin Franklin: «La experiencia es una escuela carísima, pero los tontos solo aprenden en ella».

Tu liderazgo natural atrae seguidores hacia ti, y con el tiempo debes aceptar tu deseo de poder por sí mismo. Aportas pasión y profundidad a todo lo que haces, pues no te tomas nada a la ligera.

Eres un transformador, te esfuerzas en acabar con políticas anticuadas, en abrir nuevas posibilidades para el ser humano, en liberar su potencial. No tienes reparos en desvincularte de estados que ya no tengan sentido. Tu sexualidad es muy activa y apasionada o está conscientemente sublimada en tu trabajo. «La pasión intelectual expulsa a la sensualidad», dijo Leonardo da Vinci, un 13-4.

El Loco (22) como factor oculto

(Esto se aplica si tienes un 4 simple o un 13-4)

El Loco como tu factor oculto indica el miedo a ser considerado necio e inmaduro. Y a veces sentirás que estás viviendo tontamente, desperdiciando tu potencial, o trabajando en algo que los demás consideran un desperdicio. Quizá te cueste verte a ti mismo como un ser ilimitado. Pero enfrentado al espíritu interior, aprendes a confiar en tus propias capacidades naturales. Luchas por mantener la independencia, aunque a menudo, de forma incongruente para un necio, te ves empujado a tomar el papel de líder. Admiras, por encima de todo, la libertad de pensamiento. Para ti, la ignorancia es una limitación, y por eso buscas siempre el significado o el propósito que subyace bajo las cosas. Los demás pensarán que has perdido la razón o te has vuelto loco, pero en realidad estás descubriendo tu infinito potencial.

Parece que careces bien de ambición o bien de capacidad para disfrutar. La gente que te conoce en uno de estos dos estados podría no reconocerte en el otro. Tu fascinación por diversos temas te hace parecer disperso, pero debes confiar en que tus instintos naturales te dirigen correctamente. Has de comprender, no necesariamente controlar, tu propio deseo de anarquía.

Debido a que el Loco no tiene un valor numérico real, temes que te consideren insignificante, como si no valieras nada; sin embargo, al igual que la adición del 0 al número 1 da como resultado el número 10, tú aumentas todo aquello que combinas con el 0 del Loco. Por eso, pese a que temes perder el yo, tus habilidades pueden combinarse bien con las de los demás, ayudándolos a alcanzar sus propios potenciales.

El Loco, como maestro, te ayuda a dejar de lado las opiniones ajenas y confiar en tus propios procesos. Esta carta te muestra vistas que muchos raramente ven y te anima a correr riesgos, a lanzarte a lo desconocido y a disfrutar al máximo de cada minuto.

Famosos 13-4

Los famosos 13-4 han sido responsables de revelaciones impactantes de aspectos profundamente ocultos y han mostrado las corrientes subterráneas de la pasión, el poder y el potencial para el bien y el mal en todos nosotros. Algunos, como Harriet Beecher Stowe, con *La cabaña del tío Tom* (a la que se atribuye el inicio de la guerra civil estadounidense); J. R. Oppenheimer, con la bomba atómica, o Immanuel Kant en filosofía, hicieron estallar los mitos de su tiempo, lo que dio lugar a una reconstrucción mundial de los supuestos básicos por los que vivimos. Muchos utilizaron la muerte como tema de sus mejores obras; por ejemplo, J. D. Salinger en *El guardián entre el centeno*, el poeta inglés Shelley y el compositor alemán Richard Wagner. Otros cortejaron a la muerte, incluso haciendo alarde de ella, como William S. Burroughs con sus sagas sobre las drogas o Thor Heyerdahl, que navegó por alta mar en una diminuta balsa de caña. A Immanuel Kant le preocupaba tanto la muerte que jamás varió su rígido régimen físico y nunca se casó. Es conocido por su obra *Crítica de la razón pura* (un tema muy del Emperador) y por desarrollar la teoría de que la libertad individual reside en la obediencia a la ley moral interior, un ejemplo perfecto de Emperador y Loco.

Leonardo da Vinci (artista, inventor), 15/04/1452.
Immanuel Kant (filósofo), 22/04/1724.
Marie Anne Lenormand (adivina), 27/05/1772.
Percy B. Shelley (poeta), 04/08/1792.
Joseph Smith (fundador de la Iglesia mormona), 23/12/1805.
Harriet Beecher Stowe (humanitaria, novelista), 14/06/1811.
Richard Wagner (compositor), 22/05/1813.

Henri Matisse (artista), 31/12/1869.
Amedeo Modigliani (artista), 12/07/1884.
J. Krishnamurti (filósofo), 12/05/1895.
M. C. Escher (artista), 17/06/1898.
René Magritte (pintor), 21/11/1898.
J. R. Oppenheimer (director del proyecto de la bomba atómica), 22/04/1904.
William S. Burroughs (escritor), 05/02/1914.
Thor Heyerdahl (antropólogo, explorador), 06/10/1914.
Harold Wilson (primer ministro del Reino Unido), 11/03/1916.
J. D. Salinger (escritor), 01/01/1919.

El Loco (22) como carta de la personalidad

(Esto se aplica si tienes un 22-4)

Materialización del poder eterno, la fuerza espiritual y la regeneración

El Loco representa tu naturaleza infantil y espontánea. Como carta de la personalidad, indica que desarrollarás una gran confianza, inocencia y despreocupación. Ganarás sabiduría solamente cuando te des cuenta de lo mucho que no sabes.

Como 22-4, siempre vives con la naturaleza paradójica de la sabiduría y la necedad. Tu propósito es establecer el autocontrol y fijar las normas en tu campo, pero debes estar preparado para admitir la ignorancia, arrojar tu destino a los vientos y dar saltos desenfrenados guiado por la inspiración divina. Como dice Sallie Nichols en *Jung y el tarot*: «El trabajo del Loco es recordarnos nuestra locura y evitar que nos volvamos soberbios». Pero pocos 22-4 tienen la sabiduría necesaria para hacer el papel de tonto con gracia y humildad.

Uno de los problemas de los 22-4 es su creencia de que están exentos de las reglas que crean. No aceptan ninguna disciplina del exterior y pueden ser irresponsables e incluso amorales. A menudo, los 22-4 tienen la actitud, si no la apariencia, de juventud y vigor. En la vejez, no dejan de sorprender a los demás con su capacidad para integrar lo nuevo, lo inesperado y lo extraño.

Los Emperadores-Locos pueden ser muy diferentes en las distintas etapas de su vida. Existe la etapa de ser totalmente el Loco –generalmente cuando se es joven–, de hacer cosas por capricho, de ser el vagabundo. Después, te asientas y te conviertes en el Emperador, muy organizado y práctico, estableciendo negocios y un hogar. Pero de vez en cuando necesitas salir y volver a ser libre para rejuvenecer. Cuando estas dos cualidades se combinan, puedes ser creativo e incluso innovador. Te arriesgas, pero obtienes resultados. Eres el pionero, el inventor. Pero cuando este contraste interior no está bien integrado, quieres ser el Emperador, pero tienes miedo de ser el Loco. En ese caso, no eres capaz de desprenderte de las inhibiciones ni de observarte de verdad a ti mismo u observar tus procesos. Debes aprender a reírte de ti mismo por tomarte tan en serio las cosas.

Como 22-4, es posible que tengas un sentido del humor muy desarrollado basado en las ironías de la vida y una apreciación conmovedora de las debilidades humanas. Conoces muy bien las situaciones a las que nos llevan las pasiones rebeldes, pero también sabes ver su lado cómico.

El Loco representa tu espíritu antes de la encarnación, entre una y otra vida. El acantilado de la carta simboliza tu salto a la vida, al mundo materializado por el Emperador. La Muerte representa el ser liberado de nuevo para que puedas experimentar libremente tu Yo ilimitado. Después de aceptar a la Muerte como tu maestra, te das cuenta de la polaridad de la sabiduría y la locura y reconoces que la muerte es solo un mecanismo de la vida eterna.

Cuando escribí por primera vez sobre las cartas de nacimiento a principios de los años ochenta, afirmé que el Emperador era la carta de la personalidad y el Loco la del alma. Con el tiempo y conociendo a un gran número de 22-4, me di cuenta de que el Emperador-Loco tiende a resistirse a toda categorización, por lo que trabajo con ambos conjuntamente. En la filosofía del tarot, el Loco no se encuentra en un sitio determinado, sino que está en todas partes.

La Muerte (13) como factor oculto

(Esto se aplica si tienes un 4 simple o un 22-4)

La Muerte como tu factor oculto indica que niegas la muerte, porque la consideras una idea que te limita y te ata. Por consiguiente, te esfuerzas (tal vez obsesivamente) por producir obras (o hijos) que sigan viviendo después de que te hayas ido, para que lleven tu nombre y perpetúen tu existencia. Quizá seas un padre autoritario y exijas a tu hijo que siga tus pasos. O tal vez creas que, ante la muerte, la vida carece de sentido, y por ello sufras de angustia existencial.

La muerte se convierte en algo a lo que hay que enfrentarse, algo contra lo que uno debe medirse. Los seres humanos son las únicas criaturas conscientes de que van a desaparecer, y así la muerte puede convertirse en la medida por la cual toda acción y creación es juzgada. Sin embargo, cuanto más aborrezcas la muerte, más detestarás la vida que te rodea. La muerte significa perder totalmente el sentido del ego, por lo que muchas personas con la Muerte como factor oculto trabajarán para que su ego sea fuerte y conocido, una marca de identificación imborrable. Como escribió el 22-4 Mark Twain en un famoso telegrama: «Los informes sobre mi muerte son sumamente exagerados».

Dado que la muerte, en términos simbólicos y vernáculos, se ha considerado desde hace tiempo como una metáfora del orgasmo –«la pequeña muerte»–, los 22-4 pueden experimentar su miedo a la pérdida del yo a través de la liberación sexual. Se solía decir que cada orgasmo acorta la vida de uno por un día. O se abraza «tonta y alegremente» esa muerte o se huye de ella. La fascinación por este tema queda patente en el famoso 22-4 Sigmund Freud. La Muerte se convierte en la carta maestra cuando comprendes que aceptar la muerte es la verdadera liberación. Entonces puedes morir a esas reglas que constriñen tu libertad de espíritu.

Famosos 22-4

Cuando examinamos a los Emperadores-Locos famosos, nos encontramos con varias temáticas. Muchos eran revolucionarios o radicales o no temían correr tremendos riesgos para lograr sus fines. Algunos tenían un comportamiento poco convencional y eran insensibles a las críticas. Otra tendencia importante de los Emperadores-Locos parece ser el afán de inmortalidad como fuerza motriz, de probarse a sí mismos físicamente y de alcanzar la cima de sus respectivos campos. Hay numerosos humoristas e incluso «tontos profesionales»: el gran mimo Marcel Marceau, Woody Allen, Mark Twain, Ed Sullivan e incluso Ingmar Bergman, que siempre mezcló el humor con sus imágenes de deseo de muerte. Woody Allen es un modelo 22-4. Una vez citó *La negación de la muerte*, de Ernest Becker, como el libro más importante que había leído. Además, una de sus grandes frases dice que quiere alcanzar la inmortalidad no a través de su trabajo, sino no muriendo.

María Antonieta (reina de Francia), 02/11/1755.
Mark Twain (escritor, humorista), 30/11/1835.
J. P. Morgan (financiero), 17/04/1837.
Annie Besant (reformadora social, teósofa), 01/10/1847.
Sigmund Freud (psiquiatra), 06/05/1856.
Marie Curie (química, descubrió el radio), 07/11/1867.
Frank Sinatra (músico, actor), 12/12/1915.
Ingmar Bergman (director de cine), 14/07/1918.

Marcel Marceau (mimo), 22/03/1923.
Margaret Thatcher (primera ministra del Reino Unido), 13/10/1925.
Hugh Hefner (editor de *Playboy*), 09/04/1926.
Miles Davis (músico), 26/05/1926.
Alejandro Jodorowsky (cineasta, tarotista), 17/02/1929.
Clint Eastwood (actor), 31/05/1930.
Charles Manson (líder de una secta), 12/11/1934.
Tenzin Gyatso (decimocuarto dalái lama), 06/07/1935.
Luciano Pavarotti (cantante de ópera), 12/10/1935.
Woody Allen (director de cine, humorista), 01/12/1935.
Paul McCartney (músico), 18/06/1942.
Newt Gingrich (político estadounidense), 17/06/1943.
Arnold Schwarzenegger (actor, político), 30/07/1947.
Eckhart Tolle (conferenciante, escritor), 16/02/1948.
Oprah Winfrey (presentadora de televisión, filántropa), 29/01/1954.
Nicolas Sarkozy (presidente francés), 28/01/1995.
Bill Gates (fundador de Microsoft), 28/10/1955.
Bono (Paul Hewson) (músico, activista), 10/05/1960.
Brad Pitt (actor), 18/12/1963.
Eminem (Marshall Mathers) (rapero), 17/10/1972.

Los 4 de los arcanos menores

Los 4 representan la estabilización después de la interacción creativa de los 3, es decir, un tiempo para consolidar lo que ha venido antes. En la filosofía metafísica, los 4 representan la culminación, similar a la de los 10 (porque 1 + 2 + 3 + 4 = 10). Al igual que el Emperador, tienen que ver con la capacidad de ubicarse en el tiempo y el espacio. Los 4 son los dones o desafíos relacionados con tu poder personal. Representan las oportunidades de liberarte de los modos anticuados y de estabilizar el cambio. Representan las situaciones que experimentas cuando desarrollas tu capacidad de liderazgo y estableces una base firme para tus actividades continuas.

4 de bastos (11-20 de abril, 20°-30° Aries, fuego cardinal)

El 4 de bastos indica la sensación de fin y renovación que se produce cuando las energías opuestas se armonizan, por ejemplo en el cambio de estación o cuando el día y la noche se igualan. Consideras esos momentos como ritos de paso: purificación, celebración y generosidad con los frutos de tu trabajo. Muestras tu agradecimiento a los que te han apoyado, das las gracias por tu abundancia y disfrutas de la cosecha.

El primer regalo de los 4 es, por tanto, tu capacidad para celebrar la vida. Esta carta representa las recompensas que obtienes al pasar por cada etapa de desarrollo a lo largo de tu existencia y tu aceptación de la responsabilidad en nuevos niveles.

4 de copas (12-21 de julio, 20°-30° Cáncer, agua cardinal)

El 4 de copas es a la vez un regalo y un desafío. Tienes la capacidad de dejar que las cosas sigan su curso, confiando en los ciclos de cambio. Reconoces la necesidad de dejar las situaciones en barbecho para que se regeneren. Al descansar y meditar, recibes nuevas percepciones y mensajes de tu inconsciente.

Sin embargo, el 4 de copas representa la inercia que se desarrolla cuando no te centras o no tienes un propósito. Dejarse llevar por los sentimientos, como en el 3 de copas, a menudo conduce a la insatisfacción, el letargo o el agotamiento. Ve despacio en los asuntos emocionales. Solo te aburres cuando no se ha despertado tu curiosidad o cuando la autocomplacencia carece de sentido. Tómate tiempo para estar con la naturaleza, observando sus ritmos naturales, y rejuvenecerás.

4 de espadas (13-22 de octubre, 20°-30° Libra, aire cardinal)

El 4 de espadas indica que el estrés es un factor importante en tu salud. Debido al peso de tus responsabilidades, hay momentos en los que necesitas pedir consejo, ya sea a tu Yo Superior o a un consejero profesional. Asumir todo por ti mismo empeora las cosas.

Cuando te sientas agobiado o estresado, retírate a la soledad para reflexionar con calma sobre los detalles. Aclara tus pensamientos y determina las prioridades. Suspende la acción en todos los asuntos menos en uno; pide a tu inconsciente que se ocupe de este y consúltalo con la almohada. A través de las prácticas de centrado y meditación, conseguirás la objetividad necesaria para ver todos los aspectos de una cuestión. De esta experiencia puede surgir algo útil y poderoso.

4 de pentáculos (10-19 de enero, 20°-30° Capricornio, tierra cardinal)

El 4 de pentáculos indica que tienes el don de atraer hacia ti los recursos que necesitas. Consolidas tu poder para poder actuar con seguridad. Necesitas sentirte seguro de lo que vales, pues *solo* entonces podrás reírte de ti mismo.

Esta carta también representa los peligros de aferrarse en exceso a lo acumulado materialmente. Este es el aspecto que podríamos llamar de «estreñimiento» que conlleva el miedo a la muerte escorpiónica. El hecho de aferrarte mezquinamente a tus posesiones frena tu desarrollo personal. Las transiciones representadas en el 4 de bastos ya no pueden tener lugar, como tampoco las nuevas experiencias del 4 de copas o la liberación de las tensiones de la responsabilidad en el 4 de espadas. Piensa en la posición de los pentáculos en la imagen de Waite-Smith, que ilustra la postura del poder personal o la tacañería.

Para experimentar el poder representado en la carta, sujeta un pentáculo por encima de tu cabeza, apoya tus pies firmemente en los dos pentáculos de abajo y, finalmente, centra el último pentáculo en tus manos. Cuando te sientas completamente centrado y estable, lleva el último pentáculo al interior de tu cuerpo: este es tu punto de poder personal. Una vez que has encontrado tu seguridad interior, ya no necesitas aferrarte a nada en el mundo.

La constelación del Papa

Capítulo 9

La constelación del Papa 14–5

La Templanza (14)
El Papa (5)

5 de bastos	5 de copas
5 de espadas	5 de pentáculos

El principio de la enseñanza y el aprendizaje

El Papa	
Correspondencia astrológica:	Tauro.
Funciones de las cartas dentro de la constelación:	Educación social/cultural; libertad de elección; aprendizaje de la autoridad.
La Templanza	
Correspondencia astrológica:	Sagitario.
Funciones de la carta dentro de la constelación:	Educación espiritual; libertad de acción; aprendizaje por la experiencia.

Arquetipo del alma: Espíritu; maestro; moralidad.
Palabras clave: prueba. Asesoramiento. Formación. Asimilar e integrar. Curación. Orientación. Tender puentes. Traducir, interpretar. Canalizar. Arbitraje.

Si tienes un 5 simple (5-5), lee:

El Papa (5) como carta de la personalidad o del alma.
La Templanza (14) como factor oculto.
Famosos con un 5 simple.
Los 5 de los arcanos menores.

Si tienes un 14-5, lee:

El Papa (5) como carta de la personalidad o del alma.
La Templanza (14) como carta de la personalidad.
Famosos 14-5.
Los 5 de los arcanos menores.

(Nota: Si tu carta de la personalidad es una carta del 14 al 18, no tendrás un factor oculto separado. Al tratarse de una «carta nocturna», el aspecto oculto está contenido en la propia carta de la personalidad).

El Papa (5) como carta de la personalidad o del alma

(Esto se aplica si tienes un 5 simple o un 14-5)

Aprendizaje de la autoridad; libertad de elección; educación social/cultural

El Papa representa la enseñanza y el aprendizaje de las leyes establecidas por el Emperador. Otra denominación para el quinto arcano mayor es Hierofante, término que significa 'lluvia de misterios'. En esta capacidad, te conviertes en portavoz de los poderes y de hecho traduces la información para hacerla accesible al público en general. Por ejemplo, si eres un científico con conocimientos especializados, los divulgas de una manera accesible a los demás. Pintores como Van Gogh y Cézanne (número 5 ambos) veían el mundo de una manera muy particular;

sin embargo, eran capaces de ofrecernos una idea de su visión a través de sus «interpretaciones» en el lienzo. Eres un creador de puentes. Como Papa, tu misión consiste en comunicar a otros lo que es misterioso o extraño para que tengan la oportunidad de experimentarlo también. Muchos 5 son conocidos como contadores de historias. Cualquier incidente puede convertirse en una aventura a tus ojos.

Al igual que los dos acólitos que aparecen en la carta, eres un estudiante lleno de energía, que busca y cuestiona la validez de lo que aprende, o eres un aprendiz obediente, que acepta lo que le enseñan los que se consideran autoridades. A menudo, los Papas que tienen un 5 simple se rebelan contra la autoridad cuando son jóvenes, pero a medida que crecen se convierten ellos mismos en autoridades; han descubierto su lugar, lo que deciden defender.

Independientemente de que te dediques a la enseñanza o a la formación de manera profesional, te encanta dar consejos y ayudar a la gente a resolver sus problemas. De hecho, la gente suele acudir a ti en busca de ayuda porque respeta tu experiencia y tus conocimientos y sabe que estás dispuesto a echar una mano. Eres capaz de simplificar las instrucciones complejas y no das información que no sea necesaria o que resulte demasiado difícil de entender. A la hora de resolver problemas, eliges entre acudir a una autoridad y seguir instrucciones o probar técnicas por ti mismo, confiando en tu intuición para que te guíe.

Sabes escuchar y reconocer que lo que vemos en la superficie no lo dice todo. La figura de la carta tiene dos dedos de la mano derecha en posición vertical, indicando lo que se dice, mientras que los tres dedos cerrados apuntan a la comprensión de lo que se calla. La cruz del obispo demuestra los cuatro niveles (incluido el círculo superior del Espíritu) de cada afirmación. También hay cuatro formas de enseñar o aprender algo (oír, hacer, leer palabras y ver imágenes o diagramas). Tú eres el quinto elemento, el que comprende. Puedes adaptar tu enseñanza a las necesidades de aquellos a los que enseñas.

Tu mayor problema es cuando tus conocimientos se codifican en un dogma que quizá ya no sea apropiado en las situaciones actuales.

Cuando te niegas a cuestionar continuamente tus creencias, estas se convierten en ese dogma y, por tanto, limitan tus posibles experiencias. Aunque las creencias son importantes para todos nosotros, a los 5 les resulta más difícil separar sus creencias subjetivas sobre lo que las cosas «deberían ser» de lo que simplemente «son».

Al igual que tus adeptos juran por tus enseñanzas, admiras e incluso idolatras a los maestros y modelos en los que confías. El peligro de esto es aceptar lo que dicen como «la verdad de Dios». La necesidad de creer en algo es tan fuerte que puedes recurrir a gurús o líderes espirituales que crees que te ofrecerán algo en lo que puedes depositar tus esperanzas. Como maestros que son, los Papas suelen esperar sumisión y adhesión a las doctrinas que enseñan.

Quienes tienen un 5 simple suelen tener miedo de cometer errores. Por lo tanto, quieren estar seguros antes de hacer algo. Por eso, prefieres no intentarlo si crees que puedes fracasar, en lugar de hacer el ridículo. Estás convencido de que hay una forma correcta y otra incorrecta de hacer las cosas y te culpas cuando algo sale mal. Sin embargo, los Papas aprenden mejor a través de sus errores. Uno de los retos de las personas que tienen un 5 simple es aprender a valorar su propia autoridad, basada en los conocimientos adquiridos al intentar las cosas y fallar no una, sino varias veces, a través de experimentos y experiencias. Te enfrentarás a esta lección una y otra vez hasta que desarrolles la flexibilidad necesaria para aceptar tus problemas y errores como tus maestros. «Equivocarse» puede ser bueno si te indica la necesidad de hacer reajustes o de probar otros métodos que funcionen mejor. Para eso también ayuda ser lo bastante pragmático.

Los 5 tienen conciencias muy desarrolladas; un fuerte sentido de la moral y los valores (los «debería» y los «habría que») determina sus acciones. Ten cuidado con tu tendencia a ser un santurrón.

Buscas un propósito superior a nuestro orden mortal. Anhelas una verdad por excelencia que vincule todo de forma significativa. Oswald Wirth, en *The Tarot of the Magicians* [El tarot de los magos], dice: «Formula a tu manera tu propio conocimiento y concibe en tu corazón la religión que te convence». Con el Papa como tu carta del alma, tu propósito es desarrollar tu propia autoridad a través de un yo interior que habla con la inocencia de un niño y la sabiduría de tu Suma Sacerdotisa interior. Cuando actúas de acuerdo con tu potencial más elevado, transmites información del Yo Superior al mundo físico.

La Templanza (14) como factor oculto

(Esto se aplica si tienes un 5 simple)

Con la Templanza como factor oculto, puedes ser rígido y temperamental. Especialmente durante tu juventud, piensas que los errores son perjudiciales, y te juzgas como malo si los cometes. Esto puede obstaculizar tu disposición a correr riesgos y a probar cosas. Quienes tienen un 5 simple siempre quieren hacer las cosas de la manera «correcta» y tienden a seguir las instrucciones aprendidas. Por otro lado, cuestionan y se rebelan contra todo. Al llegar a un acuerdo con la Templanza como sombra, aprendes a dar y recibir y la importancia de probar y aprender de tus errores. Los retos de la vida pueden aparecer como «problemas» hasta que templas tu naturaleza al aprender a ser paciente y oportuno.

Equilibrar los «deberías» y los «tendrías que» de un universo moral con las realidades de la vida tal y como es requiere una gran comprensión, adaptación y compasión. La compasión es la mayor enseñanza de esta carta. Junto con la curación, representa los aspectos de «sombra brillante» de esta constelación. Quizá te resulte difícil valorar tus recursos espirituales o confiar en tu empatía natural. Por miedo a parecer indeciso, te mantendrás en una posición aunque ya no te parezca defendible. Piensas que la sensibilidad y las muestras de emoción son una debilidad. Te consideras un pragmático y disimulas lo que puede parecerte sentimentalismo con humor cínico y bromas.

Con la madurez, a medida que aceptas a la Templanza como tu maestra, te vuelves más flexible y te relajas a la hora de juzgarte a ti mismo y a los demás.

Con el tiempo, descubres la mejor manera de ayudar a aliviar el sufrimiento en ti mismo y en el mundo que te rodea.

Famosos con un 5 simple

Los famosos que tienen un 5 simple son difíciles de clasificar porque se diferencian mucho unos de otros. Sin embargo, son bastante idealistas y exigen la perfección de sí mismos y de sus modelos. Un ejemplo es Bertrand Russell, que describe la belleza de las matemáticas en su ensayo *El estudio de las matemáticas* como «una belleza que no apela a ninguna parte de nuestra débil naturaleza, sublimemente pura y capaz de una severa perfección». Blake podría haber dicho esto. Aunque muchos son revolucionarios e iconoclastas en su juventud, tienden a encontrar rápidamente un ideal en el que pueden creer y pasan el resto de sus vidas en el papel de «autoridad», promoviendo, enseñando y siguiendo ese ideal.

William Blake (artista, poeta, místico), 28/11/1757.
Paul Cézanne (pintor), 19/01/1839.
Pierre-Auguste Renoir (pintor), 25/02/1841.
Vincent van Gogh (pintor), 30/03/1853.
Arthur Conan Doyle (escritor), 22/05/1859.
Bertrand Russell (filósofo), 18/05/1872.
James Joyce (escritor), 02/02/1882.
Malcolm X (líder religioso, revolucionario), 19/05/1925.
Michael Dummett (filósofo, historiador del tarot), 27/06/1925.
Willie Nelson (músico de *country*), 30/04/1933.
Werner Erhard (fundador de *est*), 05/09/1935.
Rudolf Nureyev (bailarín), 17/03/1938.
Mick Jagger (músico), 26/07/1943.
Steven Spielberg (director de cine), 18/12/1946.

Kareem Abdul Jabbar (jugador de baloncesto), 16/04/1947.
Mikhail Baryshnikov (bailarín), 27/01/1948.
J. K. Rowling (escritora), 31/07/1965.
Pierre Omidyar (fundador de eBay), 21/06/1967.
Dave Eggers (escritor, editor), 12/03/1970.
Angelina Jolie (actriz), 04/06/1975.
Beyoncé Knowles (música, actriz), 04/09/1981.
Mark Zuckerberg (fundador de Facebook), 14/05/1984.
Blake Ross (fundador de Firefox), 12/06/1985.
Michael Phelps (nadador olímpico), 30/06/1985.

La Templanza (14) como carta de la personalidad

(Esto se aplica si tienes un 14-5)

Aprendizaje por experiencia, libertad de acción; educación espiritual

La Templanza representa la curación, el temple, el ajuste y la redistribución. Como 14-5, buscas combinar creativamente fuerzas contrarias en un nuevo todo que sea más que la suma de sus partes. Por esta razón, a la figura de esta carta se la suele llamar el Alquimista. Tras el desmembramiento y la melancolía ennegrecida de la Muerte (la etapa «nigredo» de la alquimia) viene la reconstitución creativa o el Yo purificado. La Templanza cree que hay una solución para cada problema.

Como 14-5, miras hacia dentro para encontrar recursos personales y materiales creativos con los que ayudar no solo a tu propio crecimiento, sino también al de los demás. Eres un humanista, lleno de compasión por los sentimientos y defectos de los demás porque los reconoces primero en ti mismo. Muchos 14-5 buscan activamente describir la naturaleza humana de nuevas maneras, descubriendo los reinos sombríos que rara vez se reconocen socialmente y profundizando en ellos para devolvernos a nosotros estas partes olvidadas de nuestro ser. Trabajan activamente para favorecer la circulación de ideas.

Para los 14-5, la enseñanza es la curación. La enfermedad es el deterioro de un todo perfecto que necesita ser reensamblado y comprendido a un nivel completamente nuevo. Tus problemas no existen por sí solos, sino que están conectados con todo lo demás en tu vida. Ayudas a otros a ver el panorama completo y a encontrar las conexiones entre las partes. Sanas a los demás (individual y socialmente) no solo aportando tu propia fuerza, sino también aceptando amorosamente quiénes son, con simpatía por su situación. Buscas sanar tanto las heridas físicas como las psíquicas.

Cuando confías en las corrientes más profundas de la vida y valoras tus experiencias internas, estas te aportan nuevos conocimientos y te revelan nuevas dimensiones de la experiencia. Sin embargo, siempre debes esforzarte por reconciliar el mundo de tus sueños con el de tu vida diaria, por mezclar el conocimiento interior con la expresión física apropiada.

En casos extremos, buscas depurar las cosas eliminando las cualidades indeseables o simplificándolas hasta su esencia (como Mao Tse-Tung, Georgia O'Keeffe o Yukio Mishima). Eres un purista. Los 14-5 no suelen ser moderados. Hitler, un 14-5, es célebre por su afán desmedido de purificar la raza aria, resumido en este comentario: «No me detendré ante nada y aplastaré a cualquiera que se me oponga». Es posible que tengas que aprender a moderarte y a templar tu idealismo para hacer frente a las contingencias. Pero aprenderás.

Como si estuvieran bañados en la fuente de la juventud, los 14-5 mantienen cierta impetuosidad, a menudo acompañada de una tendencia a parecer y actuar como si fueran más jóvenes de lo que son.

El momento oportuno es esencial para la resolución de problemas, y los 14-5 suelen lograr sus mayores éxitos por estar en el lugar adecuado en el momento oportuno. Reconocen la importancia del cambio y la renovación estacional y de ceder cuando es apropiado hacerlo. Si el momento no es propicio, seguirás buscando el elemento catalizador o el factor de gradación adecuado y confiarás en que, tras probar una y otra vez, llegarás a una solución factible.

Pero, como los 14-5 llevan su propia sombra consigo (la Templanza es una «carta nocturna»), es igual de probable que estés en el lugar equivocado en el momento menos oportuno. Hay que reconocer que el tiempo es la clave para manifestar resultados en el plano físico. De lo contrario, es posible que no estés seguro de lo que representas o que te sientas fuera de lugar, como si hubieras nacido tarde o demasiado pronto. Estás atrapado entre la tierra y el mar. Es posible que no seas realista en cuanto a dónde enfocar tus talentos y energías, y que los desperdicies en tareas infructuosas y que requieren mucho tiempo. También es posible que renuncies a tu propia autonomía y a tus ideales personales para vivir según los dictados de quienes consideras tus superiores (jefes, autoridades religiosas y seculares, etc.), viviendo según sus normas en lugar de las tuyas.

Si ese es tu caso, has de reconocer que tus creencias, sean válidas o no, constituyen la base de la realidad que experimentas. Son, como las dos copas que sostiene el ángel de la Templanza, lo único con lo que tienes que hacer malabares. Creas tu mundo a imagen y semejanza de tus pensamientos. Esta idea fue enunciada como un teorema científico por el investigador de la consciencia John C. Lilly (un 14-5): «Lo que uno cree que es cierto, o bien lo es, o bien se convierte en verdad dentro de unos límites que deben determinarse experimentalmente». Por tanto, la oportunidad llega cuando te enfrentas a creencias conflictivas que normalmente experimentas como estrés. En lugar de eso, trátalas como un reto creativo: saca de ellas más partido de lo que cualquiera de las dos creencias permitiría por sí sola. Puedes lograr cualquier cosa que te propongas y eres capaz de resolver problemas intrincados. Cree en ti mismo. Procura no dispersarte; mantente centrado en la tarea que tienes entre manos y en tu imagen de éxito.

Famosos 14-5

Los famosos 14-5 tienden a salir de la esfera de lo mundano para adentrarse en lo metafísico, aunque siempre con el propósito de explorar y describir la naturaleza humana. A menudo recurren a fuentes tan profundas y trascendentales que se convierten en portavoces o incluso representantes de los arquetipos de la época. Hay notables luchadores por la libertad y también gente fascinada por lo macabro y misterioso. Muchos descubrieron que de los huesos y la decadencia surge una pureza de verdad y belleza que otros no han discernido.

Benjamin Franklin (estadista, periodista, inventor), 17/01/1706.
Allesandro di Cagliostro (ocultista), 02/06/1743.
Simón Bolívar (líder político latinoamericano), 24/07/1783.
Abraham Lincoln (presidente de Estados Unidos), 12/02/1809.
Charles Darwin (naturalista), 12/02/1809.
Frédéric Chopin (músico, compositor), 01/03/1810.
Soren Kierkegaard (filósofo ético), 05/05/1813.
Helen Keller (activista, portavoz de los ciegos y sordos), 27/06/1880.
Georgia O'Keeffe (artista), 15/11/1887.
Adolf Hitler (líder alemán), 20/04/1889.
Louis Armstrong (músico de *jazz*), 04/08/1901.
Marlene Dietrich (actriz), 27/12/1901.
Haile Selassie (emperador etíope, líder espiritual), 23/07/1892.
Mao Tse-Tung (líder comunista chino), 26/12/1893.
William Faulkner (escritor), 25/09/1897.
Jorge Luis Borges (escritor, realismo mágico), 24/08/1899.
John Steinbeck (escritor), 27/02/1902.
Tennessee Williams (escritor, dramaturgo), 26/03/1911.
Albert Camus (escritor), 07/11/1913.
Alan Watts (místico, escritor), 06/01/1915.
John C. Lilly (neurocientífico, psicoanalista), 06/01/1915.
Diane Arbus (fotógrafa), 14/03/1923.

Yukio Mishima (escritor), 14/01/1925.
Che Guevara (revolucionario), 14/06/1928.

Los 5 de los arcanos menores

Los 5 deshacen la estabilidad y el estancamiento. Cada uno de los 5 nos saca de la rutina de los 4 porque acaba con la autocomplacencia y crea retos que hemos de superar de forma creativa, con espíritu de aventura. Al enfrentarnos a nuestros miedos es como aprendemos a activar nuestros potenciales.

Los bastos te presentan la prueba de las ideas, en la que debes afrontar tu miedo al conflicto que se traduce en estrés. Las copas te someten a la prueba del amor, en la que debes plantar cara a tu miedo a la decepción, que se traduce en tristeza. Las espadas presentan una prueba de voluntad, en la que debes hacer frente al miedo a la derrota, que se traduce en una actitud defensiva. Y los pentáculos te presentan una prueba de creencia, en la que debes enfrentarte al miedo a la inseguridad que se traduce en preocupación.

Los 5 te enseñan la templanza, es decir, a combinar tus habilidades y a ser sensible al momento oportuno.

5 de bastos (22 de julio - 1 de agosto, 0°-10° Leo, fuego fijo)

El 5 de bastos indica que tus ideas se ponen a prueba por medio del conflicto y los desacuerdos. ¡Cuestiona la autoridad! Estas discusiones pueden ser estimulantes y te dan la oportunidad de aportar tus ideas y enseñar lo que sabes. La Templanza subraya la necesidad de equilibrar y atemperar las ideas individuales hasta que pueda formarse algo nuevo a partir de la variedad de experiencias, un panorama más amplio que el que podría ofrecer un solo individuo (o punto de vista). Este tipo de proceso sinérgico es una de las principales formas de aprender.

Cuando esta confrontación de ideas diferentes tiene lugar dentro de ti, como un comité interno con cinco voces diferentes parloteando en tu cabeza, que producen demasiadas ideas en las que pensar al mismo tiempo, puede crear confusión sobre qué hacer. Tal vez entiendas que el problema se basa en creencias contradictorias. La carta de la Templanza sugiere que encontremos un concepto o visión general que sirva de puente entre las distintas creencias, permitiendo que cada una coexista con las demás.

5 de copas (23 de octubre - 1 de noviembre, 0°-10° Escorpio, agua fija)

El 5 de copas te sacude de la complacencia del 4 de copas. No aprecias suficientemente algo hasta que lo has perdido. Las copas te enseñan sobre el dolor y cómo trascender la pérdida. Cuando algo en lo que pusiste tu corazón no ha funcionado, sientes una decepción. Las tres copas derramadas representan la pérdida de la armonía o de las creencias que te sostenían. Podría tratarse de una amistad que se ha agriado, de una pérdida física o de unos planes echados a perder. Te envuelves en un abrigo negro de tristeza y te metes hacia dentro con tu dolor. Esto es apropiado durante un tiempo. Las dos copas restantes están en manos del ángel de la Templanza; por lo tanto, la curación tendrá lugar cuando finalmente te deshagas de la pena y recojas las copas restantes. Renovar tus contactos con amigos afectuosos, centrarte en un nuevo proyecto y «cruzar el puente cuando llegues a él» son formas de salir de la aflicción y la decepción.

El ángel de la Templanza te recuerda que nada está perdido, en realidad. La energía continúa, adoptando nuevas formas. El agua que fluye eternamente simboliza la continuidad de la fuerza vital. Cuando sufras una decepción, recuerda que hay un tiempo y una etapa para todo. Deja correr las lágrimas y date cuenta de que el tiempo traerá la curación y de que la propia creación no tiene fin. Pregúntate qué puedes aprender de esta experiencia.

5 de espadas (20-29 de enero, 0°-10° Acuario, aire fijo)

El 5 de espadas representa la dificultad para comunicar tus ideas a otros. El pensamiento está fragmentado y las decisiones son difíciles, lo cual trae consigo confusión y dudas. Los demás intentan imponerte sus ideas, pero tú debes confiar en tu propia voz interior. O quizás tu pensamiento sea tan rígido que no haya lugar para otras opiniones. Evita los enfrentamientos intencionados. Acepta las aportaciones de otros, pero no dejes que anulen tu propia perspectiva. No se trata de una situación de acierto o error, sino de la necesidad de contemplar todas las posibilidades y no rechazar ninguna. El 4 de espadas anterior se retira de tales asuntos e intenta tratarlos en soledad. Aquí, en el 5 de espadas, se está dispuesto a chocar con los demás.

Estas circunstancias son situaciones en las que no es posible vencer. O bien ganas la batalla, pero pierdes la guerra; haces valer tu punto de vista, pero pierdes a tus mejores amigos. Empeñarte en demostrar que tienes razón no va a hacerles cambiar de opinión. Las discusiones y las escenas tormentosas surgen de una postura dogmática.

Cuando quedas herido y lastimado por un encuentro de este tipo, tienes que sanar. Si te sientes deshecho, como las espadas dispersas, necesitarás recuperarte. No dejes que estas experiencias te arrastren a la sed de venganza e invoca al ser angélico y espiritual que hay en tu interior para que te guíe. La mayoría de los grandes sanadores obtuvieron su don a partir de una herida personal que lograron curar. Luego ayudaron a otros en este proceso.

5 de pentáculos (21-30 de abril, 0°-10° Tauro, tierra fija)

El 5 de pentáculos representa los desafíos de la privación, la inseguridad y la exclusión. Es todo aquello contra lo que el 4 de pentáculos te protege. Muestra el fracaso de todos los esfuerzos por conseguir la estabilidad. Como 5 o 14-5, aprendes cuando se te niega todo aquello a lo que querías aferrarte. Esta técnica se utiliza a veces deliberadamente en las enseñanzas espirituales para ayudarte a reconocer la naturaleza transitoria de los deseos físicos y materiales. Se considera que tal austeridad e incluso pobreza canaliza todos tus pensamientos hacia tu desarrollo espiritual.

No obstante, también puedes encontrarte en esa situación por tu cuestionamiento iconoclasta de los poderes. Al rebelarte contra las normas de la sociedad, podrías optar por vivir una vida «marginal», es decir, defender las creencias que valoras con unos pocos amigos de ideas afines.

Cuando tu casa, tu trabajo o cualquier otra forma de seguridad se ven amenazados, tienes que elegir el modo de afrontarlo. Si te sientes impotente, podrías buscar un refugio o aceptar la asistencia social, tal vez un primer paso adecuado. Sin embargo, como sugieren la carta equivalente de la baraja de tarot Motherpeace, el 5 de discos (una mujer amasando arcilla o pan), y la carta de la Templanza, puedes trabajar en tu situación de manera lenta y constante, probando diferentes opciones hasta que consigas una combinación que se mantenga. A pesar de las dificultades, esta es una carta de progreso hacia una meta. La recompensa será tan grande como tu creencia en lo que puedes lograr.

La constelación de los Enamorados

CAPÍTULO 10

La constelación de los Enamorados 15-6

El Diablo (15)
Los Enamorados (6)

6 de bastos	6 de copas
6 de espadas	6 de pentáculos

El principio de la relación y la elección

Los Enamorados	
Correspondencia astrológica:	Géminis.
Funciones de las cartas dentro de la constelación:	Impulso a la unión; elección del amor; nosotros mismos en relación con los demás.
El Diablo	
Correspondencia astrológica:	Capricornio.
Funciones de la carta dentro de la constelación:	Impulso de separación; elección del miedo; nosotros mismos en relación con el mundo.

Arquetipo del alma: elección: unión/separación; los gemelos-dualidad.

Palabras clave: atracción y división. Sinergia y separación. Intercambio. Compartir y relacionarse. Reciprocidad. Vitalidad. Sensualidad.

Conectividad. Capacidad de discriminar entre el bien y el mal. Tentación. Obsesión.

Si tienes un 6 simple (6-6), lee:

Los Enamorados (6) como carta de la personalidad o del alma.
El diablo (15) como factor oculto.
Famosos con un 6 simple.
Los 6 de los arcanos menores.

Si tienes un 15-6, lee:

Los Enamorados (6) como carta de la personalidad o del alma.
El Diablo (15) como carta de la personalidad.
Famosos 15-6.
Los 6 de los arcanos menores.

Los Enamorados (6) como carta de la personalidad o del alma

(Esto se aplica si tienes un 6 simple o un 15-6)

Impulso a la unión; elección del amor; nosotros mismos en relación con los demás

Los Enamorados representan la sinergia, la reciprocidad y el aprendizaje de los demás. Esta carta tiene imágenes muy diferentes en las escuelas francesa e inglesa. La escuela francesa muestra a un hombre de pie entre una mujer mayor y una joven, que se cree que representan el vicio y la virtud, o su madre y su esposa. Desde una nube sobre las personas, Eros les dispara su flecha. En la escuela inglesa, a partir de las ilustraciones de Pamela Colman Smith, la imagen es la de Adán y Eva en el jardín del edén, con la serpiente de la sabiduría y el arcángel Miguel encima.

Ambos diseños se centran en una iniciación: la elección de experimentar un conocimiento que antes era desconocido o no estaba disponible. Este conocimiento se expresa tradicionalmente en términos carnales. Vemos la ruptura de las restricciones protectoras que anteriormente eran incuestionables y una aceptación del poder resultante de la procreación, para permitirte convertirte en un dios, un creador por derecho propio. El individuo deja a la madre o al padre para unirse al amante. La unidad se rompe, y de la separación surge el deseo de reunirse para crear algo nuevo que sea diferente del originador.

Como carta relacionada con Géminis y, por tanto, con el motivo arquetípico de Jung llamado «el viaje de los gemelos», muestra dos lados de uno mismo que hay que intentar reconciliar. Puede tratarse de lo que se percibe como «bueno» y «malo» dentro de uno mismo, lo reflexivo y lo dinámico, lo pasivo y lo activo, lo masculino y lo femenino, o la independencia personal y el deseo de relacionarse.

En última instancia, tu tarea consiste en unir estos dos aspectos de tu ser. Cuando estas dos partes trabajan juntas en armonía, experimentas un enorme poder y orgullo en tus conocimientos y habilidades. Entonces puedes aplicar la conciencia intuitiva y la conciencia enfocada a las relaciones y, en última instancia, ser capaz de percibir la verdad que las trasciende a ambas.

Con los Enamorados como carta de la personalidad o del alma, las relaciones personales son de importancia primordial para tu desarrollo. Como más aprendes de ti mismo es a través de las personas con las que te relacionas: tu familia, tus amigos, tus compañeros de trabajo, tus seres queridos. Piensa que, en ocasiones, lo que te atrae o incluso te obsesiona es una causa, un trabajo o unos objetos, más que las propias personas.

La comunicación sincera y sin restricciones es vital. Buscas una pareja con la que puedas comunicar tus sentimientos y aspiraciones más profundos y preferirás a gente con intereses similares a los tuyos. La cuestión central para ti es: «¿Qué quiero y necesito en las relaciones?». Las relaciones de todo tipo tienden a fascinarte, por lo que siempre estás averiguando y jugando con la forma en que se relacionan las personas entre sí y con las distintas cosas, e incluso ves asociaciones donde no las hay.

Muchos 6 trabajan o comparten una afición con un compañero al que consideran su mejor amigo. Si no tienes pareja, probablemente te atraiga más la conversación y la amistad que cualquier otra cosa. Plantéate si alguien que es «solo un amigo» podría ser una persona con la que te gustaría compartir más.

Si te corresponde la carta de los Enamorados, las personas con las que te relacionas reflejan tu propia imagen. La mejor manera de verte a ti mismo es observar a quién has atraído a tu vida. Las cualidades que no puedes ver en ti mismo, a menudo llamadas tu sombra, las proyectas en los demás; eres especialmente sensible a ellas, te molestan o envidias estos rasgos en los demás. Aunque esto ocurre con todo el mundo, para los Enamorados es una de las principales formas de aprender sobre uno mismo. Tus relaciones reflejan esta imagen de ti mismo hasta que aprendes a recuperar y reclamar para ti todos tus rasgos proyectados. Los Enamorados son una carta de elección, que simboliza el hecho de abandonar el jardín del edén, a nuestros padres, a nuestras bases de seguridad, para poder elegir nuestras propias experiencias y alcanzar así el conocimiento. En el caso de los Enamorados, sin embargo, las decisiones se basan en las dos emociones centrales del amor y el miedo, de las que surgen todas las demás. En cada cruce del camino, debes preguntarte cuál de ellas determina tu elección. ¿Tu acción está motivada por el amor o por evitar lo que es temible? Esta pregunta está relacionada con otro de tus dilemas característicos, el de elegir entre tu creencia en la libertad y tu necesidad de apego. Como tiendes a pensar en términos de «nosotros» en lugar de «yo», la influencia de los demás se hace sentir en todas tus decisiones, atrayéndote aún más a las relaciones.

El Diablo (15) como factor oculto

(Esto se aplica si tienes un 6 simple)

El Diablo como factor oculto indica que tiendes a ocultar tus instintos indómitos, incluso a ti mismo. Por lo tanto, tu sexualidad en particular y tu vivacidad en general pueden parecerte abrumadoras a veces. O bien te ves como una criatura básicamente sexual motivada por tus deseos y obsesionada con tus necesidades, o bien reprimes estos sentimientos en ti mismo con las inhibiciones y tabúes que los acompañan.

Si creciste en un entorno con normas rígidas que te permitían poca libertad, es posible que tengas problemas de autoestima. Si viviste tu situación como algo opresivo, seguramente te habrás sentido castigado por transgredir los límites sin ni siquiera darte cuenta. Es posible que, debido a estas actitudes represivas, asumieras que algunas de tus cualidades personales son «malas»; por ejemplo, tal vez hayas sentido o te hayan dicho que el sexo era pecado o era algo sucio. Si eras un niño «bueno», intentabas asegurarte de no hacer nunca nada de lo que avergonzarte, ocultando incluso de ti mismo los pensamientos y los sentimientos que no estaban bien vistos.

Los niños que tienen el 6 simple se abren a los demás con total confianza. Deseas intensamente las relaciones y te acercas libremente a los demás. Cuando esta confianza se ve traicionada, acabas sintiéndote culpable y responsable. Es posible que hayas sufrido malos tratos físicos o mentales por parte de alguien que ejerce poder y control sobre ti. Las niñas acusadas de ser coquetas o provocadoras, por ejemplo, son especialmente susceptibles de sentirse culpables.

Entonces creces con esa noción de culpabilidad ante el sexo, reprimiendo tus instintos naturales y sublimándolos en una necesidad de poder, o ves la sexualidad como una expresión de tu poder personal. Ser sexualmente deseable llega a convertirse en una forma de demostrar tu propia importancia y autoestima. Y sientes que tienes cosas que ocultar, algún secreto «sucio». Si alguien se enterara, dejaría de quererte. También es posible que conviertas este sentimiento en una sospecha sobre los demás y sus motivaciones. A veces, llegas al extremo de ser incapaz de enfrentarte a tu propio sentimiento de culpa y lo proyectas en los otros. Encuentras chivos expiatorios para tu propia sensación de impotencia o intentas manipular tus relaciones como única forma de conseguir lo que necesitas.

Dentro de la tradición de la Aurora Dorada, la clave de esta carta es la alegría. No te tomes en serio la manipulación y la soberbia de quienes te rodean. Ve el humor en la situación. Así es como se puede superar la obsesión, la manipulación y el orgullo desmedido. Nietzsche, que tenía un 6 simple, dijo: «El hombre solo sufre de forma tan insoportable en el mundo que se vio obligado a inventar la risa». La angustia te sacude y te saca de tu manera habitual de ver la realidad y te permite tener nuevas perspectivas. Al igual que los embaucadores y los coyotes de las viejas leyendas, les das la vuelta a las cosas, haces hincapié en las nuevas conexiones en lugar de aceptar las divisiones y discriminaciones anteriores. Has de aprender que no hay pecados, sino errores, y que se pueden rectificar. La unión con el Yo pasa por aprender a perdonarse a sí mismo.

Después de tu retorno de Saturno (alrededor de los treinta años), a medida que el Diablo se convierte en tu maestro, te sientes más cómodo con el poder natural y el magnetismo que atrae a los demás hacia ti. Descubres que eres capaz de desplegar una enorme creatividad cuando confías en tus instintos y te enfrentas a lo que antes te aterrorizaba. Esto puede convertirse en un deseo de explorar tradiciones, lugares y temas tabúes ocultos, o bien en una fascinación por los poderes de la oscuridad y el misterio.

Con el tiempo, te das cuenta de que el poder definitivo reside en tener la capacidad de elegir tus propios valores. Descubres que todos esos secretos y manipulaciones asumieron el poder sobre ti al obsesionarte. Al admitir tus miedos y sacarlos de las sombras, obtienes el poder personal para reírte de las constricciones y liberar todo tu potencial creativo.

Famosos con un 6 simple

Entre los famosos más conocidos que tienen un 6 simple, John Lennon, Charles Schulz, Stephen King y H. G. Wells utilizan la sátira y el humor para exponer los miedos ocultos de la especie humana. Stieg Larsson reveló las dimensiones ocultas de la violencia en el racismo y los crímenes contra la mujer. Las investigaciones de Einstein dieron a conocer el poder y, en sus términos, la «amenaza» de la bomba atómica, pero también dijo (con razón o no): «Puede intimidar a la raza humana para que ponga orden en sus asuntos internacionales, lo que, sin la presión del miedo, no haría». Nietzsche, expresando el lado del Diablo, creía en la plena expresión de nuestra crueldad, valor y orgullo para acceder a nuestro verdadero poder. John Lennon personifica al Amante en su letra «Y al final, el amor que recibes es igual al amor que has dado».

Friedrich Nietzsche (filósofo), 15/10/1844.
William Randolph Hearst (editor), 29/04/1863.
Edvard Munch (artista), 12/12/1863.
H. G. Wells (escritor), 21/09/1866.
Vladimir Ilyich Lenin (líder político), 22/04/1870.
Sergei Rachmaninoff (compositor), 01/04/1873.
Albert Einstein (físico), 14/03/1879.
Charles Schulz (dibujante), 26/11/1922.
Sandra Day O'Connor (jueza del Tribunal Supremo), 26/03/1930.
John Lennon (músico), 09/10/1940.
Kim Jong-il (líder de Corea del Norte), 16/02/1941.
Jesse Jackson (activista por los derechos civiles), 08/10/1941.
George W. Bush (presidente de Estados Unidos), 06/07/1946.
Stephen King (escritor), 21/09/1947.
Meryl Streep (actriz), 22/06/1949.
Stieg Larsson (periodista y escritor), 15/08/1954.
Michael Jackson (músico/artista), 29/08/1958.

Eddie Murphy (actor, comediante), 03/04/1961.
Jeff Bezos (fundador de Amazon.com), 12/01/1964.
Sarah Palin (política), 11/02/1964.
Kim Hee-sun (actriz), 25/02/1977.
Justin Timberlake (músico, actor), 31/01/1981.
Britney Spears (música, actriz), 02/12/1981.
Rafael Nadal (tenista), 03/06/1986.

El Diablo (15) como carta de la personalidad

(Esto se aplica si tienes un 15-6)

Impulso de separación; elección del miedo; nosotros mismos en relación con el mundo

El Diablo representa el poder y la creatividad brutos e indómitos. Este señor del mundo material, temido como peligroso para el Yo y la sociedad, es representado por el diablo en una imagen elaborada a partir de rasgos de los dioses de religiones suprimidas, lo cual demuestra que es más fácil retorcer y distorsionar esa fuerza que deshacerse de ella. Esta figura fue concebida a partir de los murciélagos que vuelan en la noche, las cabras en celo, las garras de un ave de rapiña y nuestras pesadillas y miedos a lo que los demás puedan descubrir de nosotros.

Por lo tanto, el Diablo representa lo que tú, como 15-6, intentas mantener oculto o reprimido. Al ser una carta asociada al signo de tierra Capricornio, prefieres encontrar una forma bien estructurada que contenga tus miedos para mantenerlos separados de tu sentido del Yo. Esta carta también representa la parte de ti mismo que se considera «mundana», básica o material, la que la cultura occidental ha intentado separar de la espiritual y con la que, puesto que tu carta del alma es la de los Enamorados, siempre te esforzarás por unirte.

Tal vez seas ambicioso y estés dispuesto a explorar tanto las alturas como las profundidades de la experiencia al servicio de esa ambición. Sacrificas tus propias necesidades y las de tus seres queridos en aras de los ideales que te obsesionan, lo que dificulta la convivencia contigo. Trabajas con ahínco y te diviertes mucho. Pareces distante y frío, y aparentas un aire de formalidad ante quienes ignoran lo apasionado que eres cuando te comprometes con algo. Tu orgullo es beneficioso porque reconoces tus capacidades y es perjudicial porque fomenta distinciones artificiales entre tú y los demás. Robert Browning, un 15-6, lo reconoció cuando escribió «¡como si el verdadero orgullo/no fuera también humilde!».

Al sentirte, en última instancia, solo en tu libertad para elegir un propósito vital, o bien te conviertes en un romántico audaz, que defiende una ética moral estricta como método para mantener la sociedad unida, o bien luchas contra la desesperación y el desconcierto de un universo carente de sentido que no ofrece ni recompensa ni castigo y que, por tanto, hace que toda acción sea absurda.

Probablemente creciste dentro de una visión del mundo rígida, aunque bien estructurada, en la que ciertos comportamientos eran correctos sin importar lo que de verdad ocurriera bajo la superficie. Más tarde, abriste los ojos dolorosamente al contraste entre este mundo de etiqueta social y el mundo real, con su engaño subyacente y la falta de conexión profunda en las relaciones personales. «El género humano/no es capaz de soportar mucha realidad», afirmó T. S. Eliot, que era un 15-6.

Quizá te veas a ti mismo como una especie de incauto o tonto que trata de imaginarse libre cuando se sabe constreñido por los límites del yo, la sociedad y el mundo natural, que escapan de su control. En tu afán por descubrir quién eres, analizas las condiciones sociales y el carácter humano. Crees que si pudieras tener el control sobre una situación, serías libre.

A menudo, los 15-6 trabajan para descubrir los aspectos ocultos de nuestra cultura. Elizabeth Kübler-Ross, por ejemplo, expuso nuestro miedo a la muerte y a morir. Mike Wallace y Eleanor Roosevelt se esforzaron por descubrir el fraude al consumidor y declarar nuestros derechos humanos. Muchos 15-6, como Ibsen y T. S. Eliot, nos ofrecen una imagen del ser humano reaccionando a la vida en un mundo constreñido por un sentido de separación, una visión en la que la falta de responsabilidad se confunde con la libertad; con lo que, en última instancia, pecamos por nuestra incapacidad de amar.

La cuestión principal para los 15-6 radica en su relación con el universo. ¿Cuál es el lugar de los seres humanos? ¿Cómo encajamos en la estructura? En distintos momentos nos hemos percibido de manera diferente: en ocasiones llegamos a creer que somos dioses, en otras nos vemos a imagen y semejanza de un demonio o un monstruo, y a veces incluso somos conscientes de nuestra insensata prepotencia al pensar que estamos hechos a imagen y semejanza de algo, en lugar de por pura casualidad. ¿Cuál es la naturaleza del hombre: ser dios o bestia? Ram Dass, un 15-6, en su libro *Grist for the Mill* [Grano para el molino], concluye: «Nos estamos entrenando para no ser nadie especial. Y es en ese no ser nadie especial donde podemos ser alguien».

O te tomas a ti mismo muy en serio o te ves con ironía y te ríes de tus debilidades demasiado humanas y de la bestialidad oculta que te impide ser alguien.

Para los 15-6, el reto consiste en mantener la honestidad divina y la libertad interior en las relaciones, al mismo tiempo que se sienten diabólicamente seguros en el mundo.

Famosos 15-6

A la cabeza de la lista están los famosos amantes Elizabeth Barrett Browning («¿De qué modo te amo? Déjame que cuente las formas...») y Robert Browning. Es de destacar que muchos 15-6 han escrito obras de teatro y cine, con especial énfasis en el «teatro del absurdo», que retrata nuestro dilema existencial de poder elegir en un universo sin sentido. Coppola y Bradbury exploraron el lado más oscuro de la literatura, y tampoco debemos olvidar las representaciones más refinadas del mal de Agatha Christie. La capacidad de explorar el mal a través del arte es especialmente interesante.

Elizabeth Barrett Browning (poeta), 06/03/1806.
Robert Browning (poeta), 07/05/1812.
Henrik Ibsen (dramaturgo), 20/03/1828.
Lewis Carroll (escritor, matemático), 27/01/1832.
Eleanor Roosevelt (primera dama de Estados Unidos, humanista), 11/10/1884.
D. H. Lawrence (escritor), 11/09/1885.
T. S. Eliot (poeta, dramaturgo), 26/09/1888.
Agatha Christie (escritora de misterio), 15/09/1890.
Buckminster Fuller (ingeniero de diseño), 12/07/1895.
Jean-Paul Sartre (filósofo, dramaturgo), 21/06/1905.
Samuel Beckett (dramaturgo), 13/04/1906.
Jean Genet (dramaturgo), 19/12/1910.
Jackson Pollock (pintor), 28/01/1912.
Michelangelo Antonioni (director de cine), 29/09/1912.
Richard Nixon (presidente de Estados Unidos), 09/01/1913.
Mike Wallace (comentarista de televisión), 09/05/1918.
Aleksandr Solzhenitsyn (escritor), 11/12/1918.
Isaac Asimov (bioquímico, escritor de ciencia ficción), 2/01/1920.
Federico Fellini (director de cine, escritor), 20/01/1920.
Ray Bradbury (escritor de ciencia ficción), 22/08/1920.
Elizabeth Kübler-Ross (escritora sobre la muerte), 08/07/1926.
Harold Pinter (dramaturgo), 10/10/1930.
James Dean (actor), 08/02/1931.
Ram Dass (Richard Alpert) (maestro espiritual), 06/04/1931.
Francis Ford Coppola (director de cine), 07/04/1939.

Los 6 de los arcanos menores

Los 6 nos enseñan a mantener las relaciones. Son los dones y los retos que quienes están en la constelación de los Enamorados deben afrontar a la hora de relacionarse con los demás y con el mundo que los rodea. Todos los 6 de los arcanos menores, que en el sistema de la Aurora Dorada representan lo mejor de su palo, buscan un equilibrio recíproco de energías.

6 de bastos (2-11 de agosto, 10°-20° Leo, fuego fijo)

El 6 de bastos representa el don de la victoria que se puede alcanzar trabajando con otros para lograr un objetivo. Tanto el líder como los seguidores salen victoriosos. De la lucha de ideas en el 5 de bastos surge un tema dominante y un líder. Pero este no podrá hacer nada sin el apoyo y el respaldo de sus seguidores. Esto demuestra la relación recíproca que necesariamente existe entre cualquier líder y quienes lo siguen, entre el presidente y el comité, si quieren tener éxito.

Esta carta señala la confianza en uno mismo y el orgullo que se desprende de la resolución creativa de un problema. Cuando tu trabajo es reconocido, te sientes elevado por encima de los que te rodean. Sin embargo, a veces tu orgullo te hace olvidar de dónde vienes y a quienes te ayudaron a llegar donde estás.

Cuando posees alguna aptitud o influencia que puede ayudar a los demás, tienes la responsabilidad de ponerte a su servicio, utilizando tus facultades para que todo el mundo salga ganando. Al tomar tus decisiones, debes plantearte si actúas por amor, que te lleva a la libertad a través de la comprensión, o por miedo, que te lleva a la culpa y a la esclavitud.

6 de copas (2-12 de noviembre, 10°-20° Escorpio, agua fija)

El 6 de copas representa el intercambio de amor y placer que dos personas pueden aportarse mutuamente. Aprovecha tus oportunidades para hacer saber lo que sientes a tus seres queridos. No te reprimas o te arrepentirás más adelante.

Eres un romántico que siempre caerá en la rutina de los corazones y las flores. Te gusta que te llenen de amor y estás ávido de palabras tiernas y de un abrazo cariñoso.

Después de la decepción y el dolor del 5 de copas, el 6 de copas plantea la verdadera prueba. ¿Estás dispuesto a aceptar una disculpa, a perdonar y a dejar de lado tu dolor? ¿Puedes ser tú el primero en pedir perdón? ¿Los recuerdos de vuestra felicidad juntos son lo suficientemente fuertes como para sosteneros durante las separaciones? Quienes tienen la carta de los Enamorados como carta de la personalidad o del alma deben aprender a amar con la confianza y la receptividad de un niño.

6 de espadas (30 de enero - 8 de febrero, 10°-20° Acuario, aire fijo)

El 6 de espadas representa el don del apoyo en la adversidad. Es la capacidad de permanecer junto a alguien cuando todo le va mal o de ayudarlo en los momentos difíciles y en las transiciones hacia nuevas fases. También es el reto de mantener la perspectiva personal y la tranquilidad mental en épocas de agitación.

Esta carta indica que tienes que estar dispuesto a «atravesar el río» para ver el punto de vista de la otra persona. Para resolver las discusiones has de «poner todas las cartas sobre la mesa» a fin de lograr claridad y una comunicación relajada. Cuando te sientas atrapado por las obsesiones, los miedos y el pánico del Diablo, debes dirigirte a algún lugar (interior o exterior) donde puedas aclarar tu mente y ordenar tus pensamientos. En situaciones en las que ha habido maltrato mental o físico, es necesario tomar distancia y apoyo para ganar perspectiva. Con la distancia es posible elevarse por encima de la situación particular para poder empezar a ver el conjunto y determinar su significado y las acciones necesarias. Hay momentos en los que debes apartarte de los demás, para romper con los patrones de relación que te obsesionan y te atan.

6 de pentáculos (1-10 de mayo, 10°-20° Tauro, tierra fija)

El 6 de pentáculos ofrece el don del éxito en las relaciones, que se logra a través de la generosidad de espíritu y de compartir tus recursos. Hay que valorar en la misma medida los deseos y las necesidades de cada persona. En el mejor de los casos, el amor te proporciona una sensación de abundancia que compartes magnánimamente, sin miedo a quedarte sin nada. La benevolencia es un recurso infinitamente renovable.

Muchas de nuestras relaciones, tanto personales como globales, se basan en la dinámica entre los que tienen y los que no. Repartir tus atenciones, promesas, «favores sexuales» o finanzas puede ser un medio manipulador para mantener a la gente atada a ti. Tu reto es dar sin condiciones, según tu capacidad, y, por el contrario, recibir lo que se da libremente. Solo así encontrarás verdadera estabilidad y seguridad en tus relaciones.

Cuando el éxito se mide en términos de lo que das, todo el mundo lo comparte. Cuando se mide en términos de lo que obtienes, estás encadenado a la necesidad de más.

La constelación del Carro

Capítulo 11

La constelación del Carro 16-7

La Torre (16)
El Carro (7)

7 de bastos	7 de copas
7 de espadas	7 de pentáculos

El principio de la maestría a través del cambio

El Carro	
Correspondencia astrológica:	Cáncer.
Funciones de las cartas dentro de la constelación:	Maestría; energía controlada y dirigida.
La Torre	
Correspondencia astrológica:	Marte.
Funciones de las cartas dentro de la constelación:	Avance; energía iluminadora desatada.

Arquetipo del alma: héroe, guerrero, búsqueda, poder.

Palabras clave: inicio. Causante. Estimular. Controlar. Avanzar. Autodesarrollo. Perspicacia. Desarrollar y soltar. Conflictos y pruebas.

Si tienes un 7 simple (7-7), lee:

El Carro (7) como carta de la personalidad o del alma.

La Torre (16) como factor oculto.

Famosos con un 7 simple.

Los 7 de los arcanos menores.

Si tienes un 16-7, lee:

El Carro (7) como carta de la personalidad o del alma.

La Torre (16) como carta de la personalidad.

Famosos 16-7.

Los 7 de los arcanos menores.

El Carro (7) como carta de la personalidad o del alma

(Esto se aplica si tienes un 7 simple o un 16-7)

Dominio; energía controlada y dirigida

El Carro representa el autodominio y el control y, por tanto, la victoria. Es una carta relacionada con Cáncer, pero Aleister Crowley la llama Marte en Cáncer, lo que da una mejor descripción de las energías contrarias que se encuentran aquí. El Carro es como el cangrejo en su caparazón, blindado y protegido para que sus tiernas emociones e intuiciones internas no queden expuestas. Por otro lado, se presenta exteriormente como el protector dinámico de los demás, el guerrero que sale sin miedo al encuentro de su adversario. Con el Carro, eres tanto el guerrero como el cangrejo.

Te tomas muy en serio tu trabajo y otras funciones personales. Por ejemplo, si eres un hombre de negocios, te pones tu traje de ejecutivo como si fuera la armadura del auriga. Después del trabajo, te cambias de ropa para presentarte como una persona desenfadada o deportista. No temes el peligro, sino que alguien se meta en tu piel.

Tienes una apariencia externa que dice que puedes cuidar de ti mismo. Sin embargo, eres propenso a enfadarte y a provocar el enfrentamiento, como sugieren las lunas en los hombros* del auriga.

Te gusta llevar las riendas, controlar las situaciones y prepararte para triunfar. Con la mente firmemente fijada en tus objetivos, te mueves con rapidez y seguridad hacia ellos. Sin un sentido de propósito, podrías quedarte estancado y volverte inflexible. Los acontecimientos inesperados y las escenas emocionales son perturbadores. Te pones la armadura para protegerte de una caída o de las críticas o para evitar que los demás conozcan tus verdaderos sentimientos.

Tus ideales son elevados y puedes llevar tu consciencia por encima de lo mundano. Tu fuerza motivadora proviene de tu mente inquisitiva, del mismo modo que la esfinge era conocida por interrogar a los viajeros. Siempre estás buscando las respuestas. Con frecuencia, tus emociones e instintos se contradicen sobre la dirección que debes tomar, de manera que, a través del uso firme de tu voluntad, centrada en tu objetivo, eres capaz de manejar tus perspectivas conflictivas y avanzar. A veces da la impresión de que tus conflictos y sentimientos te destrozarán.

Con Cáncer como tu significador astrológico, tienes fuertes raíces en tu familia, tu pueblo y tu país. Te consideras su defensor. Aunque te gusta viajar, no olvidas nunca tu origen. Tus raíces te proporcionan seguridad y un reconfortante flujo de sentimientos. Sin embargo, para probarte a ti mismo y desarrollar tu capacidad de dominio, debes salir al exterior. Así que mientras una parte de ti quiere mantener los valores e ideales de tus orígenes, otra te impulsa hacia el desarrollo personal y la individuación.

* N. del T.: En el original, *to have a chip on your shoulder* ('llevar una astilla en el hombro'). La expresión parece tener su origen en el siglo XIX en Estados Unidos. El acto de colocarse una astilla de madera sobre el hombro era un gesto equivalente al abofeteo con guante para retar a duelo. En el caso de la astilla, quien la llevaba se enfrentaba al oponente y lo desafiaba a que tratara de quitársela. Así comenzaba la pelea.

Muchas de tus tareas implican derribar los viejos cimientos que son incompatibles con las nuevas ideas o enfrentarte a todo lo que se interpone en el camino del «progreso» y destruirlo.

Como 7, tienes una conciencia de «ruptura», es decir, la capacidad de ver lo viejo en formas nuevas y excitantes y de esa manera recuperar su utilidad. Destruyes todo lo que no se puede transformar en nuevos conceptos. Tus esfinges (o caballos en algunas barajas) tiran en dos direcciones opuestas, quizás entre el deseo de progreso y el de dejar las cosas intactas. Cuando te desafían, no te quedas quieto, sino que te defiendes y avanzas con audacia.

A la larga, necesitas establecer un equilibrio, para que todas las partes de ti mismo estén bien encauzadas y tu voluntad empuñe las riendas. Tu tarea consiste en desarrollar una identidad firme en torno a un principio rector interno. Para lograrlo, te vendría bien alguna forma de meditación o práctica que te ayude a centrarte, tal vez un arte marcial.

La Torre (16) como factor oculto

(Esto se aplica si tienes un 7 simple)

Con la Torre como tu factor oculto, tienes miedo a perder el rumbo, al descontrol o a quedar vulnerable y desprotegido. Los cambios a mitad de camino o el abandono de los planes te sacuden hasta las raíces. Cuando esto sucede, te atrincheras hasta que consigues evaluar los daños. O bien pierdes a menudo los estribos para desahogarte o controlas tus sentimientos con tanta fuerza que estás convencido de que nunca te enfadas.

Quizá tengas miedo de tu propia furia y de hasta dónde sea capaz de llegar si la expresas. Por el contrario, también podrías haber descubierto inconscientemente que mostrar tu ira es una forma eficaz de romper la resistencia, aunque negarías que es tu manera habitual de proceder. En ocasiones, los 7 tienen un temperamento violento, que se libera cuando sus frenos normales se ven afectados por la bebida, las drogas o la agitación emocional.

Hay momentos en los que tienes que rechazar ideas o incluso parte de tu trabajo, y esto te pondrá de los nervios; sin embargo, te sirve para despejar el camino y permitirte empezar a construir de nuevo. Tienes miedo de que los demás vean más allá de tu coraza y descubran que eres una criatura indefensa e hipersensible. A medida que la Torre se convierte en tu maestra, agradecerás que te brinde la oportunidad de erigir una «fachada» más adecuada.

Controlas tu desahogo sexual y puedes aprender a dirigir y concentrar las energías mediante prácticas tántricas. O, por el contrario, demuestras tu virilidad mediante una exhibición de poder sexual. La guerra y el sexo, la ira y la pasión te estimulan, pero tu tarea es dirigirlas siempre hacia un propósito más elevado. Es fundamental que aprendas a tener paciencia con tu impetuosidad.

Con el tiempo, aprendes a respetar tu poder y a reconocer la necesidad de liberarlo a través de la cólera o las epifanías. Si intentas detener estas fuerzas desintegradoras, solo conseguirás una catástrofe personal o una rigidez total. Al estar centrado en un objetivo, es posible que no te des cuenta de hasta qué punto has construido una estructura interior inflexible. Por ello, necesitas de un destello de lucidez o de algún tipo de conmoción que te libere de la prisión de ti mismo.

A medida que la Torre se convierte en tu maestra, aprendes a canalizar su luz como fuerza curativa. Asimismo, aprendes a aceptar tus derrotas y a retirar los escombros de lo que ya no te sirve. Necesitas avanzar en la consecución del autodominio, ya sea a través de un ayuno de depuración, una limpieza de la casa, tirando la ropa vieja que representa viejos roles y personalidades, o liberándote de personas y lugares que perjudican tu desarrollo.

A menudo, es una experiencia devastadora de la Torre, bien para ti o para los demás, lo que te indigna y enardece lo suficiente para convertirte en militante de una causa, en portavoz o protector de una persona o situación que necesitan ayuda. Una situación de este tipo puede constituir tu mejor oportunidad.

Famosos con un 7 simple

Se podría decir que una frase clave relativamente corta para esta muestra es «a mí nadie me dice lo que tengo que hacer». En mi lista hay dos miembros de la Orden Hermética de la Aurora Dorada (Golden Down), cuya tradición de tarot sigue este libro. Hermann Hesse destaca por sus novelas de búsqueda arquetípica. La mayoría de estos personajes eran famosos por sus actitudes transgresoras y la ruptura de las convenciones sociales, así como por su estilo de vida altamente individualista. Johnny Depp admitió sentirse muy identificado con su personaje de pirata, el capitán Jack Sparrow, un aventurero transgresor pero magistral donde los haya.

Erik Satie (compositor), 17/05/1866.
Marcel Proust (escritor), 10/07/1871.
Gertrude Stein (escritora, mecenas), 03/02/1874.
Aleister Crowley (ocultista, tarotista), 12/10/1875.
Hermann Hesse (escritor), 02/07/1877.
Paul Foster Case (ocultista, tarotista), 03/10/1884.
Rocky Marciano (boxeador), 01/09/1923.
Niki de Saint Phalle (artista, cineasta, tarotista), 29/10/1930.
Saddam Hussein (presidente iraquí), 28/04/1937.
Nancy Pelosi (política), 26/03/1940.
Bruce Lee (actor, artista marcial), 27/11/1940.
Deepak Chopra (escritor), 22/10/1946.
Hajo Banzhaf (tarotista), 15/05/1949.
James Cameron (director de cine), 16/08/1954.
Diana Spencer (princesa de Gales), 01/07/1961.
Johnny Depp (actor), 09/06/1963.
Julia Roberts (actriz), 28/10/1967.

Carrie Underwood (cantante de *country*), 10/03/1983.
Taylor Swift (cantante de *country*), 13/12/1989.

La Torre (16) como carta de la personalidad

(Esto se aplica si tienes un 16-7)

Avance; energía iluminadora desatada

La Torre representa la revelación que golpea tu corona y destroza todo lo que es rígido e inflexible. Simboliza las catástrofes naturales de tu vida que te empujan a construir constantemente estructuras nuevas y más apropiadas o a encontrar un refugio para resguardarte de la tormenta. Como 16-7, capeas bien estas tormentas, porque no te queda más remedio. A menudo te encuentras con grandes dificultades y actúas en contra del criterio general, pero continúas con determinación. Como afirmó desdeñosamente Dostoievsky, un 16-7: «Lo que más teme la gente es dar un primer paso en una nueva dirección, pronunciar una nueva palabra». Tienes una gran fuerza de carácter, estás dispuesto a ser tú mismo y puedes aguantar los golpes sin dejar que te desvíen de tu propósito. Te tomas con calma los contratiempos. Quieres lograr grandes avances y sabes que, si eludes tu tarea, nunca se producirán.

A menudo, los cambios importantes en tus circunstancias te impulsan a tomar una dirección enteramente nueva o alteran tu situación vital. Tu camino está lleno de adrenalina y altibajos emocionales que el Yo Carro intenta controlar.

Eres capaz de superar todos los obstáculos y cumplir con todas tus tareas. Al igual que Thomas Huxley, un 16-7, crees que «la gran finalidad de la vida no es el conocimiento, sino la acción» (de su ensayo *Technical Education* [La educación técnica]). No te importa mostrar tu enfado y no te molestas en ocultar tu temperamento, ya que te das cuenta de que es saludable expresarlo y de que así se despeja el ambiente más rápidamente que si te lo guardas.

Con una carta de personalidad nocturna, los 16-7 contienen su propia sombra en las cualidades de la Torre. Sus aspectos sombríos son el orgullo, la arrogancia y la creencia de que están por encima de las normas que rigen a los demás. Tu elevado intelecto y tu afán de llegar a todo lo alto conllevan el riesgo de una caída. Quizás te sientas una víctima, inocente pero castigada. Tu vehemencia y tu pasión personales y tu afán por «quemar la vela por ambos extremos» pueden agotarte, dejándote deprimido y alienado.

Sin embargo, tienes el potencial de aprender a utilizar la fuerza de la luz para sanar. Y puedes ser un destello de inspiración, un modelo para los demás.

Famosos 16-7

Entre los ejemplos de famosos 16-7 se encuentran muchos científicos que han intentado sondear las profundidades del universo invisible: Pasteur, Huxley, Rhine, Reich y Hawking. Daguerre intentó «fijar» el destello de luz que crea una fotografía. Otros se interesaron por la relación entre la neurosis individual y la cultural y por cómo liberar las energías reprimidas sin resultados patológicos o destructivos. Thomas exclamó en un poema a su padre: «No te adentres suavemente en esa hermosa noche/Rabia, rabia contra la muerte de la luz». Luego está la extraña trinidad de Arthur Miller, Marilyn Monroe y John F. Kennedy.

Cristóbal Colón (explorador), 31/10/1451.
Louis Daguerre (inventor, fotógrafo), 18/11/1787.
George Eliot (escritora), 22/11/1819.
Fyodor Dostoievsky (escritor), 11/11/1821.
Louis Pasteur (químico), 27/12/1822.
Thomas Huxley (biólogo), 04/05/1825.
Emily Dickinson (poeta), 10/12/1830.

William Morris (escritor, artista), 24/03/1834.
Pyotr Tchaikovsky (músico, compositor), 07/05/1840.
Paul Gaugin (pintor), 07/06/1848.
C. C. Zain (tarotista, tarot de la Iglesia de la Luz), 12/12/1882.
Walter Gropius (arquitecto), 18/05/1883.
Herman Goering (político alemán), 12/01/1893.
J. B. Rhine (parapsicólogo), 29/09/1895.
Wilhelm Reich (psiquiatra, biofísico), 24/03/1897.
George Gershwin (compositor), 26/09/1898.
Ansel Adams (fotógrafo, ecologista), 20/02/1902.
Joseph Campbell (mitógrafo), 26/03/1904.
Dylan Thomas (poeta), 27/10/1914.
Arthur Miller (dramaturgo), 17/10/1915.
John F. Kennedy (presidente de Estados Unidos), 29/05/1917.
Marilyn Monroe (actriz), 01/06/1926.
Andy Warhol (artista pop, cineasta), 06/08/1928.
Johnny Cash (músico, compositor), 26/02/1932.
Stephen Hawking (físico), 08/01/1942.
Muhammad Ali (boxeador), 17/01/1942.

Los 7 de los arcanos menores

Los 7 de los arcanos menores son los dones y los desafíos para desarrollar el autodominio, superar los obstáculos y lidiar con la ira. Dado que el número 7 se relaciona con la iniciación, los 7 menores representan las pruebas que tienes que superar para demostrar tu valía. Muestran cómo buscas el dominio sobre tu entorno. Son las pruebas sobre las que triunfas, utilizando los potenciales inherentes al Carro y a la Torre.

7 de bastos (12-22 de agosto, 20°-30° Leo, fuego fijo)

El 7 de bastos representa la necesidad de poner a prueba tu temple, de probarte a ti mismo en el combate, contra los competidores o cuando te enfrentas a obstáculos. Solo entonces sabrás si has aprendido bien tus lecciones. Tu don es tener el coraje, el propósito y la determinación para plantar cara a esos desafíos. Es la voluntad de enfrentarse a la oposición sin retroceder. Cuando te entusiasma algo, expresas tus ideas y defiendes tus valores. Tienes el valor de afrontar las adversidades y superar las dificultades. Tus oponentes ponen a prueba tus limitaciones, pero tú consolidas tu dominio.

Cuando alcanzas una posición de liderazgo como la representada en el 6 de bastos, siempre surgirán otros que te desafíen. El 7 de bastos representa esa competencia: es la envidia de los demás que quieren lo que tú tienes. Como guerrero, te encontrarás con situaciones en las que parece que todo el mundo está en tu contra. Debes ser realista con respecto a tus posibilidades y no dejar que la ira te acorrale. Pon tu mirada en el lugar donde quieres emplazar tu próxima marca.

7 de copas (13-22 de noviembre, 20°-30° Escorpio, agua fija)

El 7 de copas representa tu capacidad para conjurar visiones, fantasías y sueños. Eres capaz de imaginar posibilidades y verlas claramente en tu interior. En esta carta te ves a ti mismo intentando elegir una sola opción entre varias, cada una de ellas con sus propios peligros y recompensas. Como tus habilidades y destrezas están tan bien desarrolladas, ahora tienes que decidir dónde utilizarlas. Exploras mentalmente las posibilidades, pero debes tener cuidado de no dejarte arrastrar por sueños irreales.

El reto consiste en permitirte sentir tus emociones, para saber lo que de verdad quieres, pero sin dejarte atrapar por fantasías. En el peor de los casos, te quedarás estancado en la indecisión o permitirás que tus emociones te abrumen. La prueba consiste en observar tus deseos más profundos y elegir uno en el que centrarte. Si tratas de prestar atención a todos, acabarás exhausto. También podrías elegir y descubrir que tu elección se desvanece como el humo. Debes aprender a reconocer qué objetivos tienen suficiente significado y poder para sustentarte.

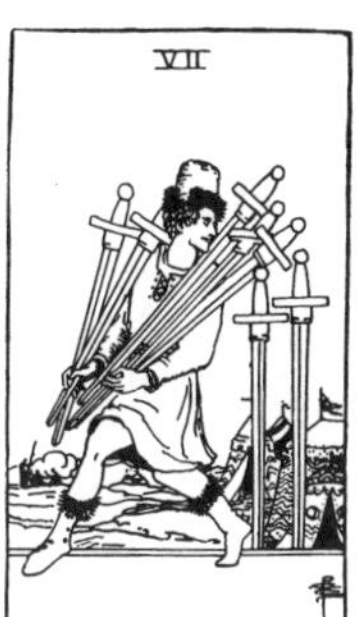

7 de espadas (9-18 de febrero, 20°-30° Acuario, aire fijo)

El 7 de espadas indica que tienes ingenio y astucia, con la capacidad de crear planes y estratagemas. Cuando todo parece estar en tu contra, encuentras la manera de desarmar al enemigo. También eres capaz de quitarle hierro a una situación mediante la previsión y la preparación, utilizando tu habilidad para cuidar los detalles.

Dado que piensas mejor que los demás, tu reto es utilizar esa capacidad de forma honesta. Porque estás tan empeñado en conseguir tus objetivos que puedes llegar a creer que el fin justifica los medios.

Si es así, podrías verte involucrado en robos, mentiras, estafas y «timos», posiblemente incluso con las mejores intenciones. Cuando ir de frente no te da resultados, crees justificado hacerlo por la espalda. Puedes ser vengativo cuando te enfadas. Como prueba de tu dominio, esta carta podría significar 'poner una pica en Flandes': realizar un gesto atrevido que demuestre tu valentía, habilidad, rapidez y astucia. Al aplicar la energía mental a cada tarea, preparas el terreno para la acción posterior.

7 de pentáculos (11-20 de mayo, 20°-30° Tauro, tierra fija)

El 7 de pentáculos indica que, hagas lo que hagas, hay un punto en el que debes esperar los resultados. Tienes que dejar que el fruto madure a su tiempo. Mientras esperas, surgen pensamientos de tormentas repentinas u otros desastres que pueden destruir toda tu labor. Por lo tanto, tu reto es afrontar y superar las dudas sobre ti mismo que suscitan tu miedo al fracaso y tu aprensión a que tu trabajo no sirva para nada.

Esta carta también se refiere a la responsabilidad de ser el segador y cosechar los frutos para algún propósito personal. Incluso frente a probabilidades tan abrumadoras como las del hombre frente a la naturaleza, sigues tratando de someter estas fuerzas elementales a tus tareas y a tu voluntad. Para ello, debes calcular las probabilidades y sembrar las semillas que tienen más posibilidades de crecer. Sin embargo, en última instancia, hay que dejar a un lado las expectativas y cultivar la paciencia.

La constelación de la Fuerza

Capítulo 12

La constelación de la Fuerza 17-8

La Estrella (17)
La Fuerza (8)

8 de bastos — 8 de copas
8 de espadas — 8 de pentáculos

El principio del coraje y la autoestima

La Fuerza	
Correspondencia astrológica:	Leo.
Funciones de la carta dentro de la constelación:	El coraje de tus convicciones y el reconocimiento de tu poder interior.
La Estrella	
Correspondencia astrológica:	Acuario.
Funciones de la carta dentro de la constelación:	El coraje de ser tú mismo y el reconocimiento del poder de la fuente.

Arquetipo del alma: heroína, encantadora, ayudante de los animales, poder interior.

Palabras clave: confianza en sí mismo. Destino. Perseverancia. Poder. Fuerza. Energía *kundalini*. Esperanza. Gracia. Equilibrio.

Si tienes un 8 simple (8-8), lee:

La Fuerza (8) como carta de la personalidad o del alma.

La Estrella (17) como factor oculto.

Famosos con un 8 simple.

Los 8 de los arcanos menores.

Si ves el 8 como la Justicia, lee:

La Justicia como número 8.

La Fuerza (8) como carta de la personalidad o del alma

(Esto se aplica si tienes un 8 simple o un 17-8)

El coraje de tus convicciones y el reconocimiento de tu poder interior

La Fuerza representa el equilibrio y la integración de los opuestos. Al igual que el Mago, la mujer de esta carta tiene la lemniscata (signo del infinito) sobre su cabeza. Es la maga o bruja, a veces llamada la encantadora por su capacidad de encantar a los animales domésticos y salvajes. Su poder proviene del reconocimiento de las similitudes en sus naturalezas más que de las diferencias. Es un ejemplo de cómo podemos lograr todo lo que nos propongamos si entendemos nuestro vínculo con el mundo y trabajamos *en armonía con sus principios*. La Fuerza representa estar en sintonía con la naturaleza, no negarla.

Asimismo, demuestra la creencia de que la voluntad y el deseo no están reñidos y pueden trabajar juntos. Al amansar al animal salvaje que llevas dentro, en lugar de «doblegarlo», su voluntad no queda subyugada y su espíritu permanece libre.

Una cita del *Tao Te Ching* muestra la diferencia entre las constelaciones del Carro y de la Fuerza: «Un hombre de coraje con audacia se atreve a morir; un hombre con coraje, pero gentil, se atreve a vivir. De estas dos clases de coraje surgen el daño y el provecho». Retomando a Hemingway, el coraje de la Fuerza es «la gracia bajo presión».

Al ser una bruja/encantadora con una relación astrológica con Leo, eres una persona abiertamente emocional. En parte, tu tarea consiste en comprender tus emociones, no en reprimirlas. Puedes utilizar tus sentimientos apasionados para dotar a tus esperanzas de la energía que las hará realidad. Has de expresarte a tu manera, permitiendo que afloren el entusiasmo, la vitalidad y la visión que hay en ti. Esto requiere valor, porque la sociedad tratará de presionarte para que te amoldes. Tienes que batirte entre tus propias necesidades internas y las exigencias del trabajo y la sociedad.

Eres una comadrona, lo que significa que asistes «a la esposa» en el parto y que la ayudas en ese proceso natural e inevitable. También eres quien da a luz. Sabes que la fuerza de la vida pasa a través de ti con una gran oleada de energía, y a través de tu respiración y empuje, simplemente trabajas con esas fuerzas naturales y te conviertes en parte de ellas. Eres una sanadora que ayuda a los mecanismos propios del cuerpo a mantener la salud. Sabes trabajar con tus propios recursos y eres instintivamente consciente de tus capacidades regenerativas. Como confías en el poder del amor y en las cualidades curativas del tacto, no rehúyes el contacto directo con aquello que necesita tu comprensión.

Como propósito de tu alma, la Fuerza significa que has de poner el corazón en todo lo que crees. Por lo tanto, debes aprender a aceptarte y a aceptar tu naturaleza. Como en los numerosos mitos e historias en los que los animales salvajes acuden en ayuda de una heroína, tienes que dejar que tus instintos participen en todo lo que hagas. Si quieres tener la fortaleza de expresarte y utilizar tus habilidades, debes aprender a amar esa parte tuya que la sociedad quizá llamaría desagradable o poco agraciada. Enfréntate a tus miedos expresándolos. Mira con valentía lo peor que puede pasar. A menudo, una vez expresado lo «peor», verás que aunque parezca algo terrible, no solo es soportable, sino incluso beneficioso.

Eres un sobreviviente. Los demás perciben tu deseo inherente de vivir como una fuerza y una perseverancia inquebrantables, que nunca se deja vencer por las adversidades. En cualquier lucha, tienes la ventaja de lograr empatizar con tus adversarios para saber lo que están sintiendo y pensando. También reconoces que los carceleros y asesinos de la vida son tu yo que permanece en la sombra y que, al odiarlos, te conviertes en ellos. Cuando aprendes a amar lo que temes de ti, empiezas a hacerte amigo de ello y encuentras la fuerza para sobrellevarlo.

Cuando te niegas a expresar tus emociones, estas se desbordan sin previo aviso y rompen vínculos de forma destructiva o bien dan lugar a arrebatos pasionales. Los sentimientos que no has tenido en cuenta pueden engullirte por completo y hacerte temer la vida misma. En el peor de los casos, la Fuerza se ve atrapada en una batalla con la vida que le resulta abrumadora y aterradora. O bien se niega a asumir la responsabilidad de los efectos de sus pasiones, ya que cree que lo único importante son sus propios sentimientos, lo cual la lleva al egocentrismo y al aislamiento.

Es posible que manifiestes calma y serenidad en las emergencias, ya que, instintivamente, comprendes que es peligroso mostrarse asustado. En lugar de perder los nervios, utilizas la firmeza y la dulzura para manejar la situación, primero calmando el pánico y luego examinando las necesidades.

Mientras que el Carro se centra en el progreso, la Fuerza busca cultivar y sacar los mejores resultados. Como la preparación y la poda de un jardín de rosas, cultivas tus deseos y, con perseverancia, produces resultados gratificantes. Del mismo modo que una cascada genera electricidad, aprovechas la fuerza bruta para transformarla en energía para el trabajo.

Hay quienes se identifican fácilmente con el «poder del amor» y con entregarse a las fuerzas de la vida, pero algunos lo proyectan fuera de sí, en la imagen de otro, viendo a esa persona como «fascinante». Esto se ha convertido en parte del mito de la mujer hechicera.

Por ejemplo, para los hombres con esta imagen en mente, existe un miedo a las mujeres y a su poder vital, así como una fascinación: un impulso de atracción/repulsión que ve a las mujeres como devoradoras y arrolladoras o como cariñosas y humanas. Esta fascinación los asusta hasta el punto de querer huir, aunque no sean capaces de hacerlo. O bien idealizan a las mujeres o, por el contrario, las denigran llamándolas «zorras»; en este último caso, lo que sucede en realidad es que le tienen miedo a su propia parte femenina. De esta paranoia surgieron los horrores de las quemas de brujas.

La Justicia como número 8

Si ves que a la carta de la Justicia le corresponde el número 8, esta constelación se centrará en características más frías e intelectuales, como las que se encuentran en los correspondientes signos de aire Libra y Acuario. Sigue siendo la constelación del visionario y del innovador. El deseo idealista de justicia social estará más definido, junto con la atracción por el activismo social y las causas humanitarias. La visión de la Estrella sobre los derechos universales se convertirá en inspiración para la acción, pero puede perderse en principios abstractos. La verdad, la justicia y la integridad son la base de tus convicciones y tu autoestima. El sentido del destino personal de la Estrella conlleva convertir las esperanzas y los ideales en la necesidad del alma de una justicia superior. La razón se ve aquí como la base del impulso de cultivar, civilizar y conservar, en lugar de surgir del instinto y el deseo. Si tienes un 8 simple, se convierten en algo primordial las cuestiones relativas a la justicia y la injusticia y al mantenimiento de los derechos naturales de la persona.

La Estrella (17) como factor oculto

(Esto se aplica si tienes un 8 simple)

Con la Estrella como factor oculto, tiendes a ocultarte tu propia sombra brillante. Es decir, no reconoces tus capacidades y logros, o temes que te falte propósito. O bien puedes pasarte al otro extremo e insistir en ser a todas horas la «estrella del espectáculo». Tu forma de manejar tu carisma o su ausencia es un aspecto fundamental. Puedes creerte superior a los demás y enfurecerte cuando no aprecian tu visión y tus logros. Te sientes insultado cuando te piden que realices tareas de poca importancia. Sin embargo, la perseverancia y la integridad te harán seguir adelante, aunque no entiendas todavía la razón para ello.

Al igual que las brujas de la historia, es posible que sientas que tienes que ocultar tu verdadero yo y no mostrar nunca tu poder (una forma de representar esto es mantener el cabello recogido y escondido a la vista). No puedes ver tus propias cualidades y te crees fea o sin gracia, mientras admiras la belleza de los demás. Tal vez no confíes en tus propias capacidades para sanar o ser creativa.

Quizá temas desperdiciar tus emociones o malgastar tu energía. Esto podría manifestarse como hipocondría, es decir, estar plagado de dolencias porque eres incapaz de verte sano e íntegro. A veces te falta objetividad y distancia de tus sentimientos, de modo que lo ves todo influenciado por tus propias emociones. Puede que creas únicamente en lo que te dicen tus sentidos y te sientas aislado y bloqueado. El peor miedo asociado a la Estrella como factor oculto es la falta de esperanza y la falta de creencia en el futuro. Esto se expresa en el pesimismo y en la falta de confianza en uno mismo. Sin embargo, la fuerza positiva de la Estrella es tan poderosa que la mayoría de los 8 aprenden a superar esa inseguridad.

La Estrella, como tu maestra, brilla en los momentos más oscuros. Se convierte en un impulso para llevar la esperanza al mundo y en una necesidad de ayudar a los demás a reconocer y desarrollar sus capacidades más elevadas. Despierta una rabia contra la injusticia y una dedicación a preservar la vida y nuestros recursos naturales. Crees firmemente en el futuro y deseas dejar algo para las generaciones siguientes. La Estrella te insta a seguir tus instintos y a aceptar tus miedos.

Famosos con un 8 simple

Hay pocas personas con un 8 simple en mi lista de personajes famosos, pero cada vez son más abundantes a medida que avanzamos en el siglo XXI. Muchos de ellos fomentaron el desarrollo de las propias capacidades naturales más allá de lo que se creía posible en su momento.

Ludwig van Beethoven (compositor), 16/12/1770.
Edgar Cayce (psíquico, sanador), 18/03/1877.
Orville Wright (aviador), 19/08/1871.
Grace Slick (música), 30/10/1939.
Joe Namath (jugador de fútbol americano), 31/05/1943.
Paulo Coelho (escritor metafísico), 24/08/1947.
Condoleeza Rice (diplomática), 14/11/1954.
Maharaji Ji (maestro espiritual), 12/10/1957.
Zac Efron (actor), 18/10/1987.

La Estrella (17) como carta de personalidad

(Esto se aplica si tienes un 17-8)

Coraje para ser tú mismo, reconocer el poder de la fuente

La Estrella representa la esperanza en una visión de futuro. Como carta que sigue a la Torre, muestra al individuo liberado de todas las máscaras y restricciones, siendo reabastecido por las aguas del inconsciente. Representa la regeneración de la vida tras el Gran Diluvio. La carta muestra a Isis sin velo, vestida de cielo, utilizando los elementos para vincular los propósitos del cielo y la tierra: «Como es arriba, es abajo». Es a la vez la diosa de la Tierra y la diosa de las estrellas totalmente revelada, que señala la subida de las aguas del Nilo y trae la fertilidad a la tierra y la esperanza al pueblo.

Como carta relacionada con Acuario, la Estrella significa que los 17-8 son innovadores. Eres un adelantado a tu tiempo, un inventor y un visionario. Como experimentador, estás dispuesto a probar cualquier cosa al menos una vez. En tu faceta de visionario, eres capaz de ver posibilidades en el futuro o en la distancia, pero no siempre sabes cómo relacionarlas con el aquí y el ahora o con tus circunstancias inmediatas. Por ejemplo, podrías ser alguien capaz de imaginar una forma de tener paz y felicidad en la Tierra, y quizá, al mismo tiempo, te cueste mantener la paz con tu vecino.

Una de tus principales tareas de aprendizaje como 17-8 es revelarte y ser receptivo. Solo cuando dejes a un lado todas las pretensiones y seas capaz de expresar desinhibidamente tus esperanzas y visiones, lograrás empezar a vivir tu destino sin impedimentos.

Como 17-8, tu sentido del destino o de la suerte está muy presente. Cuando te miras en el espejo, no solo te ves a ti mismo, sino que también ves el reflejo de algo mucho más grande, un sentimiento de destino personal que forma parte de un plan universal. William Wordsworth, un 17-8, lo sabía cuando, en su poema *El preludio*, afirmó: «Nadie ha vivido que no haya conocido sus horas divinas». Cuando te decides a vivir de acuerdo con ese destino, y buscas el significado interior de los acontecimientos y las dificultades de tu vida, extraes de sus patrones una fuente de fortaleza y un mar de potencial para inspirar a otros. Tal vez incluso estés dispuesto a esforzarte por lograr un objetivo a largo plazo que sabes que te será imposible de alcanzar en vida.

Pese a que presentas un aspecto frío, incluso distante, ante los demás, en tu interior arde la luz de la inspiración. No te dejas arrastrar por tus emociones en el mismo grado que las personas que tienen un 8 simple. Tienes una mentalidad científica y objetiva que se expresa a través de causas, y un compromiso de reflexionar sobre la sociedad y mostrarle a esta lo que es. Tu sentido de la identidad es más fuerte cuando te identificas con algo externo y superior a ti. Aunque el deseo de fama y reconocimiento es fuerte, y eres muy ambicioso, prefieres ser conocido por tus obras y causas más que por tu vida personal.

Como aspecto de la personalidad del arquetipo de la hechicera, te gustan los rituales, y descubres que a través de las acciones repetitivas y la disciplina personal percibes el orden en tu mundo y puedes experimentar la serenidad y un sentimiento de conexión con el universo. Por esta razón, te será muy útil practicar con regularidad la meditación o aprovechar alguna oportunidad para alejarte de todo. La naturaleza es una fuente de consuelo y curación para ti, y los 17-8 devuelven ese regalo con una implicación en la ecología o la paz mundial.

Con un talento para ver la luz interior y las posibilidades inherentes a las personas, podrías llegar a ser una fuente de inspiración para los demás, aunque a menudo esperas demasiado de la vida de determinados individuos, y es posible que se sientan indignos de la imagen que tienes de ellos. La Estrella representa el foco de tu anhelo de un objetivo inalcanzable de felicidad absoluta.

Tienes un sentido personal de la gracia que, cuando es necesario, puede convertirse en carisma. Crees en ti y en tus capacidades. Cuando hayas sido bendecido con el reconocimiento y las recompensas que crees merecer, intentarás devolver al mundo algunos de tus dones, normalmente a través de alguna causa altruista. Quieres ayudar a redistribuir la riqueza y los recursos y triunfar en situaciones que te permitan hacerlo.

Con una carta de personalidad nocturna, llevas tu propia sombra en tu interior. Esto se manifiesta cuando te involucras tanto en la ayuda a los demás y con los ideales de parentesco que no puedes conectar a nivel individual. Tu preocupación por las causas se ve como una cuestión personal, inseparable de tu sentido de la identidad. Puedes ser extraordinariamente sensible a las opiniones de los demás sobre ti. Oscar Wilde, un 17-8, hizo un comentario pertinente: «Solo hay una cosa en el mundo peor que que hablen mal de ti, y es que no hablen de ti» (de *El retrato de Dorian Gray*).

Otro aspecto de la sombra es estar tan convencido de que hay abundancia de recursos que los despilfarras, creyendo erróneamente que nunca se agotarán. O quizá creas que son tuyos porque las generaciones siguientes podrán desarrollar nuevas tecnologías, tal vez en las estrellas. En última instancia, tu lección es abrirte a la suave voz de la intuición, que, como el pájaro de la carta, canta la canción de tu destino espiritual. Solo así encontrarás recursos personales siempre renovados y podrás soportar el escrutinio del reconocimiento público.

Famosos 17-8

Entre los 17-8 encontramos visionarios e inventores, futuristas e innovadores. También hay un número sorprendentemente elevado de astrólogos, tarotistas y neopaganos, de los que solo se mencionan algunos.

John Dee (astrólogo, alquimista, ocultista), 13/07/1527.
Mary Wollstonecraft (escritora, filósofa social), 27/04/1759.
Mary Shelley (escritora), 30/08/1797.
Brigham Young (anciano mormón), 06/01/1801.
Mary Baker Eddy (fundadora de la ciencia cristiana), 16/07/1821.
Andrew Carnegie (industrial, filántropo), 25/11/1835.
Anna Kingsford (hermetista, antiviviseccionista), 16/09/1846.
Alexander Graham Bell (inventor), 03/03/1847.
Oscar Wilde (escritor), 16/10/1854.
Pablo Picasso (artista), 25/10/1881.

Eden Gray (tarotista), 06/09/1901.
George Orwell (escritor), 25/06/1903.
Jonas Salk (médico, desarrolló la vacuna contra la polio), 28/10/1914.
Nelson Mandela (presidente sudafricano), 18/07/1918.
Timothy Leary (neuropsicólogo, futurista), 22/10/1920.
Paul Newman (actor, filántropo), 26/01/1925.
Stanley Kubrick (director de cine), 26/07/1928.
Yasser Arafat (líder palestino), 24/08/1929.
Neil Armstrong (astronauta), 08/05/1930.
Elizabeth Taylor (actriz), 27/02/1932.
Bob Dylan (músico, compositor), 24/05/1941.
Aretha Franklin (cantante), 25/03/1942.
Barbra Streisand (cantante, actriz), 24/04/1942.
Isabel Allende (escritora), 08/02/1942.
George Harrison (cantante, músico), 25/02/1943.
Annie Leibovitz (fotógrafa), 10/02/1949.
Robin Williams (comediante, actor), 21/07/1951.
Vladimir Putin (primer ministro ruso), 10/07/1952.
Osama bin Laden (fundador de Al-Qaeda), 03/10/1957.

Los 8 de los arcanos menores

Los 8 de los arcanos menores son los dones y desafíos relacionados con el desarrollo de la autoestima, el acceso a tu potencial y la búsqueda y vivencia de tu destino personal. Dado que el 8 es el número del equilibrio y la renovación de las energías, los 8 de los arcanos menores representan las pruebas que hay que superar para transformar la esperanza en realidad.

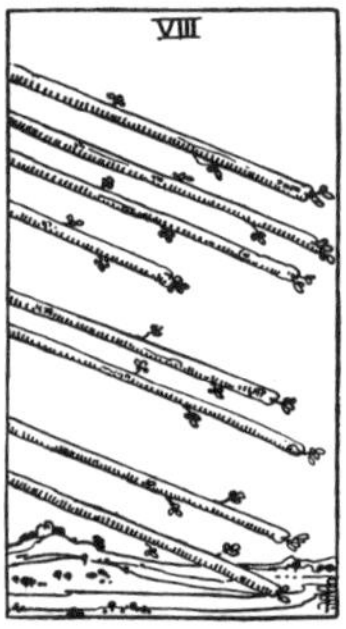

8 de bastos (23 de noviembre - 2 de diciembre, 0°-10° Sagitario, fuego mutable)

El 8 de bastos representa tu capacidad para expresar tus energías de forma creativa a la luz de una dirección o enfoque. Las liberas dinámicamente hacia tu objetivo con la seguridad de que tendrás éxito. Tu entusiasmo puede arrastrar a los demás y conseguir que te acompañen. La libertad de palabra y de expresión personal es vital para ti. Cuando se desata, tu imaginación fluye sin freno. Este estallido de energía puede sentirse como una urgencia por ponerse en marcha o como un frenesí de actividad. A veces necesitas suavizar estos impulsos con una meditación tranquila o un esfuerzo de autocontrol.

Para ti no hay alegría como la de correr libremente o viajar ligero. Te enamoras y desenamoras a la primera de cambio. Probablemente disfrutes con las nuevas tecnologías y las comunicaciones instantáneas. Quizá te entusiasmes más de la cuenta y te dejes llevar por nuevas ideas o pasiones, así que procura no perder la perspectiva. Tu reto es mantener tu dirección e intención mientras te tomas con calma los enamoramientos repentinos y las nuevas ideas.

8 de copas (19-29 de febrero, 0°-10° Piscis, agua mutable)

El 8 de copas representa la capacidad de profundizar en tu interior para regenerar tus energías. Tu naturaleza apasionada y tu ansia de vivir pueden llevarte a abusar del sexo, el alcohol, las drogas o el trabajo, hasta el punto de agotarte. Entonces debes encontrar el valor para retirarte y sanar, aunque tus seres queridos estén ahí para cuidarte. Es posible que te sientas descontento con respecto a la satisfacción exterior, el reconocimiento e incluso las demostraciones de afecto. Quizá recibas mucho amor, cuidados y apoyo, pero en ocasiones sientas que no es suficiente y no sepas qué es lo que te falta. Tienes la sensación de que hay algo más que te atrae hacia lo desconocido. Podría tratarse de una búsqueda espiritual de significado o de un propósito que merezca tu total compromiso y dedicación. Como la luna se muestra llena y menguante (o eclipsada), parece que has materializado algo con la luna llena y ahora debes seguir adelante mientras se desvanece. Tu fortaleza intrínseca y tu esperanza en el futuro son puntos fuertes de los que pueden depender los demás. Quizá algunos se muestren muy necesitados, y sientas que te manipulan o utilizan, además de robarte la energía. Evita ese drenaje psíquico; tómate tiempo para atender tus propias necesidades.

8 de espadas (21-31 de mayo, 0°-10° Géminis, aire mutable)

El 8 de espadas representa un reto importante para el desarrollo de tu potencial. Temes el éxito y el poder, tal vez porque te niegas a aceptar al animal salvaje que hay en tu interior. Te vendas los ojos en sentido figurado para no ver tus capacidades y luego consigues «atarte» para que no se desaten tus pasiones. Refrenas la actividad como forma de evasión y te convences de que no hay alternativas.

Esta carta representa una noción del destino que se refleja en la sensación de estar predestinado y no tener elección. Las espadas representan las creencias que te producen una sensación de impotencia y las razones por las que crees que nada funcionará. Estás convencido de que si das un paso las emociones te desbordarán. Esperas que de repente aparezca un caballero de brillante armadura y te rescate; por eso no haces nada. O te sientes temporalmente estancado o bloqueado por haber cedido tu poder a alguien. El reto consiste en darte cuenta de que tú te has hecho esto a ti mismo. La situación muestra en sentido negativo el poder de la visualización; sin embargo, puedes utilizar ese mismo poder para transformar tus circunstancias. Empieza por reconocer *ahora mismo* en qué parte de tu vida tienes poder. Comienza por ahí, porque al entrar en contacto con tu sensación de poder en cualquier área, empezarás a reconstruir la confianza en ti mismo.

Esta carta indica un tremendo potencial para centrarse en ideas innovadoras y luego liberar un estallido de energía. Es lo que yo llamo la «carta Houdini», que representa el arrinconamiento. Te pones a propósito en una situación en apariencia imposible para forzar una solución realmente creativa. Utilizas tu intuición e ingenio, en lugar de la fuerza bruta, para liberarte.

8 de pentáculos (23 de agosto - 1 de septiembre, 0°-10° Virgo, tierra mutable)

El 8 de pentáculos representa tu capacidad para desarrollar y perfeccionar tu habilidad u oficio. En el 7 de pentáculos, el trabajo estaba en duda; aquí estás seguro de tu propósito. Cuando un objetivo está claramente definido, sigues trabajando en él, aunque parezca tedioso. Algunas situaciones exigen toda tu energía para seguir adelante. Quizá tengas la esperanza de que las cosas mejoren. Aun así, la repetición de actividades de forma ritual te proporciona una sensación de seguridad. Quieres que se te reconozca por tu maestría y estás dispuesto a someterte a un aprendizaje para desarrollar tus puntos fuertes.

Realizas tus actividades con la convicción de que merecen tu tiempo y tu esfuerzo. Miras hacia el futuro, planificas tus movimientos y lo preparas todo con prudencia por adelantado. Esta es una forma de cuidar de ti mismo y de tus propias necesidades.

Una de las mayores habilidades de un artesano es conocer tan bien su medio y su mensaje que trabaja en armonía con ambas naturalezas, para que funcionen juntas de forma óptima.

La constelación del Ermitaño

Capítulo 13

La constelación del Ermitaño 18-9

La Luna (18)
El Ermitaño (9)

9 de bastos	9 de copas
9 de espadas	9 de pentáculos

El principio de introspección e integridad personal

El Ermitaño	
Correspondencia astrológica:	Virgo.
Funciones de la carta dentro de la constelación:	Culminar el karma por medio del servicio; mirar en tu interior; el buscador.
La Luna	
Correspondencia astrológica:	Piscis.
Funciones de la carta dentro de la constelación:	Culminar el karma a través de la evolución; adentrarte en tu interior; la fuente.

Arquetipo del alma: viejo sabio; viaje al inframundo.

Palabras clave: finalización. Perfección. Paciencia. Integridad. Autenticidad. Ilusión (ilusiones frente a la realidad). Karma. Culminación. Viaje a lo desconocido. Prudencia. Razón frente a instinto.

Si tienes un 9 simple (9-9), lee:

El Ermitaño (9) como carta de la personalidad o del alma.

La Luna (18) como factor oculto.

Famosos con un 9 simple.

Los 9 de los arcanos menores.

Si tienes un 18-9, lee:

El Ermitaño (9) como carta de la personalidad o del alma.

La Luna (18) como carta de la personalidad.

Famosos 18-9.

Los 9 de los arcanos menores.

El Ermitaño (9) como carta de la personalidad o del alma

(Esto se aplica si tienes un 9 simple o un 18-9)

Culminar el karma a través del servicio; mirar en tu interior; el buscador

El Ermitaño representa la introspección, la soledad, la integridad personal y la prudencia. Es una carta relacionada con Virgo y la cosecha del grano. (Algunas barajas incluyen el símbolo del trigo en la propia carta o muestran al Ermitaño como el padre Tiempo sosteniendo una guadaña). Cuando el grano maduro se corta, se sacrifica para que se transforme en pan y de esta forma sirva y alimente a los demás. Sin embargo, en primavera, el grano, tras un periodo de letargo bajo la tierra, brotará con nueva vida. Así, la carta del Ermitaño como carta del alma es una metáfora de cómo puedes servir a los demás con el conocimiento que has reunido y que ha madurado y se ha transformado en una forma apetecible. Del mismo modo, tras los largos periodos de introspección que necesitas como Ermitaño, tú también emergerás con nueva vida.

Necesitas estar solo, tener tiempo para ti. Sientes que debes resolver tus propios problemas y que únicamente puedes tomar decisiones por ti mismo, pero estás disponible para ayudar a otros. Siempre tienes un cierto sentimiento de aislamiento, pero también una fuerza interior que proviene de enfrentarte a lo desconocido en solitario.

«Mostrar el camino» es tu acción característica, y con el tiempo servirás como una especie de maestro o modelo para quienes te siguen. Como eres circunspecto y discreto, la gente acude a ti con sus problemas porque no traicionas su confianza. Sabes cómo y cuándo guardar secretos. Tu comprensión de los problemas de los demás los ayuda a aprender a mirar dentro de sí mismos. Enseñas mejor poniendo en práctica lo que crees; sin embargo, eres un perfeccionista y podrías esperar que todos vivieran con el mismo nivel de exigencia. Por ello, la convivencia contigo suele ser difícil, lo que constituye uno de los muchos factores de aislamiento en tu vida.

En tu propia vida, sigues el ejemplo de tus modelos de conducta y aprendes de sus acciones; es decir, no de lo que dicen, sino de lo que hacen. Te reafirmas en lo que crees y confías en la sabiduría que proviene de la experiencia y que ha superado la prueba del tiempo. Sin embargo, esto puede suponer un problema si te niegas a correr riesgos o a abrirte a algo nuevo. Y esto es así porque podrías volverte excesivamente prudente, apegarte a la necesidad de saber exactamente hacia dónde te diriges, resistirte al cambio y querer hacer siempre las cosas como las has hecho hasta ahora. Tu prudencia quizá te haga dudar de las soluciones desconocidas y desconfiar de los comportamientos inconformistas. No quieres llamar la atención ni destacar de ninguna manera, sino ser uno más. Es probable que sigas las convenciones sociales y muestres buenos modales sobre todo para evitar significarte y porque eso hace que el camino resulte más fácil. Como piensas por ti mismo, es posible que seas bastante poco convencional, pero lo eres discretamente, prefiriendo actuar con discreción.

Tu alejamiento social y tu objetividad te impulsan al servicio humanitario. Proyectas tus elevados ideales en obras que beneficien a la sociedad. Solo a través de este servicio puedes, como Ermitaño, realizarte plenamente. No podrías trabajar con éxito únicamente para ti, sino que has de actuar en beneficio de la humanidad.

A los Ermitaños les gusta viajar, pero normalmente lo hacen solos. Sin embargo, tu deseo de soledad y sobriedad esconde una necesidad exagerada de amor y aceptación personal. Como rara vez expresas esta necesidad, podrías fingir que eres emocionalmente autosuficiente e incluso rechazar a los que se acercan demasiado para ponerlos a prueba y ver si de verdad les importas.

Tienes dones mediúmnicos y habilidades psíquicas que son de importancia primordial para tu búsqueda de comprensión interior; sin embargo, te gusta parecer lógico y objetivo, y te enorgulleces de un enfoque analítico para la resolución de problemas. Esto es una estratagema bien desarrollada y seguramente inconsciente para encubrir una conciencia casi instintiva de las situaciones. Aunque tus intuiciones carecen de explicación, al final aprendes a confiar en ellas.

Al ser el último de los números primos, el 9 representa la culminación. Así, los Ermitaños suelen tener algo que completar en esta vida. Tienes la sabiduría de muchas encarnaciones anteriores, que tal vez surja en forma de talentos y habilidades que desarrollas fácilmente. Te resulta muy sencillo entender los conceptos y probablemente de niño parecías «mayor de lo que eras». Las responsabilidades y la toma de decisiones te son impuestas muy pronto por tus padres, o tú esperas impacientemente que se te permita seguir tu propio camino. Estás en esta vida para compartir lo aprendido y liberarlo con el fin de seguir con tu propio desarrollo sin el lastre de las viejas tareas.

Por ello, muchos Ermitaños sienten que tienen un «propósito» y deciden una dirección al principio de su vida. Tienes fuertes energías creativas, especialmente para la síntesis, que aplicas a objetivos definidos. Planificas a fondo y visualizas claramente los resultados que deseas.

Puede que tengas amigos y parientes a los que sientes que conoces desde hace más de una vida. Sin embargo, también puedes liberarte fácilmente de las viejas relaciones, así que no te sorprenda tu capacidad para establecer conexiones profundas durante un breve periodo y luego seguir adelante sin mirar atrás.

A los ermitaños les cuesta mucho pedir ayuda a otros, porque su tendencia natural es volverse hacia dentro. Sin embargo, al permitir que los demás te ayuden, enseñas a la vez que te desprendes de cualquier sensación de autoimportancia limitadora.

De vez en cuando necesitarás apartarte de las preocupaciones mundanas y, de esta manera, consolidar el conocimiento para completar la tarea que tienes entre manos. Esta implica mirar dentro, dejar de proyectarte en otros y simplemente aceptarte a ti mismo. Un 9 siempre vuelve a sí mismo, tanto desde el punto de vista matemático como personal.

La Luna (18) como factor oculto

(Esto se aplica si tienes un 9 simple)

Con la Luna como factor oculto, tienes algunas emociones profundamente escondidas y eres incapaz de ver parte de ti mismo, tal vez porque temes que tus sentimientos y capacidades psíquicas te sobrepasen. Puede haber un alcoholismo latente o una dependencia de las drogas y las sustancias que alteran la mente, apoyados por la negación de tus puntos ciegos. Sin embargo, Maurice Maeterlinck, un 9 simple, lo aceptó diciendo: «Las debilidades de los hombres son a menudo necesarias para el propósito de la vida» (*Joyzelle*).

Tu sombra revela su presencia haciéndote sentir que hay algo dentro de ti, algo mucho más grande que tú mismo, y que no estás seguro de que te pertenezca. Sientes un impulso insatisfecho de actuar. Escuchas una llamada que se dirige a ti desde algún lugar, pero que no logras entender del todo. Te fijas en los demás y tienes la impresión de que todos saben lo que hacen y a dónde van. Y tal vez te sientas confuso hasta que, casualmente, des con un objetivo o una tarea que te parezcan apropiados o experimentes lo que parece ser una serie de coincidencias y luego empieces a avanzar rápidamente en una dirección imprevista. Con el tiempo, aprenderás a tener fe en este proceso.

Tiendes a desconfiar de los demás y temes que hablen a tus espaldas o que, en realidad, no te quieran. Por ello, es posible que por fuera aparentes no preocuparte por nada, cuando lo cierto es que eres muy sensible y ansías que te quieran y te acepten. En tu deseo de agradar a quienes te importan, tiendes a decirles lo que quieren oír y después no entiendes por qué dicen que no eres sincero.

Cuando la Luna se convierte en tu maestra, aprendes a confiar en algún proceso de guía interior. Entonces te das cuenta de que los muros que te separan de otros niveles de consciencia son muy finos. Y, luego, comprendes que tus anteriores sospechas eran los miedos y ansiedades de otros, percibidos con intensidad, incluso cuando no se dirigían a ti. Por fin llega un momento en el que desarrollas compasión y comprensión por la naturaleza humana. Reconoces el sufrimiento ajeno y encuentras formas de aliviarlo.

Es posible que tengas un gran interés por lo oculto y por recuperar tradiciones secretas. Comprendes de forma intuitiva el simbolismo y tal vez vivas experiencias místicas, especialmente si tienes una inclinación religiosa. Tus dones psíquicos y tu gran capacidad de visualización, si están desarrollados, te permiten ayudar a los demás a acceder a sus propios mundos interiores. Podrías llegar a ser un espejo que refleje las esperanzas, necesidades y visiones de un grupo de personas. Al ser tú mismo muy sugerente, eres capaz de influir en los individuos que te rodean y de reflejar lo que no son capaces de expresar. Es decir, tienes la capacidad de actuar como catalizador de la gente. Se trata de una potente habilidad que podría tener resultados imprevistos cuando se activa inconscientemente, pero se puede canalizar conscientemente para el bien de todos, especialmente para sacar a la luz corrientes e intenciones no expresadas.

Famosos con un 9 simple

Aunque en esta muestra no hay suficientes personas con un 9 simple para ver unas pautas definidas, sí que aparece una tendencia que hace que surjan inesperadamente de la oscuridad individuos que muestran al mundo la sabiduría y el vasto potencial de los despreciados y desheredados. Habrá muchas más personas de este tipo nacidas durante la primera mitad del siglo XXI.

Diego Velázquez (pintor), 06/06/1599.
George Händel (músico, compositor), 23/02/1685.
Maurice Maeterlinck (escritor, dramaturgo), 29/08/1862.
Maud Gonne (revolucionaria, maga), 21/12/1866.
Imogen Cunningham (fotógrafa), 04/12/1883.
Zora Neale Hurston (escritora), 01/07/1891.
Evonne Goolagong (tenista), 31/07/1951.
Hugo Chávez (presidente de Venezuela), 28/07/1954.
Scott Cunningham (brujo, escritor), 27/06/1956.
Lance Armstrong (ciclista), 18/09/1971.

La Luna (18) como carta de la personalidad

(Esto se aplica si tienes un 18-9)

Culminar el karma a través de la evolución; adentrarte en tu interior; la fuente

La Luna representa la intuición y la profundización en el inconsciente, donde los velos entre los mundos son muy finos. Con su influjo tomamos conciencia de que la realidad es un sueño, de que el tiempo y el espacio (así como nuestros cuerpos físicos) son meras concepciones, y por tanto todo puede transformarse. Los Ermitaños lunares no tienen habilidades de las que carece el resto de la humanidad, sino que sienten más curiosidad por ellas. Como 18-9, te fascina lo invisible y lo desconocido, lo extraño e incluso lo macabro.

La Luna se relaciona con las vidas pasadas, con la magia y el misterio. Esto implica trabajar con fuerzas y factores ocultos y aprender a funcionar en el ámbito del subconsciente. Imagínate en un sendero de bosque en una noche de luna nueva; podrías avanzar lentamente por el sendero, tropezando a medida que avanzas, o bien, recurriendo a tu sentido intuitivo para saber a dónde te diriges, podrías correr con rapidez y seguridad sin necesidad de ver tu camino. Esto activa un sentido de conocimiento interior en el que los Ermitaños deben aprender a confiar. Tu vida como 18-9 tiende a girar en ciclos como las fases de la Luna, pasando a periodos de mayor conciencia psíquica y una sensación de certeza al respecto y luego a periodos en los que temes que te engañen tus percepciones. Debes aprender que el ciclo tiene sus propios ritmos naturales. La confusión, la ilusión y el engaño de la Luna provienen en parte de intentar hacer algo cuando no es el momento adecuado en el ciclo.

Tu propósito como 18-9 es evolucionar para convertirte en un ser superior. Estás aquí para ocuparte de responsabilidades kármicas específicas. Estas pueden implicar la realización de cambios genéticos reales para ayudar a la evolución de la raza humana. Esto es posible gracias a las capacidades biológicas y psíquicas inherentes a ti como individuo y a las potencialidades de toda la vida del planeta. La manera de convertir la experiencia subjetiva en objetiva es utilizar la imaginación. Al reflejar tu deseo en tu mente, puedes reestructurar las partículas de energía para provocar el cambio objetivo exterior. Crees, al igual que Mohandas Gandhi, un 18-9, que «la ley más elevada es que debemos trabajar sin descanso por el objetivo de la humanidad».

La Luna guarda relación con el uso de las funciones intuitivas en lugar de las racionales. Este conocimiento suele experimentarse a través del cuerpo y no del cerebro. Y en los escritos antiguos, se consideraba que la sede del pensamiento consciente estaba en las entrañas o en el corazón. El conocimiento era algo que provenía de lo más profundo del cuerpo, una sabiduría interior en la que se confiaba. A medida que se desarrollaron las facultades racionales, el pensamiento intuitivo dejó de ser valorado o entrenado. El oráculo de Delfos enmudeció. Cada vez menos personas tenían acceso a este conocimiento, y se llegó a recelar de él. Durante los últimos miles de años, el mundo del inconsciente se ha considerado una trampa delirante. Sin embargo, solo mediante la unión de las conciencias lunar y solar puede nacer la unidad del Espíritu.

La Luna representa la adivinación, cuyo lenguaje son los signos y los símbolos y cuyo significado no siempre es evidente de inmediato. Necesitas perspicacia y paciencia, como indica tu carta del alma, el Ermitaño. La Luna no representa el engaño; es el «glamur» en el que nos envolvemos el que nos engaña. Tal vez llegues a respetar las experiencias invisibles e indemostrables de los demás como experiencias válidas de las que aprender. Y los 18-9 han desvelado históricamente las realidades de nuestra vida interior y exterior.

Al igual que el cangrejo de río de la carta devora todo lo que se descompone y, a partir de ello, construye su casa, tú te das cuenta de la importancia de digerir tu pasado, tus miedos y lo que te has ocultado a ti mismo para experimentar una regeneración moral y psíquica. Aceptas tu destino y, al hacerlo, abandonas el maltrecho refugio que es tu pasado y te refugias instintivamente en tus hábitos. De lo contrario, quedarás atrapado en ensueños nostálgicos, en una actitud pasiva que es el resultado de aspiraciones insatisfechas. Rompe tu caparazón de viejas formas de pensar que te encierran. Pasa por tus deseos salvajes (el lobo) y tu crianza doméstica (el perro) y, caminando entre las torres del pensamiento elevado y el ingenio humano, sigue el camino que te lleva a la alta montaña de la intuición espiritual.

En ocasiones, tu mente pensante se resiste a la expansión necesaria para asimilar nuevos conceptos. Cuando te aventuras más allá del control de la percepción ordinaria, puede producirse una reacción de pánico que te haga sentir que te estás volviendo loco. Es probable que esto indique la entrada en nuevos niveles de conciencia, pero resulta bastante inquietante mientras lo experimentas. Es algo que les ocurre muy a menudo a las personas mayores en nuestra sociedad (que se encuentran en una etapa de desarrollo de ermitaño o bruja). Atraviesan rápidos cambios y expansiones en preparación para su travesía y, a consecuencia de esto, se las tacha de seniles.

Famosos 18-9

La diarista Anaïs Nin es quien mejor caracteriza el proceso interior de un 18-9 en *A Woman Speaks* [Habla una mujer]: «Existe todo el misterio del crecimiento, de la expansión, de la liberación de las trampas que nos tiende la vida. Todas las situaciones difíciles a las que a veces te ves arrojado te llevan de alguna manera a algún sitio, aunque solo sea a través del sueño».

Encontrarás un gran número de personas con intereses en «otras realidades» y muchas que se convirtieron en maestros o en guías a través de reinos místicos, mágicos o psicológicos. También hay una cantidad sorprendente de escritores que podrían caracterizarse vagamente como «realistas imaginativos».

Nostradamus (astrólogo, médico, profeta), 24/12/1503.
Johann S. Bach (compositor), 31/03/1685.
Dante G. Rossetti (artista, poeta), 05/12/1828.
John Muir (naturalista), 21/04/1838.
Auguste Rodin (escultor), 11/12/1840.
Rudolf Steiner (metafísico), 27/02/1861.
Mohandas Gandhi (líder indio), 10/02/1869.
Frank Lloyd Wright (arquitecto), 06/08/1869.
Virginia Woolf (escritora), 25/01/1882.
Kahlil Gibran (poeta), 01/06/1883.
Roberto Assagioli (fundador de la psicosíntesis), 27/02/1888.
Robert Graves (poeta, escritor), 24/07/1895.
Henry Moore (escultor), 30/07/1898.
Erich Fromm (psicoanalista), 23/03/1900.

Anaïs Nin (escritora, diarista), 21/02/1903.
Israel Regardie (metafísico), 17/11/1907.
Madre Teresa (humanitaria), 26/08/1910.
Kurt Vonnegut (escritor), 11/11/1922.
Flannery O'Connor (escritora), 25/03/1925.
Carlos Castaneda (antropólogo, escritor, chamán), 25/12/1925.
Allen Ginsberg (poeta, editor), 03/06/1926.
Ray Charles (músico), 23/09/1930.
Yoko Ono (músico, artista), 18/02/1933.
Gloria Steinem (escritora, feminista), 25/03/1934.
Shirley MacLaine (actriz, escritora), 24/04/1934.
Elvis Presley (músico, actor), 1/8/1935.
Bernie Madoff (estafador piramidal esquema Ponzi), 29/04/1938.
Dustin Hoffman (actor), 08/08/1937.
Z. Budapest (bruja, escritora, feminista), 30/01/1940.
Barbara Boxer (política), 11/11/1940.
Jimi Hendrix (músico, cantante), 27/11/1942.
Angela Davis (revolucionaria), 26/01/1944.
Bob Marley (músico, compositor), 02/06/1945.
Amory Lovins (ecologista), 13/11/1947.
Benazir Bhutto (primera ministra pakistaní), 21/06/1953.

Los 9 de los arcanos menores

Los 9 de los arcanos menores son los dones y desafíos relacionados con el desarrollo de la visión introspectiva, la integridad personal y la finalización de nuestras lecciones. Como el número 9 suele asociarse astrológicamente con la Luna o Neptuno, los sueños y los delirios desempeñan un papel en estas cartas.

9 de bastos (3-12 de diciembre, 10°-20° Sagitario, fuego mutable)

El 9 de bastos te ofrece la oportunidad de plantar cara a tus mayores temores con el don de la fuerza de voluntad. Te enfrentas a tu futuro con una actitud impasible. Estás preparado para proteger y apoyar a quienes lo necesitan. Encuentras fuerza espiritual al hacer frente a tus miedos. Con el 9 de bastos, debes llevar a cabo una tarea espiritual o creativa.

El 9 de bastos también conlleva una advertencia de que las barreras que has levantado para protegerte podrían convertirse en tu cárcel. Este concepto es un recordatorio de que la Luna corresponde a Piscis y el pez simbólico pisciano nada en ambos sentidos.

Esta carta, en lugar de ser de finalización, puede referirse al seguimiento de viejos hábitos, lo que sugiere inflexibilidad de miras. Has arriesgado tanto a través de los ocho bastos anteriores que cuando llegas a este, con su relativa seguridad, podrías tener miedo de seguir adelante. Si el miedo a enfrentarte a las bestias fuera de la empalizada se adueña de ti, te quedarás bloqueado. Sin embargo, tal vez la misma sensación de estar cercado te obligue a pasar a la siguiente etapa, la del 10 de bastos, y en esa carta la misma persona ya ha derribado la valla. Lleva consigo sus experiencias, pero ahora no tiene miedo de seguir adelante.

9 de copas (1-10 de marzo, 10°-20° Piscis, agua mutable)

El 9 de copas te presenta la oportunidad de crear tu propia realidad con el don de la imaginación creativa. Sumergiste las nueve copas en la laguna del inconsciente y te enfrentaste con éxito a todos tus terrores para tomar el camino de vuelta a casa. Ahora sabes cómo ir y venir con facilidad de la tierra de la Luna (el inconsciente). Esta carta representa el trabajo con los sueños y las técnicas intuitivas. Puedes visualizar lo que deseas con tanta claridad que se hace realidad. Posees tanto los recursos como los conocimientos necesarios para llevar a otros por el mismo camino que tú has recorrido.

El problema viene cuando empiezas a pensar que esto es todo lo que hay. Te vuelves comodón y autocomplaciente. Y aunque hayas finalizado tu tarea, no quieres pasar página; te quedas atascado en la sensualidad o la gula, o ensimismado en tus fantasías e ilusiones. Esta es, pues, la visión de *maya* ('ilusión' en hindi), que se atribuye a la Luna.

9 de espadas (1-10 de junio, 10°-20° Géminis, aire mutable)

El 9 de espadas presenta la oportunidad de pasar el duelo, enfrentarse a los demonios o capear las pesadillas gracias al tiempo y la paciencia. Con el 9 de espadas como carta de las lecciones y oportunidades, te enfrentas a esa crueldad hacia ti mismo que surge de tu idealismo y perfeccionismo. Es posible que encuentres un sinfín de defectos en ti, que en su mayoría son proyecciones de tus miedos. Tus sueños y recuerdos te llevan a rememorar incesantemente lo que deberías haber hecho o lo que una vez tuviste pero que ahora se ha perdido. Además, es posible que al ser un 18-9 tan enormemente empático, cargues sobre tus hombros con todo el sufrimiento del mundo.

Sin embargo, enfrentarte a los miedos y experimentar el dolor son formas de purificarte. Pasar por el 9 de espadas es esencial para completar cualquier proceso. Debes transformar tu dolor, primero sintiéndolo otra vez y luego identificando el origen de la emoción para saber qué has de cambiar. Cuando seas presa del estrés o la depresión, piensa que todo eso forma parte de un ciclo mayor de acontecimientos y que suele tratarse del último brote de desesperación de la mente racional antes de abrirse a las nuevas posibilidades que surgen del inconsciente.

9 de pentáculos (2-11 de septiembre, 10°-20° Virgo, tierra mutable)

El 9 de pentáculos te presenta la oportunidad de completar el «trabajo» de autodesarrollo mediante la confianza en tu autodisciplina y paciencia. Estás en armonía con la naturaleza que te rodea. Sabes que, al igual que las uvas madurarán a su debido tiempo, todo dará su fruto. Aunque la mujer lleva un halcón para que le recuerde sus instintos e intuiciones, sabe que debe mantener a esa criatura salvaje encapuchada cuando no la utiliza. Aquí estás solo, como en cada uno de los otros 9, lo que indica que has tenido que recurrir a ti mismo para recoger la recompensa del autodesarrollo.

El 9 de pentáculos se llama «ganancia» e indica todo lo que puedes ganar con tu trabajo y tus habilidades, incluido el lujo del ocio y la soledad. Otro aspecto de esta carta es la soledad que puede producirse cuando te aíslas de tus emociones y contactos personales. En tu lucha por alcanzar la cima, podrías perder tu capacidad de ser indómito y libre. ¿Te sientes confinado en tu huerto, con tu deseo de expresarte libremente reprimido (el ave encapuchada) y tus contactos personales distanciados (la mano enguantada)?

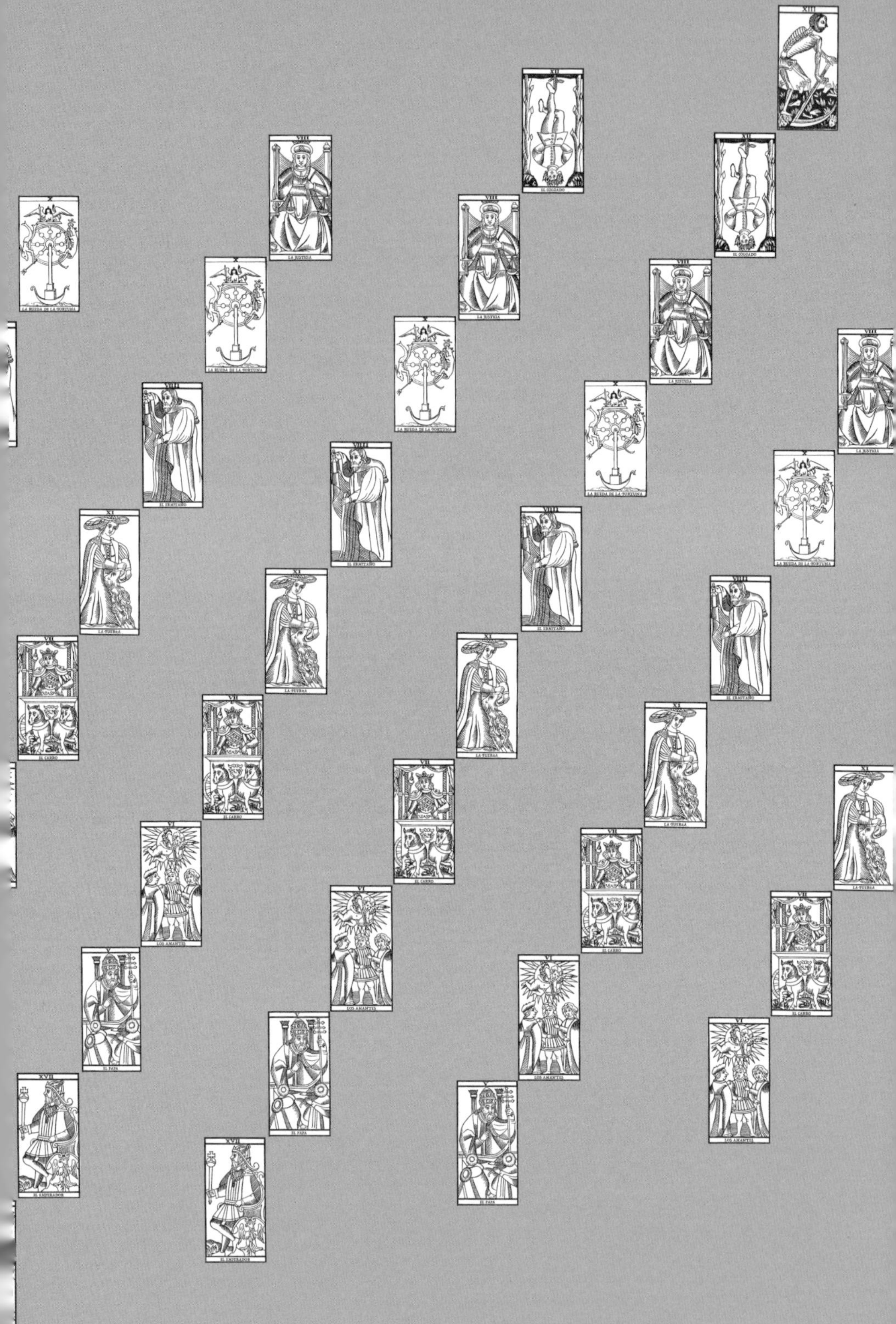

Capítulo 14

Tus cartas anuales

Para cada año de tu vida, tienes una carta de los arcanos mayores llamada *carta del año* o *carta anual*. Representa las pruebas y lecciones que experimentas en un año determinado. Algunos de los arcanos mayores aparecerán como tus cartas del año una y otra vez, mientras que otros no te saldrán nunca. Los acontecimientos que te ocurren en cualquier año te ofrecen la oportunidad de dominar nuevas habilidades y descubrir más sobre ti y tus necesidades. La carta del año señala en qué consistirá ese aprendizaje. Indica el tipo de energías arquetípicas que se constelan en ese año y sugiere cualidades personales con las que trabajar, como la afirmación, la compasión y la relación. Conocer tu carta del año te hace más consciente de tu situación general y del tipo de oportunidades de aprendizaje que presenta durante ese año.

Tu carta del año

Siguiendo el ejemplo siguiente, añade el mes y el día de tu nacimiento al año actual y redúcelo a 22 o menos.

Día de nacimiento	26
Mes de nacimiento	8
Año actual	+ 2012
	2048

2 + 0 + 4 + 8 = 14 (la Templanza)

¡Al determinar la carta del año, mantén siempre el número más alto por debajo de 23 y no sigas reduciéndolo!

Calcula tu propia carta del año sumando:

El día de tu nacimiento: ________
El mes de tu nacimiento: ________

El AÑO ACTUAL: + ________
Es igual a: ________

____ + ____ + ____ + ____ = (número de año)

Para el año actual _______ mi número de año es _______, que corresponde a la carta de los arcanos mayores: ______________

El comienzo del año en el tarot

Tal vez te preguntes: «¿Cuándo empieza mi carta de año, el 1 de enero o el día de mi cumpleaños?». La respuesta es: en ambas fechas. Hay dos ciclos diferentes que se superponen, hasta cierto punto, dependiendo de lo tarde que sea tu cumpleaños. Yo me fijo en ambos, pero mucha gente prefiere centrarse solo en uno de estos dos ciclos, que se muestran en la tabla 10, en la página 246.

Quienes cumplen años desde el principio hasta la mitad del año no tendrán muchos problemas para utilizar el ciclo de enero a enero para la mayoría de los fines. Es más fácil reconocer e identificar los acontecimientos externos que te suceden (de enero a enero) que tus motivaciones internas y modos de expresión (de cumpleaños a cumpleaños). Los que cumplen años en los dos últimos meses pueden encontrar la mayor parte de sus asociaciones con una carta que cae en el siguiente año natural. Por ejemplo, al principio de un año del Ermitaño, parece que de repente ninguno de tus amigos está disponible, en las fiestas te resulta imposible conectar, etc., de manera que te ves obligado a pasar más tiempo solo. Para tu cumpleaños, te has dado cuenta de lo mucho que puedes conseguir, ya que disfrutas del tiempo para completar cosas y reflexionar un poco. Luego, en enero, al entrar en un año de la Rueda de la Fortuna (ciclo de acontecimientos externos), te ves arrojado a un torbellino de acontecimientos sociales y oportunidades repentinas. Al principio reaccionas con la prudencia y la circunspección en las que llegaste a confiar en tu año del Ermitaño, al tiempo que deseas que vuelvan esos apacibles momentos de soledad. Alrededor del día de tu cumpleaños, ya te sientes a gusto en el torbellino.

La carta del año

Merece la pena calcular las cartas del año para toda la vida: noventa o cien años. Para ello, utiliza la tabla 11, «La tabla de las cartas del año», en la página 248, diseñada por la tarotista de Bay Area, Twainhart Hill. Te ayuda a determinar rápidamente tu carta del año para cualquier año específico. La tabla también facilita la búsqueda de las cartas de nacimiento y del año de tus amigos; te animo a fotocopiarla.

Para utilizar la carta del año, suma el día, el mes y el año de tu nacimiento. La suma antes de reducirla al número de tu carta natal es _______. Lo llamo tu «número base» de cuatro dígitos. Localiza este número en la tabla. Junto a él está el número correspondiente a tu carta de la personalidad; márcalo como «cero años» o «nacido». Hasta el año siguiente no cumplirás un año. A continuación, toma el número base de cuatro dígitos de los cálculos de tu carta del año y busca este número en la tabla, con el número de tu carta del año al lado. En el espacio de al lado, escribe la *edad que tienes en tu cumpleaños de este año*. Desde el año actual puedes contar fácilmente hacia atrás o hacia delante para ver las cartas correspondientes a esos otros años.

Tabla 10: Ciclos de cartas del año

El ciclo de enero a enero: acontecimientos externos

Tu año comienza el 1 de enero en lo referente a *los acontecimientos que te suceden*. A continuación, empiezas a aprender la lección del año a través de experiencias que te obligan a enfrentarte a los asuntos que aparecen en tu vida. Este es un ciclo exterior, orientado a los acontecimientos.

El ciclo de cumpleaños a cumpleaños:
respuesta interna e integración

Cuando cumples años, has integrado las lecciones hasta el punto de empezar a *actuar con esa energía*. De este modo, tienes un ciclo de *experiencia interior* que se extiende de cumpleaños a cumpleaños.

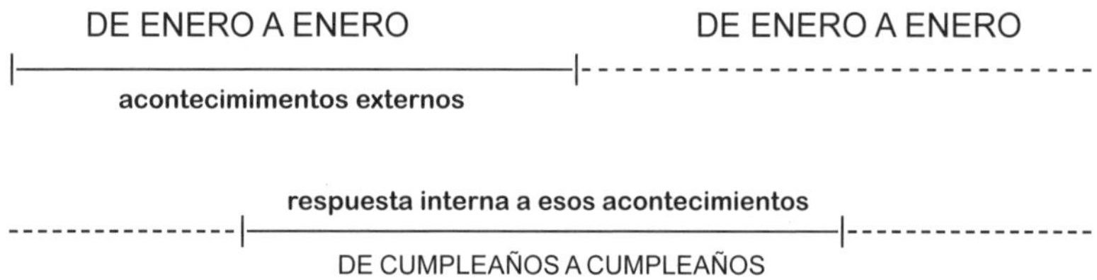

Mira tus cinco cartas del año anteriores. Colócalas sobre una mesa o en el suelo; pregúntate cómo representa cada una de esas cartas las lecciones que necesitabas aprender en ese año. Aunque parezca sencillo, este sistema puede decirte mucho. Me sorprende lo que aprendo sobre mí misma solo con plantearme el significado de cada carta. Cada año dialogo con mi carta anual, preguntándole: «¿Qué necesito aprender de ti este año?». Puede llevarte un tiempo adquirir la suficiente perspectiva para experimentar el verdadero aprendizaje. A la larga, es útil examinar tus cartas anteriores para ver las tendencias que se aclaran con el paso del tiempo. Esto también te ayudará a perfeccionar tu previsión en años futuros.

Haz una lista de todas tus cartas anuales. A continuación, escribe una frase para cada año, contando lo que te ocurrió en él y por qué fue importante. (No te preocupes si hay años de los que no recuerdas nada, es normal; probablemente cuando mires tu carta te vendrá a la memoria algo más que podrás añadir). En lugar de hacer predicciones para las cartas del futuro, determina en qué punto del ciclo te encuentras. Por ejemplo, la gente suele tomar decisiones importantes en un año de los Enamorados (6). En el año siguiente, que suele ser un año del Carro, actúan sobre esa elección, centrándose en avanzar por el camino marcado en el año anterior. Y luego, en el año de la Fuerza (8), tienen que reconsiderar si siguen sintiendo lo mismo. Si no es así, puede que les falte la fortaleza para perseverar durante los dos años hasta que la Rueda de la Fortuna (10) vuelva a traer el cambio.

En el siguiente capítulo, sugiero posibles significados para tus cartas del año. Para obtener información más específica y una orientación directa, utiliza la técnica del diálogo descrita en el capítulo dos. Pregunta directamente a la carta del año qué significado tiene para ti y cómo obtener el máximo de tu año.

Cómo utilizar la carta del año

Si examinas la carta del año, te darás cuenta de varias cosas interesantes. Como nuestro sistema matemático es de base decimal, los números transcurren en ciclos de diez años (aunque en algunos casos los números de un solo dígito se reducen a 23, 24 y 25). Estos ciclos de diez años tienen una línea que los separa en la tabla. Así que cada diez años, saltas a un nuevo ciclo de números, que suele empezar un número más alto que el ciclo anterior. Dependiendo de tu edad, es posible que no te salgan las cartas de los arcanos mayores de mayor número durante tu vida. Por ejemplo, después del 1 de enero de 1988, no nacieron más personalidades del 19-10-1, aunque antes habían sido relativamente abundantes. Empezarán a aparecer de nuevo después de 2069.

Tabla 11: Tabla de las cartas del año*

Número de la izquierda = Número base: suma de día, mes y año. Número de la derecha = Carta del año

1919	20	1960	16	2001	3	2042	8	2083	13
1920	12	1961	17	2002	4	2043	9	2084	14
1921	13	1962	18	2003	5	2044	10	2085	15
1922	14	1963	19	2004	6	2045	11	2086	16
1923	15	1964	20	2005	7	2046	12	2087	17
1924	16	1965	21	2006	8	2047	13	2088	18
1925	17	1966	22	2007	9	2048	14	2089	19
1926	18	1967	5	2008	10	2049	15	2090	11
1927	19	1968	6	2009	11	2050	7	2091	12
1928	20	1969	7	2010	3	2051	8	2092	13
1929	21	1970	17	2011	4	2052	9	2093	14
1930	13	1971	18	2012	5	2053	10	2094	15
1931	14	1972	19	2013	6	2054	11	2095	16
1932	15	1973	20	2014	7	2055	12	2096	17
1933	16	1974	21	2015	8	2056	13	2097	18
1934	17	1975	22	2016	9	2057	14	2098	19
1935	18	1976	5	2017	10	2058	15	2099	20
1936	19	1977	6	2018	11	2059	16	2100	3
1937	20	1978	7	2019	12	2060	8	2101	4
1938	21	1979	8	2020	4	2061	9	2102	5
1939	22	1980	18	2021	5	2062	10	2103	6
1940	14	1981	19	2022	6	2063	11	2104	7
1941	15	1982	20	2023	7	2064	12	2105	8
1942	16	1983	21	2024	8	2065	13	2106	9
1943	17	1984	22	2025	9	2066	14	2107	10
1944	18	1985	5	2026	10	2067	15	2108	11
1945	19	1986	6	2027	11	2068	16	2109	12
1946	20	1987	7	2028	12	2069	17	2110	4
1947	21	1988	8	2029	13	2070	9	2111	5
1948	22	1989	9	2030	5	2071	10	2112	6
1949	5	1990	19	2031	6	2072	11	2113	7
1950	15	1991	20	2032	7	2073	12	2114	8
1951	16	1992	21	2033	8	2074	13	2115	9
1952	17	1993	22	2034	9	2075	14	2116	10
1953	18	1994	5	2035	10	2076	15	2117	11
1954	19	1995	6	2036	11	2077	16	2118	12
1955	20	1996	7	2037	12	2078	17	2119	13
1956	21	1997	8	2038	13	2079	18	2120	5
1957	22	1998	9	2039	14	2080	10		
1958	5	1999	10	2040	6	2081	11		
1959	6	2000	2	2041	7	2082	12		

**Tabla de cartas del año diseñada originalmente por Twainhart Hill, basada en el trabajo de Ángeles Arrien.*

Dependiendo de cuándo hayas nacido predominan determinados números o ciclos. Cada generación tiene su patrón característico de números de la carta del año. Esto representa una etapa en el flujo y reflujo cíclico de lo que generalmente se llama la *era cristiana* o *común*, tal como la define el calendario gregoriano. Recuerda que las cartas del año, al igual que las de la personalidad y del alma, nos ofrecen una imagen de nosotros mismos en un espejo coloreado por la mentalidad de nuestra sociedad occidental, en la que actualmente predomina la influencia de la cultura anglosajona. Quizá necesitemos un segundo calendario lunar espiritual, como el que utilizaban los antiguos mayas, para ver un reflejo más claro del auténtico potencial de nuestra alma.

Las personas nacidas en uno de estos años pueden tener cualquiera de los cuarenta y dos números base posibles de cuatro dígitos, pero, según el año, estos se reducen a una gama mucho más limitada de cartas. Por ejemplo, quienes nacieron en 2004 solo pueden tener cartas de la personalidad entre el 3 y el 13, es decir, diez de los veintidós patrones de constelación totales. Una persona nacida en 1959, o que mire las cartas anuales de ese año, solo tendrá quince posibilidades. Alguien nacido en 1892 podría tener cualquiera de las dieciocho cartas posibles del 5 al 22, pero no los 2, 3 o 4 simples, que no fueron posibles hasta el 1 de enero de 1957. Después de 1991 no hay más 19-10-1 ni 22-4 hasta el final del siglo XXI. Esto nos da nuestros factores generacionales.

Un ejemplo de este factor generacional es que muchas personas nacidas entre el 31 de diciembre de 1957 y el 1 de enero de 1998 tenían a la Suma Sacerdotisa como carta de la personalidad. Sus fechas de nacimiento sumaban el año 2000. Esta carta no ha figurado como carta de la personalidad o del año durante los últimos más de novecientos años, desde el 1 de enero de 1098. ¡No volverá a aparecer como número del nacimiento o del año hasta dentro de unos ocho mil años! Apareció justo antes de un periodo marcado por los mitos sociales de nuestro tiempo: por ejemplo, las profecías de los pueblos nativos de todo el mundo de que es una época de gran transformación y posible destrucción. La mayoría de estos mitos permiten que los seres humanos hagan una elección o tomen una decisión sobre cómo relacionarse globalmente para salvar nuestro planeta. Algunas de estas profecías afirman que el aumento de la conciencia de la Diosa y la concepción de la Tierra como Gaia eran esenciales para tomar las decisiones correctas durante esta época vulnerable.

Es interesante destacar el gran número de políticos y primeras damas contemporáneos que son 20-2, empezando por Ronald Reagan, Jackie Kennedy Onassis, Tony Blair, Bill Clinton, Al Gore y Barack y Michelle Obama. Además, el príncipe Carlos de Inglaterra es un 20-2, mientras que su hijo Guillermo pertenece a la generación más joven de los 11-2. El gran peligro de los 20-2 es que pueden fomentar un «culto a la personalidad» a través de los medios de comunicación, por el que destacó el líder ruso Leonid Brezhnev, otro 20-2.

Cartas del año que faltan y que se repiten con mayor frecuencia

Por lo general, en una vida de unos ochenta años, una persona tendrá la mayoría de los arcanos mayores como cartas del año. Examina tu carta para determinar qué cartas (y, por tanto, lecciones) no te aparecerán nunca. No son necesarias para ti en esta vida, pues representan cualidades que probablemente ya estén bien desarrolladas. ¿Qué cartas recibirás con más frecuencia? Estas son las mayores lecciones que debes aprender y probablemente las más difíciles, pero no estás solo: toda tu generación tiene un enfoque similar.

Tu año kármico

El número base de cuatro dígitos que es la suma de tu día, mes y año de nacimiento puede considerarse en sí mismo como un año importante para ti. Representa un año que te pone especialmente a prueba y te reta a desarrollar tu potencial. Lo llamo tu «año kármico» porque los asuntos inacabados del pasado que expresan temas «del alma» surgen en ese año, dándote la oportunidad de completarlos o, al menos, de reconocer tu tarea y comenzar conscientemente el proceso de finalización. Algunos han descubierto que su año kármico les hace tomar una nueva dirección o introduce un tema o enfoque en sus vidas que adquiere una importancia central más adelante.

Un ejemplo de año kármico es pertinente para todos. Con arreglo al calendario maya, un gran ciclo de 5.125 años concluyó en 2012, lo que, según las leyendas, indica un gran cambio en la conciencia y la comunicación a nivel global. Fue precedido el 17 de agosto de 1987 por lo que se llamó la «convergencia armónica», descrita como el momento en el que la aceleración entró en sincronización en preparación para el clímax galáctico. Si tomas esto como un cumpleaños y sumas los dígitos del 17/8/1987, obtienes 2012, que es su año kármico. Reduciendo este número de cuatro dígitos nos da el Papa (5). Es, por tanto, un año de enseñanza y aprendizaje, de nuevos conocimientos revelados. Según esta teoría, 2012 completa una tarea que comenzó en la convergencia armónica y nos desafía a desarrollar un nuevo potencial.

Conéctate con el propósito de tu alma

Vuelve a mirar tu carta del año. Cada diez años, habrás experimentado tu carta de la personalidad, del alma o del factor oculto como carta del año. Márcalas con un círculo en tu tabla y anota su año natural real y tu edad. Durante estos años, seguramente te sentiste atraído e involucrado en asuntos que son especialmente importantes para el propósito de tu alma en esta vida. Es probable que estuvieras haciendo o buscando directamente algo a través de lo cual pudieras expresar tu mayor potencial. Fíjate en tus logros, acciones, viajes, relaciones, estudios..., en cómo pasabas el tiempo y qué ansiabas hacer. ¿A dónde te llevaron tus fantasías y sueños en esos años? Estas son las cosas que probablemente estén más en consonancia con el propósito de tu alma.

En ocasiones, descubrirás que en uno o más de estos años de importancia personal, sentiste tu mayor frustración y dolor. Esto ocurre cuando te sientes impotente para satisfacer tus propias necesidades e instintos o para desarrollar tus intereses. Puede que entonces proyectes tus propios potenciales en otra persona que te deslumbra con su capacidad o tal vez te resistas a su influencia y, por tanto, rechaces las cualidades y el aprendizaje que la carta representa. Esto ocurre cuando tu tarea te resulta demasiado imponente. Cuando proyectas tus potenciales fuera de ti en una persona poderosa, esa persona indica en realidad tus propias posibilidades, que puedes asimilar poco a poco y acabar expresando en tu tarea vital y en tu personalidad. Cada vez que tu carta de la personalidad, del alma o del factor oculto aparezca como carta del año en ciclos de diez años tendrás la oportunidad de trabajar con las energías consteladas de tu destino.

Hitos y puntos de inflexión

Para encontrar el significado de cualquier acontecimiento importante en términos de tu desarrollo personal, mira tu carta del año para ver cuándo tuvo lugar este suceso. Luego consulta la carta de ese año para ver la naturaleza de su energía. Por ejemplo, si te casaste en un año de los Enamorados, fue obvio que aprendiste sobre tus deseos y necesidades en una relación y sobre cómo otra persona refleja tu propia imagen. Pero los matrimonios se celebran bajo los auspicios de todas las cartas anuales. Por tanto, si te casaste en un año del Emperador y eres mujer, puede que tomaras la iniciativa. También es posible que hayas aprendido a organizarte y a establecer una base firme. O, si te sentías incómoda haciéndote valer, podrías haber elegido como pareja a una figura paterna mayor para que te enseñara de qué trata la energía del Emperador. Un año de la Rueda de la Fortuna, en comparación, habría enfatizado las lecciones de cambio y la expansión de horizontes que experimentaste como resultado del matrimonio. La carta del año asociada a tu matrimonio o a cualquier compromiso en curso caracterizará generalmente toda tu implicación en él.

La era de la Suma Sacerdotisa

En la carta del año, se encuentra el número base de cuatro dígitos 2000. Marca el comienzo de todo un nuevo ciclo generacional y señala el inicio de un período en el que la Suma Sacerdotisa apareció como carta de nacimiento de un 2 simple, es decir, como personalidad y alma a la vez (en lugar de en combinación con un 11 o un 20). Además, la mayoría de las personas que se hicieron adultas en la segunda mitad del siglo XX tuvieron a la Suma Sacerdotisa una vez en su vida como carta del año. Si has nacido después de 1998, nunca vivirás un año de la Suma Sacerdotisa, pero tanto el año 11 (la Justicia o la Fuerza) como el año 20 (el Juicio), que obtendrías en su lugar, forman parte de la constelación de la Suma Sacerdotisa y resuenan con su energía.

Los años previos al milenio mostraron un gran despertar de la Diosa y un interés generalizado por la espiritualidad femenina, que iba desde honrar a la Diosa en sus múltiples formas (a veces llamada «Isis de las mil caras») hasta nuevas apariciones de la Virgen María, pasando por un renovado interés por María Magdalena como consorte secreta de Jesús. Se produjo un llamamiento masivo a las mujeres para que ingresaran en el sacerdocio. Descubrí que muchas mujeres y hombres experimentaron importantes despertares espirituales en su año de la Suma Sacerdotisa, se involucraron en estudios psíquicos, intuitivos o de sanación y a menudo descubrieron por primera vez los mitos y la religión de la Gran Diosa durante ese año.

Año: ____________	Por qué es memorable: ____________________ ____ ____ ____ ________________
Carta del año: ________________	Principio de su constelación: ________________ ____ ____ ____ ___________
Cartas de los arcanos menores	**Situaciones específicas de ese año que se corresponden con la carta**
_____ de bastos	____ ____ ________________________________
_____ de copas	____ ____ ________________________________
_____ de espadas	____ ____ ________________________________

_____ de pentáculos	______________________________ ______________________________ ______________________
Describe las principales lecciones que aprendiste y destrezas que desarrollaste	______________________________ ______________________________ ______________________

Los arcanos menores como cartas del año

Aunque aquí no se describen individualmente los arcanos menores, son indicadores de los dones y desafíos (lecciones y oportunidades) que tendrás en el año correspondiente. Extiende las cartas de los arcanos menores que correspondan a un año memorable de tu pasado. Observa cómo estas cartas podrían expresar las situaciones que te proporcionaron tus experiencias de aprendizaje más potentes ese año. Por ejemplo, en un año del Carro (7) todos los 7 menores serán significativos.

Sigue el formato de la página anterior para explorar cada una de tus cartas del año y ver las lecciones principales y las habilidades que has desarrollado.

Continúa este ejercicio con otros años significativos de tu pasado. No intentes «predecir» cómo podrían funcionar en el año actual o en los próximos, a menos que entiendas cómo se han expresado ya esas cartas en tu vida.

Otras cartas periódicas

El año genérico

Cada año tiene su propia carta del año que existe para todos. Por ejemplo, el año 2012 suma 5. Es el año del Papa. Basta con sumar los dígitos de cualquier año.

Tu carta personal del mes

Suma el día en que naciste más el mes en que naciste al año actual y añade el mes actual.

Temas del ciclo

Las cartas del año siguen una secuencia consecutiva de normalmente diez años y luego saltan a un nuevo ciclo, que comienza una carta más alta que el ciclo anterior. La primera carta del año de cualquier ciclo marcará el tono o el tema de todo ese periodo de tu vida. Por ejemplo, cada año de la secuencia de diez años que comienza con los Enamorados profundizará en tus lecciones sobre lo que para ti constituye una verdadera relación.

XI
LA FUERZA
VII
EL CARRO
XVII
LA ESTRELLA
V
EL PAPA

Capítulo 15

La interpretación de tus cartas anuales

Las siguientes interpretaciones de los arcanos mayores como cartas anuales sugieren lecciones que deben aprenderse en cada año (ver la tabla 11, «La tabla de las cartas del año», en el capítulo catorce). Mi intención al presentártelas es más orientativa que categórica. De ninguna manera sustituyen a tu propio trabajo con las cartas. En otras palabras: intenta descubrir por ti mismo lo que tienen que decirte. Los distintos símbolos de tu carta del año en curso son herramientas psíquicas (y a veces literales) que puedes emplear. Pregunta a la figura o las figuras de la carta para qué sirven los símbolos y cómo utilizarlos. Dialoga con tu carta del año, dirigiéndote a una o varias figuras de esta, por turnos. Una forma de empezar el diálogo es con la pregunta: «¿Qué necesito aprender de ti este año?». Hazlo de manera desenfadada y espontánea (el sentimiento que caracteriza al divino Loco). Inicia este diálogo con espíritu lúdico, diciendo lo primero que se te ocurra, sin pensarlo, para que tu pluma se mantenga en constante movimiento.

Ponles fecha a estas conversaciones y guárdalas en tu cuaderno de tarot, junto con las observaciones escritas sobre los años anteriores y las correlaciones de las cartas con los acontecimientos de cada año (ver la página 254). También puedes utilizar los márgenes de este libro para anotar (junto a la descripción de cada carta) tu edad y el año o años durante los cuales es tu carta del año personal.

Recuerda que la carta anual no te dirá *qué* va a ocurrir, sino que te ayudará a centrarte en la lección que puedes extraer de *lo que* ocurra. Sin embargo, descubrirás que, cuando una carta del año se repite, también se repetirán ciertos temas exclusivos para ti, aunque lo harán en nuevos niveles de una espiral de desarrollo.

Tu año del Mago

En nuestra época nadie podrá experimentar al Mago como carta de la personalidad, carta del factor oculto o maestra, o carta del año. Desde el 1 de enero del 998, el número 1 no ha aparecido por sí solo, ni volverá a hacerlo hasta que tengamos fechas que sumen 10.000, a partir del 31 de diciembre del 9957 de nuestra era. Sin embargo, podrías considerar el papel del Mago en los años de la Rueda de la Fortuna y del Sol.

Tu año de la Suma Sacerdotisa

La carta de la Suma Sacerdotisa como año aparecerá una vez en la vida de algunas personas nacidas antes de 1998. No hay más años de la Suma Sacerdotisa después del 1 de enero de 1998, hasta el 31 de diciembre del 9958, que sumará 10.001 (que se reduce a 2). Si has nacido con un número base de cuatro dígitos superior a 2000 (la suma de tu fecha de nacimiento; ver el capítulo anterior), no experimentarás en absoluto a la Gran Sacerdotisa. Esto no significa que no puedas desarrollar sus cualidades. Si los que vinieron antes hicieron bien su trabajo, tendrás aún más oportunidades de acceder a su sabiduría que antes.

Fíjate en tu año de la Suma Sacerdotisa, si lo tuviste. Forma parte de un ciclo de dos años de energía femenina, ya que le sigue un año de la Emperatriz. De lo contrario, examina tus años de la Justicia (11) (o de la Fuerza si utilizas esa carta como 11) y del Juicio (20) para ver cómo podrías estar utilizando la energía de la Suma Sacerdotisa en tu vida. Las mujeres son muy importantes para tu aprendizaje. A menudo hay un mayor interés por el mundo psíquico, metafísico o de los sueños. Es un año para aprender a confiar en ti y para ser independiente y autosuficiente. Mucha gente se siente atraída por el movimiento de espiritualidad femenina que surgió con esta generación de feministas.

Es posible que, como mujer, descubras que la gente acude a ti en busca de consejo y comprensión; serías confidente o amante de muchos, pero sin pertenecer a ninguno. Como hombre, podría ser que una mujer te inspirara en tu trabajo o tu vida personal y se convirtiera en una musa para tu creatividad. Se trata de una proyección de tu ánima, que despierta en ti el principio femenino.

Tómate las vacaciones y los días festivos en lugares costeros o acuáticos, para sanar y meditar y recuperar el equilibrio con la naturaleza. Sé consciente de los ciclos de la Luna y de cómo te afectan. Este es un año en el que debes confiar en tus instintos y en tu conocimiento interior y dejar que te guíen hacia las lecciones que necesitas aprender. A veces te encontrarás cara a cara con tus miedos y esperanzas más profundos y, sobre todo, con tus sueños. (En el capítulo seis podrás profundizar sobre la Suma Sacerdotisa).

Tu año de la Emperatriz

La Emperatriz aparece por primera vez tras el año de la Suma Sacerdotisa, con lo que el ciclo femenino se prolonga durante un segundo año y la autosuficiencia de la Suma Sacerdotisa se proyecta hacia el mundo. No volverá a aparecer después del 1 de enero de 2008, salvo una reaparición cuando tu carta del año sume 2100. Por lo demás, el Colgado (12) o el

Mundo (21) ocupan su lugar y llevan su energía. La Emperatriz posee el conocimiento interno de la Suma Sacerdotisa, pero ahora se expresa a través de la imaginación creativa de la Emperatriz. Durante un año de la Emperatriz, la gente es muy productiva y la mente se convierte en un rico campo de ideas. La respuesta a todo es más sensual y se intensifica tu conciencia del color, la forma y el estilo.

En un año de la Emperatriz estás más dispuesto a relacionarte con los demás. Los demás también se sentirán atraídos a ti, ya que perciben tu apertura hacia ellos y responden a tu hospitalidad. A causa de tu elevado sentido de la armonía y la belleza, querrás estar siempre rodeado de cosas bellas, especialmente en tu casa y en tu cuerpo. Es posible que cambies tu manera de vestir o que modifiques tu aspecto. Vigila tu peso y tu bolsillo, ya que el sentido del lujo de la Emperatriz puede llegar a ser excesivo.

Como tu año de la Emperatriz sugiere una conexión con la Madre Tierra, es un buen momento para salir al campo o trabajar en un jardín siempre que sea posible. Las cuestiones maternas son destacadas, bien a través de las relaciones con tu madre, o bien por tu propio deseo de ser madre o de cuidar a los demás. Puedes ser muy fértil, además de creativa, así que, en determinados casos, se da una madurez para el embarazo, ya sea literal o en relación con un proyecto. Los hombres son igual de fértiles con las ideas, la necesidad de nutrir algo, y están maduros para una relación. Si se atreven, pueden desarrollar su lado afectuoso, acogedor y sensible a las emociones. La capacidad de nutrir y cuidar del crecimiento, la salud y el bienestar de los demás es mayor en este momento.

Tu año del Emperador

El año del Emperador es el primero de un ciclo de dos años para aprender a establecer tu propia autoridad. Representa a los padres y al patriarcado, que deciden «quién manda aquí». Por lo tanto, destacan los temas paternos: ser padre, tratar con tu propio padre, entrar en contacto con tu «padre interior» o relacionarte con una figura paterna. El Emperador se esfuerza por establecer reglas de orden y crear estabilidad en su entorno. En un año así, esto lo harás tú mismo, o bien reaccionarás a las órdenes que vengan de fuera de ti. En este último caso, es posible que te rebeles contra lo que consideras una imposición a tu libertad por parte de los dictados de otros.

Cuando el Emperador sigue al año de la Emperatriz, que es un año de abundante creatividad, sacas tu trabajo de la esfera privada y buscas la forma de hacerlo público. Te centras en conseguir el reconocimiento o la aprobación de tu trabajo y en encontrar la forma de establecerte en los negocios y en el mercado. Inicias proyectos que, con suerte, darán a conocer tu nombre. Eres pionero en cosas nuevas. Sales a conquistar el mundo.

Tus lecciones se centran en establecer la autoridad para crear tus propias reglas o en aprender a vivir con las de los demás. Te vuelves asertivo e incluso contundente al exponer tus ideas. Puede haber enfrentamientos con el «estado» o con la ley. Necesitas conocer tu ámbito para poder trabajar eficazmente en él. Corres el riesgo de volverte tan dictatorial que ahogues a los que te rodean. Al depender excesivamente del razonamiento lineal, tu pensamiento puede volverse «cuadrado». Las funciones de liderazgo y gestión de este año pueden llevarte a puestos de responsabilidad y prestigio.

Tu año del Papa

El año del Papa es el segundo del ciclo del poder y la autoridad (después del año del Emperador). La gente suele volver a las aulas, finalizar un curso de estudios o recibir formación o quizás asesoramiento en el trabajo. Si eres profesor, formador o consejero, este podría ser un año importante para establecerte en tu ámbito laboral o para desarrollar tus habilidades profesionales. Como muestran los 5 de los arcanos menores, este año aprenderás mejor a través de la adversidad o al enfrentarte a problemas que hay que resolver (ya que todos los 5 tienden a ser problemáticos). Así que quizá sea un año estresante, que amenace la estabilidad que intentaste lograr en el año del Emperador. Es posible que tu reacción sea adherirte rígidamente a la tradición, lo que también indica la correspondencia de esta carta con Tauro. Podrías aprovechar este año para aprender a escuchar tu propio consejo interior. Tauro está regido por Venus (la Emperatriz); la Luna (la Suma Sacerdotisa) está «exaltada», lo cual significa que se trata de un momento inmejorable para dejarte guiar por tu conocimiento interior.

En este año, las instituciones educativas o penitenciarias, las organizaciones religiosas y las empresas podrían asumir el papel de figuras de autoridad, y quizá sientas una rebelión más generalizada que personal, aunque se dirija hacia un solo individuo. O bien podrías convertirte en el portavoz o representante de una organización de este tipo. Te enfrentas a todos tus «deberes» y «deberías» inculcados, que tratarás de defender o rechazar. Examina tus valores y creencias para determinar cuáles siguen siendo válidos en tu vida. Pregúntate cuáles te limitan y cuáles te ayudan a crecer. A menudo sabemos cuándo se activa una situación del Papa porque intervienen nuestras emociones. Rastrea esas reacciones emocionales hasta las antiguas enseñanzas que las generaron; luego evalúa si son adecuadas en la actualidad. En un año del Papa, suele haber alguien a quien admiras como autoridad, tal vez un gurú o un líder espiritual, o quizá simplemente alguien a quien acudes para pedir consejo. Es probable que la gente acuda a ti para que la ayudes, ya que en este momento representas el acceso a algún tipo de conocimiento. Cuando transmitas las enseñanzas tradicionales, escucha atentamente lo que dices. ¿Hablas desde tu corazón, siguiendo tu sabiduría interior, o te limitas a transmitir de forma rutinaria un dogma? Reconoce tu capacidad para encontrar tus propias respuestas.

Tu año de los Enamorados

En un año de los Enamorados, la atención se centra en las relaciones. Las iniciamos y terminamos o, en ocasiones, no mantenemos ninguna relación porque no estamos dispuestos a aceptar menos de lo que queremos y necesitamos. Esto también puede referirse a las relaciones que mantenemos con la familia, los compañeros de trabajo y los amigos.

Como carta relacionada con Géminis y regida por Mercurio, una de tus lecciones es aprender a comunicarte abierta y honestamente, sin ocultar nada. Eso es lo que esperas de los demás, y de ti mismo, en un año de los Enamorados. La mayor lección: ¿qué quieres y necesitas en las relaciones?

Aquellos con quienes te relacionas seriamente reflejan la imagen que tienes de ti mismo, por lo que, en un año de los Enamorados, has de fijarte en cómo te ven y te tratan los demás para saber cómo te sientes con respecto a ti mismo.

También es un año para empezar a buscar dentro de ti gran parte del apoyo y el ánimo que necesitas. Y lo harás al darte cuenta de que puedes comunicarte con esa voz interior (a menudo percibida como del sexo opuesto) que conecta directamente con tu Yo Superior. Descubrirte a ti mismo a través de lo que proyectas en los demás es también un tema importante del año. Conforme renuncias a las expectativas y proyecciones que tienes acerca de los demás, empiezas a verlos como de verdad son. Este año comenzarás a mezclar y equilibrar las energías masculina y femenina que hay en tu interior.

Antiguamente a esta carta se la llamaba «Los dos caminos», lo que nos recuerda que el año de los Enamorados es un año en el que hay que *elegir* y a menudo implica una bifurcación en el camino o un punto de inflexión importante en tu ciclo de diez años. Tus relaciones tendrán una gran influencia en tus decisiones y quizá sean la razón de la necesidad de tomarlas ahora. Recuerda que la comunicación franca es el sello del año y es esencial para decidir.

Tu año del Carro

En el año del Carro, actúas y avanzas en las decisiones tomadas en el año de los Enamorados. (Por ejemplo, puedes decidir terminar una relación en el año de los Enamorados, pero no lo harás hasta el año del Carro). El año del Carro se centra en tus objetivos, así que aprovechas tus energías para avanzar y aventurarte. Como el 7 es un número de iniciación, un año 7 es uno en el que debes llevar tus habilidades al siguiente nivel. Tienes que demostrar tu pericia manejando situaciones difíciles, a menudo con aspectos conflictivos. Para lograr la verdadera maestría has de trabajar el autocontrol y la autodisciplina. Si das rienda suelta a tus instintos y emociones (simbolizados por las esfinges), te destrozarán. Esto puede manifestarse como una especie de colapso (perder los nervios o algo peor) o un accidente (a veces sufrido literalmente en tu automóvil/carro).

Tal vez, en un año del Carro, se te pida que actúes como un guerrero. Las lunas sobre los hombros del auriga señalan la necesidad de servir y proteger a los demás o de defender una causa. Cuando, como sucedía con los caballeros de la antigüedad que buscaban el Grial, te has centrado en un objetivo y la dirección hacia la que quieres avanzar está clara, tu año del Carro tiene el mayor significado. Estás adquiriendo seguridad y creando una identidad en el mundo. Si te obsesionas con esto, podrías volverte agresivo y egoísta, y tratar de pasar por encima de todo el mundo.

Para moverte con seguridad entre los demás, recurres a algún tipo de armadura, uniforme o imagen y apariencia adecuados. Por ejemplo, un traje caro te ayuda a «venderte» como profesional de éxito, mientras que un uniforme especial o un conjunto de herramientas inspira confianza en tu dominio. Sin embargo, estos artificios también encubren tu sensibilidad exacerbada y tus inseguridades.

Durante un año del Carro, la gente suele viajar o trasladarse; sin embargo, al ser una carta relacionada con Cáncer, es necesario un sentimiento de arraigo para sentirse seguro en un periodo posiblemente turbulento. En ocasiones, te encuentras tan apegado a tu hogar o tan protegido por una armadura que te «petrificas» y te conviertes en un objeto inamovible. Como la Luna rige a Cáncer, estar cerca del agua te ayudará a relajar esas emociones delicadas y a calmar tus nervios.

Tu año de la Fuerza

En tu año de la Fuerza, las preguntas centrales son: «¿Estoy siguiendo los dictados de mi corazón? ¿Es esto lo que de verdad deseo?». Después de un año en el que has reprimido tus sentimientos para avanzar, descubres que vuelven a surgir tus emociones esenciales. De hecho, las necesitarás si quieres continuar en la dirección que has elegido. Sin una pasión renovada, tal vez no resistas los retos ni tus temores al respecto. De manera que te verás abocado a reorientar tus esfuerzos. Es el momento de contemplar tu naturaleza instintiva y afrontar los miedos que sientas sobre ella. La conexión con los animales puede ser especialmente importante este año.

Como carta relacionada con Leo, este año sentirás «lujuria» (como llama Crowley a esta carta) por la creatividad y la autoexpresión. Como la savia que sube en primavera, sientes una pasión por la vida y un deseo de demostrar tus afectos, de arriesgarte a declarar lo que amas y actuar sobre ello. Puede ser un año de exploración sensual y sexual. Es de esperar que dirijas esta pasión hacia proyectos significativos y que no la desperdicies ni permitas que se convierta en una fuerza destructiva. En la magia ritual, esto se llama elevar un «cono de poder», que, cuando se libera, debe dirigirse hacia un propósito específico, o bien su energía podría causar estragos. Así que fíjate bien en lo que haces, porque estás «jugando con fuego» metafóricamente. Y, como el fuego, tus emociones pueden ser una gran fuerza creadora o una terrible fuerza destructiva, dependiendo de cómo las utilices y dirijas. Enfréntate a tu rabia. Acepta ese lado tuyo que te parece desagradable o salvaje, porque a través de esa aceptación construyes la fuerza de tu carácter.

El otro lado del año de la Fuerza puede ser muy difícil. Quizá te desafíe a utilizar toda tu fortaleza para perseverar en situaciones enormemente difíciles, como problemas profesionales, de salud o familiares. Te cuesta equilibrar tus propias necesidades con las de tus seres queridos. Es posible que se ponga a prueba tu capacidad para gestionar un asunto lamentable, para seguir adelante por muy duro que sea. Con tu valentía, construyes tu fuerza interior a medida que te adentras en las profundidades de tu corazón. La fuerza es el latido del corazón que dice: «Paso a paso, avanzo hacia donde me indica el corazón». Gracias a las cosas que amas, que a menudo entran en conflicto, descubres lo que realmente quieres.

La Justicia como número 8

Si ves la Justicia como el 8, entonces, en lugar del año de la Fuerza, seguirá el del Carro. Esta es una buena oportunidad para ver qué carta funciona mejor para ti. Lo que parece perseverancia con la Fuerza, con la Justicia podría ser indecisión o vacilación. Ambas pueden requerir un equilibrio entre las necesidades de un aspecto de tu vida y las de otro. Con la Justicia, probablemente te centrarás más en los ajustes que tienes que realizar como resultado de las decisiones y direcciones tomadas en los dos años previos. Es el momento de exigir cuentas de lo que has puesto en marcha anteriormente. Esta visión más racional del año requiere negociaciones y contratos que tal vez pasaras por alto debido a ese impulso hacia delante que te empujaba. Se requiere honestidad, claridad y compromiso, especialmente al llegar a acuerdos con otras personas.

Tu año del Ermitaño

En un año del Ermitaño, te encuentras más aislado y solo que de costumbre, a menudo desde el principio del año. Intentas reunirte con amigos, pero están ocupados, se han mudado o están en otros menesteres. Sin embargo, descubres que te gusta tener más tiempo para ti. Hay cuestiones sobre las que has de reflexionar y asuntos que llevar a cabo, y necesitas tiempo a solas para hacerlo. En un año 9, el último de los números raíz, debes terminar los proyectos y atar los cabos sueltos de los últimos años, para estar libre de cargas y poder empezar cosas nuevas en el año siguiente. Átalos y retíralos de tu vida, o de lo contrario pasarán a formar parte de toda esa mochila que cuelga de tus hombros en un año del Colgado.

Tu año del Ermitaño es un periodo de introspección; miras atrás, a donde has estado, y adelante, a tu lugar de destino. Reconoce tus logros y observa lo que has aprendido en este último ciclo. Estás en la cima de algún tipo de logro: ¿cuál es? Es el momento de volver a conectar con tus objetivos a largo plazo. El Ermitaño ha captado la estrella de la carta de la Estrella y está utilizando esa visión para iluminar el camino. ¿Cuál es la luz que ilumina tu senda vital?

En un año del Ermitaño puedes encontrar un maestro o guía que te ayude. Se trata de alguien con aspecto de ser mayor y más sabio y representa un modelo que imitar. O bien tú mismo podrías ser ese guía para otros, recordando que, al tratarse de la energía del Ermitaño, enseñas más con el ejemplo que con lo que dices. A pesar de tu preferencia por el recogimiento, tus abundantes conocimientos y tu carácter humanitario y compasivo pueden beneficiar a muchas personas de tu círculo. De manera que es posible que se te pida que te conviertas en un líder o que motives a los demás.

Tras el gasto de energía del año de la Fuerza, podrías sentir la necesidad de un merecido descanso. Así que deja que se curen las heridas y vuelve a conectar con tu ser. Como esta es una carta que corresponde a Virgo, en un año del Ermitaño trabajas con ahínco y generosidad para prepararte para el futuro. Recuerda que la prudencia puede convertirse en exceso de cautela, la persistencia en obstinación y la sabiduría en santurronería.

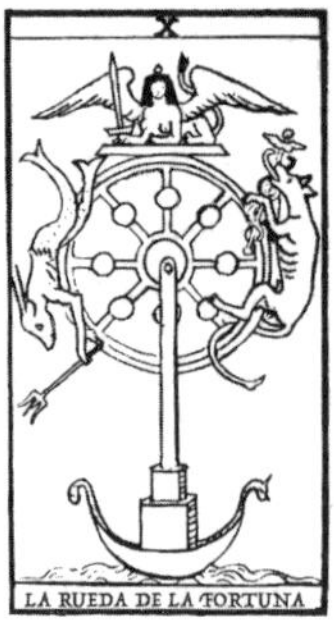

LA RUEDA DE LA FORTUNA

Tu año de la Rueda de la Fortuna

El comienzo de un año de la Rueda de la Fortuna suele ser inconfundible. Tras un año de soledad y concentración interior, de repente te encuentras en el candelero. Estás en medio de un torbellino social o girando como una peonza. Con la Rueda de la Fortuna como carta del año, has llegado a otro punto de inflexión. De tu experiencia pasada, traes semillas para una nueva dirección, pero también cargas y obligaciones. La rueda es el equilibrio de fuerzas contrarias, puestas en marcha de forma irreversible. Puede haber muchos altibajos. Probablemente te mudes o cambies de trabajo este año o se produzca algún otro giro en tu vida. He visto a gente perder su trabajo, su vivienda y su pareja, todo al mismo tiempo. Sin embargo, como esta carta tiene un aura de prosperidad y buena suerte, por lo general al final del año estas personas se encuentran mejor que cuando empezaron. Partiendo de la introspección del Ermitaño, ahora vuelves a ser más sociable y a ampliar tus horizontes. Se presentan nuevas oportunidades y elecciones, y verás opciones en las que antes no habías reparado.

Dependiendo de los proyectos que hayas realizado el año pasado, y de lo bien que lo hicieras, empezarás a ver los resultados en este año. Recibes el reconocimiento por tus logros y apareces en público o, de algún modo, te ves impulsado más allá de tu parcela habitual. Puede que vueles muy alto y muy lejos, literalmente o en sentido figurado.

Es un momento excelente para las actividades educativas, de comunicación o de publicación, y para iniciar o ampliar proyectos, aunque estas acciones de siembra tal vez no den fruto hasta dentro de un tiempo. Sin embargo, ha llegado la hora de establecer objetivos, reconocer los sueños y hacer planes a largo plazo, visualizando el conjunto antes de enfrascarse en los detalles. También es un año en el que, literalmente, aparecen las cosas, a menudo como resultado de procesos iniciados hace tiempo. Por ejemplo, es posible que aparezcan amigos a los que no has visto en una década. En términos de aprendizaje, sirven para que seas consciente de los efectos de tus acciones durante este periodo, con todo el crecimiento y los cambios que trae el tiempo.

En definitiva, se trata de un año afortunado, en el que la experiencia adquirida con el paso de las estaciones te ayuda a centrarte en tu nueva dirección.

Tu año de la Justicia

El año de la Justicia anuncia un nuevo comienzo en el que has de tomar decisiones. Pero primero tienes que valorar los pros y los contras de varias propuestas. Se trata de un periodo de ajustes y sobre todo tendrás que asimilar los cambios que se produjeron durante el año de la Rueda de la Fortuna. Recogerás lo que has sembrado hasta ahora.

En el año de la Justicia, podrías involucrarte en asuntos legales (la balanza de la justicia) o manejar asuntos financieros (la balanza de los negocios). Es posible que te plantees algún tipo de asociación, ya sea en el área de los negocios o en tu vida personal. Por tanto, los contratos y los documentos son importantes y han de examinarse cuidadosamente. Por ejemplo, casarse en un año de la Justicia tiene un significado especial como acuerdo contractual. Es una buena idea aclarar lo que esperas de cualquier asociación o acuerdo comercial.

En nuestra sociedad, te han enseñado (sobre todo si eres mujer) a transigir y a compartir, a prestar mucha atención a qué es lo que quiere el otro y, después, a averiguar hasta dónde llegas con eso, antes incluso de saber claramente lo que *tú* quieres. Quédate un instante a solas y anota lo que desearías si pudieras tener *cualquier cosa*. Dale rienda suelta a tu imaginación. Escribe la situación soñada con todo lujo de detalles. Luego, trata de llegar a algún tipo de acuerdo contigo mismo. Si todos hiciéramos esto, se abriría el camino a la confianza mutua y se eliminarían los resentimientos que pueden agobiarte en el año siguiente. En cualquier caso, el reto es ser fiel a ti mismo, ver claramente qué cosas puedes dejar pasar sin resentimiento y a qué otras no estás dispuesto a renunciar. La Justicia es un símbolo de tu tribunal interior que determina la inocencia o la culpabilidad personal. Cualquier cuestión en la que intervengas que no sea justa para ti se volverá insostenible en el año siguiente.

Por lo tanto, este es un año para aceptar la responsabilidad por ti mismo, para evaluar los efectos de tus acciones y juicios, y para hacer los ajustes necesarios. Tienes que evaluar los cambios que se han producido con el fin de determinar lo que quieres mantener en tu vida y lo que ya no refleja de manera auténtica lo que eres o no le hace justicia. Has de juzgar cómo empleas tu tiempo y tus energías y si estás recibiendo una recompensa justa por tus esfuerzos. Si trabajas por cuenta propia, tal vez sea necesario ajustar lo que cobras o cómo haces las cosas.

La Fuerza como número 11

Si para ti la Fuerza es el número 11, este año será el que viene después del año de la Rueda de la Fortuna. Se trata de otra buena oportunidad para ver qué carta te conviene más. Es un año de autoexpresión creativa y apasionada, aunque requiere esfuerzo, autodisciplina y resistencia. Tras la vorágine social y la ampliación de las oportunidades fruto de la Rueda de la Fortuna, se impone la necesidad de encontrar la forma de gestionarlas con gracia y energía. Debes esforzarte para estar por encima de las cosas, ya se trate de materias creativas, antiguos miedos o relaciones personales, de manera que no te perturben. Quizá se ponga a prueba a un nuevo nivel tu capacidad para mantenerte fuerte, y las debilidades podrían tener consecuencias en el año siguiente. ¿Te estás enfrentando a las leyes de la naturaleza o las normas de la interacción social?

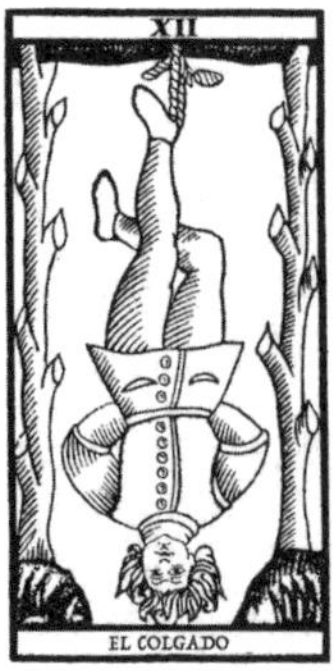

Tu año del Colgado

En un año del Colgado, tendrás que liberar aspectos de tu pasado. A veces, cuando esto implica la pérdida de alguien a quien estás unido, lo sientes como una traición. Sin embargo, las experiencias dolorosas o hirientes de este año sirven para el crecimiento espiritual interior. Relájate y déjate llevar. Al soltar los viejos patrones y renunciar a las ideas fijas, pueden formarse otros nuevos de acuerdo con los nuevos compromisos. En los años del Colgado se hacen sacrificios en los que antepones las necesidades de los demás o sacrificas un bien menor en aras de otro mayor.

Tal vez sea un año en el que sientas confusión o frustración, con la vida en suspenso y las actividades detenidas. Puede que te dediques desinteresadamente a alguna tarea o debas enfrentarte a una «situación imposible» que no te deje otra opción que la de confiar a ciegas en una fuerza superior a ti. El Colgado es un símbolo de aislamiento místico en un ritual de purificación. Así, sacrificar tu interés personal para dedicarte a una causa te aportará la comprensión del significado más profundo de tus actos.

Si te encuentras en situaciones en las que te sientes impotente e incapaz de actuar, podrías recurrir a la fantasía, al alcohol, a las drogas o a la adicción al trabajo; a cualquier salida para escapar. Una perspectiva completamente diferente te ayudará. No malgastes tu energía negando un problema; en su lugar, pon toda la atención y energía en lo opuesto, es decir, lo que deseas. Esto tal vez suponga un cambio con respecto a todo lo que defendías antes. Es esencial que seas humilde, ya que en tu año del Colgado descubrirás que hay muchos factores que escapan a tu control. Sin embargo, podrás sentir cómo el espíritu de la divinidad fluye a través de ti y te libera de limitaciones a través de tu fantasía, tu arte y tus oraciones.

Tu año de la Muerte

Es raro que en tu año de la Muerte se produzca una muerte real, ya que, además de fin, significa transformación y regeneración. En general, se trata más bien de un momento para mudar la piel vieja y volver a nacer. Después de un año del Colgado en el que te has enfrentado a lo que te atenazaba, ahora te liberas, lo que suele dar lugar a una nueva oleada de energía. Superas el estancamiento para hacer aquello que te sirve. Al podar la madera muerta y las partes moribundas de tu vida, permites que toda la fuerza vital fluya hacia las partes sanas para que puedan brotar de nuevo. Lo que se destruye este año deja paso a la nueva vida.

Tal vez te sientas como si te hubieran arrancado parte de ti; sin embargo, descubrirás que te has quedado con la estructura básica de tu vida o de un proyecto creativo. Cuando te deshaces de todo lo innecesario, lo que queda es aquello en lo que de verdad puedes confiar y creer. Tus energías creativas, sin nada que las bloquee, se liberan para explorar nuevas posibilidades.

Así que el año de la Muerte es en realidad un año de gran vigor, liberado de formas inadecuadas. Puede haber un tremendo poder e impulso para afirmar tu fuerza vital y enfrentarte a tus mayores miedos.

Dado que Escorpio es el signo correspondiente, tienes la fuerza para sumergirte en la investigación de cosas ocultas, para investigar o incluso para involucrarte en asuntos de los bajos fondos. Podrías cortejar el peligro y disfrutar de la emoción de vivir rozando los límites. Tener la capacidad de fundirte por completo con algo significa que tu experiencia será profundamente transformadora. Asimismo, tus experiencias sexuales podrían ser aquellas en las que pierdes tu sentido del yo al fundirte con el otro, lo que en la época isabelina se conocía como la «pequeña muerte». Eres consciente de la vida y del amor, pero también puedes volverte celoso y posesivo; si es así, ten cuidado, pues lo que intentas poseer podría serte arrancado de forma aún más dolorosa. La pregunta que debes hacerte en un año de la Muerte es: «¿Qué hay que eliminar para que la nueva vida surja sin obstáculos?».

Tu año de la Templanza

Tu año de la Templanza es una etapa en la que combinas creativamente las cosas de formas innovadoras y diferentes. Encuentras recursos y ayuda que antes ni siquiera sabías que existían, tanto de tus compañeros como en el plano espiritual. Tus principales lecciones tal vez versen sobre la compasión, la reconciliación y la curación de las heridas: cómo convertir los problemas en bendiciones. Tienes la resistencia interior para superar lentamente todos los obstáculos con paciencia y gentileza. Algunas personas descubren que son capaces de jugar con el tiempo, de alargarlo y ralentizarlo a voluntad. Las sincronías y los milagros cotidianos se producen de forma extraordinaria.

Como año asociado a Sagitario, es el momento de rejuvenecer tu mente superior, para la filosofía, las comunicaciones o la curación. Te interesan las nuevas formas de las cosas viejas y cómo revivir las ideas obsoletas. Incluso es posible que trabajes en algún tipo de proyecto de restauración o conservación. Quizá tiendas puentes y establezcas conexiones, tal vez conectando a unas personas con otras o actuando como mediador entre ellas. Abordarás situaciones problemáticas y estarás dispuesto a experimentar y buscar formas que impliquen adaptación y moderación. Tal vez recurras a la guía espiritual, pero quieres resultados prácticos.

Si el año de la Muerte fue doloroso y desintegrador, en el año de la Templanza tómate tiempo para recuperarte, equilibrando tus energías y construyendo tu nueva identidad. Puedes irte de viaje o redistribuir tu energía o tus posesiones. Te resultará de gran ayuda el estar cerca del agua, tomarte un tiempo a solas para entrar en comunión con tu fuero interno o recurrir a un amigo comprensivo. Si ya has pasado por esto, ahora podría ser tu turno de actuar como amigo comprensivo y sanador.

Tu año del Diablo

En tu año del Diablo, querrás desarrollar los recursos que descubriste en el año de la Templanza. El año anterior estableciste líneas y redes de comunicación, y ahora quieres utilizarlas para construir proyectos más ambiciosos. Buscas planes que prometan el éxito. La ambición capricorniana te hace esforzarte, y la humildad y la paciencia no te resultarán fáciles.

Este es un buen momento para disfrutar del aspecto material de la vida. Diviértete. Haz travesuras, altera el orden de tu vida. El peligro es que te dejes poseer por tus deseos, te excedas en los placeres e intentes controlar a los demás para conseguir lo que quieres. La lección esencial es tener claro qué indulgencias y deseos producen un crecimiento y bienestar saludables y cuáles te esclavizan y atan. ¿En qué casos la culpa y el miedo te impiden hacer algo? Si hay algo que no quisiste soltar en el año de la Muerte o con cuya pérdida no te reconciliaste en el año de la Templanza, podría volver a atormentarte en el año del Diablo. Es posible que te sientas frustrado y lleno de rabia por la actitud de los de «arriba», es decir, el Gobierno, el Ejército, las grandes empresas, la religión organizada o cualquier entidad o individuo que trate de controlarte o manipularte. De ser así, no es extraño que quieras romper tabúes, evadir impuestos o involucrarte en acciones destructivas. El pesimismo y la desconfianza pueden ser una carga muy pesada. Hay momentos en los que no nos queda otro remedio que poner distancia.

En el año del Diablo, te convendría observar con atención las cuestiones relacionadas con tu sombra, sacar a la luz la ira y el resentimiento, y descubrir dónde residen en realidad el poder, la creatividad y el amor sin miedo. Ha llegado el momento de derrotar al adversario de la culpabilidad injustificada. Lucha con sentido del humor. Utiliza la alegría y la imaginación para liberarte de la esclavitud de la negatividad. Si aprendiste a jugar con el tiempo en un año de la Templanza, en un año del Diablo podrás aprender a jugar con la «gravedad» de los asuntos.

Tu año de la Torre

Tu año de la Torre es un periodo revolucionario, en el que se rompen formas y estructuras innecesarias. Te ofrece la oportunidad de derribar las barreras que te separan de los demás y de descubrir lo que de verdad te importa. El alcance del cambio que se produzca este año dependerá de lo ocurrido el anterior. Si construiste todo un cúmulo de logros utilizando tu poder sobre los demás, este será un periodo de violentas pruebas. Incluso si tu éxito fue modesto, espera temblores en tu vida. Las organizaciones caen, las estructuras de creencias se desmoronan y es probable que las fuerzas reprimidas se liberen repentinamente, como indica la correspondencia de esta carta con el planeta Marte. Las falsedades se revelarán. O bien rompes conscientemente las viejas formas con nuevas percepciones o la naturaleza lo hará por ti a través de accidentes, desastres naturales o acciones de otros. Es posible que cambies de trabajo, de relaciones o de vivienda o bien que, directamente, te quedes sin ellos. Tu aspecto físico se verá afectado: tal vez te operen, sufras un accidente, ardas de fiebre o pierdas peso. A menudo hay una necesidad de purgar y quemar lo que te obstruye.

Observa en qué aspectos quieres recuperarte y llevar a cabo un cambio, y actúa de forma consciente para conseguirlo. Para liberar tus bloqueos energéticos toma conciencia de ellos y de los sentimientos que generan. Cuando te enfadas, te estresas o te comportas mal o inapropiadamente, esto se debe a tu energía bloqueada y reprimida. Una vez que la liberas conscientemente, esta energía puede impulsarte a superar obstáculos que antes te parecían insuperables.

Ha llegado el momento de desbloquearte en cualquier aspecto de tu vida en el que te hayas vuelto rígido y ya no seas capaz de crecer. La pregunta del millón es: «¿Cómo me libero de mis bloqueos sin destruirlo todo?». En primer lugar, acepta que la acción es necesaria. Déjate llevar por las corazonadas de la intuición, las ideas iluminadas o las soluciones que ahora te podrían parecer «inverosímiles»; considéralas como nuevas posibilidades que puedes desarrollar en el futuro.

Este es un año excelente para romper con el pasado. Literal y figuradamente, limpia tu casa y tus actos. Abandona algunos viejos hábitos y adquiere otros nuevos. Olvídate de las ideas preconcebidas sobre cómo van las cosas en tu vida y deja espacio para un futuro nuevo y diferente.

Tu año de la Estrella

Tu año de la Estrella suele ser una época de reflexión y esperanza. Estás completamente expuesto, ya que el año pasado te despojaste de todas las imposturas y falsas ambiciones. Puedes regocijarte en tu libertad y crecer sin esfuerzo hacia nuevas aspiraciones, utilizando habilidades antes no explotadas. Es probable que te sientas abrumado por las posibilidades y las fronteras desconocidas, pero eres consciente de que todas las respuestas están en ti. El reto es ser totalmente honesto con todas tus esperanzas, sueños y deseos. El grado de comodidad con el que te sientas vulnerable depende del trabajo que hayas realizado durante los años anteriores en relación con la liberación de miedos y bloqueos.

Otra posibilidad de un año de la Estrella es que despiertes de la sacudida del año anterior y emerjas con toda tu luz: estás en estado de gracia, admirado por los demás; eres una estrella en el firmamento. Para brillar de verdad, necesitas utilizar tus talentos y habilidades.

El año de la Estrella te ofrece la oportunidad de empezar a ver el patrón de tu destino, de descubrir las imágenes que más influyen en tu vida y de reconocer la luz que te guía. Al entregarte sin reservas a tu destino y a las estrellas protectoras, estas te guían en tu viaje.

En un año de la Estrella, correspondiente a Acuario, tienes aspiraciones para la humanidad: adviertes los grandes patrones y los vínculos de conexión entre determinados grupos y las necesidades de la gente. Es posible que te identifiques con causas altruistas en las que podrás canalizar tus energías por medio de buenas obras y proyectos humanitarios, sin reclamar nada para ti. A partir de ahí los dones y el brillo que hay en tu interior comenzarán a destacar. Pregúntate: «¿Qué espero conseguir y qué estoy dispuesto a hacer para lograrlo?».

Tu año de la Luna

Tu año de la Luna puede ser de desilusión con los ideales por los que trabajaste el año pasado. En realidad, se trata de una prueba para ver si esos ideales aguantan el acoso de los demás y tus temores de que tus sueños se queden en nada. Eres muy sensible a la conciencia colectiva de la gente, y eso afecta profundamente a tu identidad individual. No estás seguro de cuáles son tus propios valores y sentimientos y cuáles proceden del inconsciente colectivo: se trata de elementos que se están elaborando a escala mundial y que tú experimentas de forma instintiva. Los acontecimientos de este año implican factores y consecuencias imprevisibles.

La Luna es una carta de relaciones kármicas, por lo que estás involucrado en asuntos que afectan a otras vidas, pasadas y futuras. Puedes atraer hacia ti a personas que has conocido en otra vida o que han fallecido en esta. Pueden surgir confusiones, dramas innecesarios y malentendidos cuando respondas a situaciones de la infancia o a emociones desencadenadas kármicamente.

Este puede ser un año de despertar psíquico e intuitivo, como indica el signo correspondiente, Piscis. Es posible que te sientas atraído por el ocultismo, el misticismo o la espiritualidad. Trabajar con los sueños, los símbolos, la terapia y la imaginación puede ser muy gratificante. De hecho, esta parte de tu vida quizá parezca más real y vívida que la vida ordinaria y despierta. Podría darte la impresión de que los demás hablan un idioma diferente, ya que tus intereses no tienen nada que ver con los suyos. Asegúrate de comprender lo que es una ilusión y lo que es real, ya que tus poderes de razonamiento ordinarios se eclipsan y se impone la consciencia mítica, poética y chamánica. Sin embargo, tienes la capacidad de utilizar tu imaginación de forma muy eficaz, visualizando y afirmando lo que quieras crear. Es importante seguir funcionando en el mundo cotidiano. Las interpretaciones metafóricas y simbólicas de las situaciones de la vida te ayudarán a dar sentido a cualquier situación confusa o perturbadora que estés experimentando. Intenta ver los acontecimientos de la vida como si fueran sueños. Abre tus sentidos y sigue tus instintos. Durante un año de la Luna, puedes sentir que hay más en este mundo de lo que percibes normalmente.

Tu año del Sol

El año del Sol representa el éxito. Augura el nacimiento de un nuevo proyecto concebido en los sueños y la imaginación del año anterior. Irradias buena voluntad, y a la gente le encanta disfrutar del brillo de tu entusiasmo y felicidad. Tienes nuevas revelaciones. Las situaciones que estaban empañadas el año pasado se aclaran y es posible que se revelen ciertos secretos. Te liberarás de los miedos que llevas la vida entera arrastrando. Ahora es posible la reconciliación con los demás. Si has seguido teniendo fe en tus sueños, ahora recogerás las recompensas. La lección consiste en reconocer dónde está el centro de tu universo. ¿Qué te hace feliz? ¿Cuál es tu centro de gravedad?

Es un buen año para estar cerca de los niños, pues se trata de una época más lúdica de lo habitual. Sal al aire libre, vete de vacaciones, ponte en forma, relájate. Pasa tiempo en la naturaleza y con los animales. Tus ideas y proyectos dan fruto, mientras descubres lo mucho que se puede conseguir con el pensamiento afirmativo. Sigue tus instintos con confianza y verás que no te defraudan. Sé cálido y generoso; puedes permitírtelo y además serás recompensado. En ocasiones, podrían surgir problemas a causa del agotamiento y la extenuación que produce el concentrar todas tus energías en una única fuente.

El Sol es la fuente de la riqueza temporal y espiritual, pero también de la radiación y las quemaduras solares. Cultiva la conciencia de la prosperidad y deja que cada día te aporte más sabiduría y comprensión. En líneas generales, es un año de suerte; se presentarán muchas oportunidades, así que estate preparado para responder.

Tu año del Juicio

En un año del Juicio, correspondiente a Plutón, te enfrentas a tu propia mortalidad, ya sea a través de una vivencia personal, la muerte de un conocido o el final de algo. Es el fin de una era y el comienzo de otra. Tal vez se produzca una evaluación de tu vida y de tus logros. Al final, los resultados de esto serán liberadores, aunque el proceso es lento y quizás necesites mucho tiempo para conocer todas las implicaciones de los acontecimientos de este año. Es probable que se produzca una reestructuración a gran escala de algún aspecto de tu vida. Te liberas inesperadamente de una limitación u obstáculo. Esto puede abrirte a una nueva vocación o profesión.

También te preocupan las transformaciones en tu estructura familiar o en tu comunidad. Si has despertado a un nuevo nivel de conciencia o has experimentado un renacimiento espiritual, querrás transmitir tu nueva perspectiva a los demás. La persuasión puede ser buena en algunos contextos como, por ejemplo, cuando se trata de hacer sonar la alarma en torno a cuestiones que requieren una acción global. Sin embargo, tu poder personal es tan fuerte como siempre, y el efecto sobre los otros podría tener consecuencias importantes, especialmente si los criticas o juzgas. Evita utilizar este poder para el engrandecimiento personal, y en su lugar aplícalo desinteresadamente por el bien de los demás o de toda la sociedad. Como muestra la cruz del estandarte, te encuentras en una encrucijada, y cuando el destino te llame te corresponderá a ti decidir cómo vas a responder.

Tu año del Mundo

Tu año del Mundo indica la finalización de proyectos importantes, el fin de un ciclo y el nacimiento de un sentido holístico e independiente de tu ser. Podría ser un año muy fructífero, en el que se produzca la culminación de algún proceso mayor. Tal vez te encuentres trabajando dentro de una esfera estrecha o incluso confinada, aunque posiblemente en tareas de amplia aplicabilidad. Como en el anterior año del Juicio, tus asuntos y los de la gente son, en realidad, inseparables.

El impulso de maternidad y crianza tiene implicaciones de importancia global o universal que podrían afectar a la Madre Tierra. Necesitas establecer un contacto firme con tu propia naturaleza, ya que sirve de base a tus proyectos del mundo exterior. Cuida tu salud y tu cuerpo físico.

Quieres liberarte de cualquier dependencia de los demás y te gustaría dejar tu huella única en el mundo. Para eso es fundamental que te orientes en tu entorno, que aprendas a situarte dentro del contexto general. Lo importante, como se dice en el sector inmobiliario, es: ubicación, ubicación y ubicación. Orientarte bien te servirá para influir de forma positiva en el siguiente año, que suele ser el del Loco, cuando el caos vuelva a entrar en tu vida.

La carta del Mundo simboliza el concepto de síntesis cósmica creativa. Tendrás que integrar tu yo físico con tu yo espiritual. La danza, tal como aparece en esta carta, simboliza la creación del universo y sugiere una forma de alinearte con lo que se está formando. Las cualidades hermafroditas de la bailarina indican que haces cosas que se basan en una gama completa de características humanas y que no te verás limitado por el género.

Tu año del Loco

El último año del Loco (22) posible para un individuo habría sido el 1 de enero de 1991, y no habrá otro hasta dentro de unos doscientos cincuenta años, pero las repercusiones de este año pueden sentirse en los de la Muerte y el Emperador. En tu año del Loco, un año caracterizado por la *loco*moción, es muy probable que hagas un desplazamiento importante, viajes repentinos o, al menos, inusuales o inesperados. Te arriesgas y haces cosas que parecen muy fuera de lo normal. Los viajes te dan la oportunidad de probar nuevas personalidades y de olvidar tus responsabilidades durante un tiempo. Vives en el presente, y te dejas llevar por los caprichos del momento. Al preocuparte solo por el ahora, tal vez desde una perspectiva a largo plazo hagas algunas tonterías; pero en este instante no puedes pensar en eso. El futuro parece lejano y el pasado está olvidado.

No tienes en cuenta las reglas, admites que no sabes nada, llevas prendas que no combinan y alteras las normas de conducta y la sociedad en general. Puedes ofender a la gente porque pones de relieve su hipocresía, te niegas a actuar con falsedad y te burlas de sus valores. Esto te convierte en el Loco, y está claro que no encajas en la norma.

Sin embargo, en un año del Loco, actúas con inspiración divina. Sigues tus instintos y con frecuencia apareces en el lugar adecuado en el momento oportuno. Tu ingenuidad e inocencia (una especie de locura temporal) te permiten contemplarlo todo desde una nueva perspectiva y descubrir posibilidades apasionantes allí donde otros con los sentidos embotados no perciben nada. Conseguirás hacer cosas que otros, demasiado prudentes, ni siquiera intentarán.

Tus actitudes caprichosas quizá te creen dificultades en los años siguientes. Cuando trastocas las tradiciones y defiendes la anarquía, causas problemas. Por otra parte, tu confianza en la alegría básica y la espontaneidad de la vida es contagiosa. Eres un ser original, que representa una verdad maravillosa: el mundo está lleno de posibilidades si te sales de los caminos trillados.

EL MAGO
LA TORRE
EL EMPERADOR
EL SOL
LA MUERTE
EL CARRO
LA RUEDA de la FORTUNA
LA SUMA SACERDOTISA
LA EMPERATRIZ
EL LOCO
LA ESTRELLA
EL PAPA
LA LUNA
LOS ENAMORADOS
EL JUICIO
EL MUNDO
LA TEMPLANZA
LA FUERZA
EL DIABLO
EL ERMITAÑO
LA JUSTICIA
EL COLGADO

Capítulo 16

Grupos de almas y dinámicas de las relaciones

Al igual que el tarot puede disponerse en tres filas de siete cartas o en grupos basados en los números raíz, existe otro patrón para disponer los arcanos mayores que dilucida específicamente las cartas de la vida y del año. Esto lo aprendí de Vicki Noble y Jonathan Tenney, que escribieron sobre ello en *The Motherpeace Tarot Playbook* [El libro de jugadas del tarot de la Madre-Paz], pero luego descubrí que otros tarotistas como Papus y Lois Ellis también habían trabajado con este patrón. Te animo a que dispongas tus propios arcanos mayores tal como se describe y veas lo que descubres en el proceso.

Comienza con tus arcanos mayores en orden. De momento, deja a un lado al Loco. Necesitarás una mesa grande o un espacio en el suelo. Vas a crear tres grupos de siete cartas, de modo que los tres grupos formen las puntas de un triángulo que apunta hacia arriba.

Empezaremos colocando las tres últimas cartas de los arcanos mayores (19, 20, 21) para, a continuación, seguir el orden numérico empezando por el Mago. Coloca el Sol como primera carta del grupo 1, tan apartada de ti como permita el espacio. A tu extremo izquierdo y cerca del frente, pon el Juicio (grupo 2). En tu extremo derecho y a la altura del Juicio, coloca el Mundo (grupo 3). El Mago va directamente por encima del Sol, tocándolo. La Suma Sacerdotisa va directamente por encima del Juicio, y la Emperatriz va por encima del Mundo. El Emperador se sitúa con el grupo 1, inmediatamente a la derecha del Mago y del Sol (a mitad de camino hacia arriba del Mago y a mitad de camino hacia abajo del Sol). El Papa va también con el grupo 2 y los Enamorados con el grupo 3. El Carro te devuelve al grupo 1 y va debajo del Emperador, y así sucesivamente. Sigue distribuyendo las cartas en estos tres grupos de forma que rodeen la primera carta de cada grupo en el sentido de las agujas del reloj. Fíjate en la ilustración de la página 286.

Por la forma en que se relacionan entre sí, llamaremos a estos grupos *dinámicas*.

- **Dinámica 1:** la carta 19 está en el centro, con las cartas 1, 4, 7, 10, 13 y 16 a su alrededor en el sentido de las agujas del reloj.
- **Dinámica 2:** la carta 20 está en el centro, con las cartas 2, 5, 8, 11, 14 y 17 a su alrededor en el sentido de las agujas del reloj.
- **Dinámica 3:** la carta 21 está en el centro, con las cartas 3, 6, 9, 12, 15 y 18 a su alrededor en el sentido de las agujas del reloj.

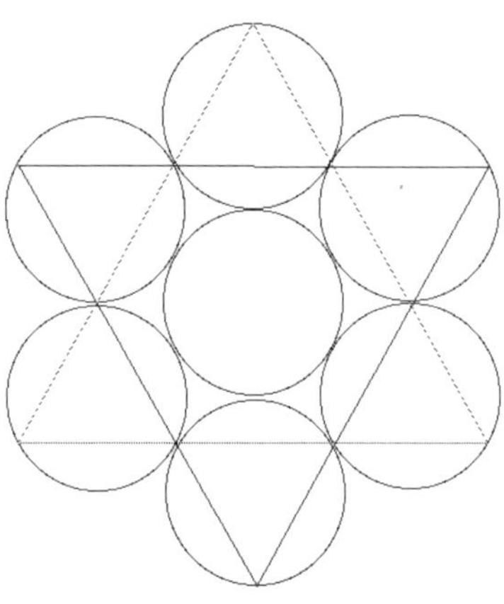

Si utilizas naipes circulares, descubrirás que seis cartas forman un hexagrama y encajan perfectamente alrededor de la séptima carta central, con sus bordes tocando apenas las adyacentes.

Y ahora prepárate para otra sorpresa: las tres cartas que forman el eje vertical central en cada grupo son las mismas que se encuentran en las tres primeras constelaciones:

- El Mago, la Rueda de la Fortuna y el Sol.
- La Suma Sacerdotisa, la Justicia y el Juicio.
- La Emperatriz, el Colgado y el Mundo.

Las cartas situadas en diagonal en una dinámica son los pares de constelaciones. Si lo deseas, puedes colocar el Loco en el centro de los tres grupos de cartas. ¿En qué dinámica caen tus cartas de nacimiento? No solo te identificas con una constelación, sino también con tu grupo de dinámica, que además aporta características a las cartas del año. Las características que las identifican aparecen en la tabla 12.

Tabla 12: Los tres grupos de dinámicas

Dinámica 1	Dinámica 2	Dinámica 3
Consciente	Intuitiva	Imaginativa
Racional	Emocional	Sintética
Agresiva	Receptiva	Integrativa
Centrada	Absorbente	Formativa
Intencional	Reactiva	Motivadora
Pensar	Saber	Ser
Externa	Interna	Interactiva
Dispuesta	Reflexiva	Transformadora
Iniciar	Canalizar	Adaptar
Afirmar	Juzgar/evaluar	Mediar
Desear	Aceptar	Expresar

Las cartas del año completan un ciclo a través de las tres dinámicas, y de esta manera se crea un ritmo en la forma en que cada año responde a las energías del año anterior y cede al año siguiente. Lo que se integró en un año da paso a nuevas intenciones, y a continuación, en el año que le sigue, viene la evaluación, etc. Las cualidades exactas dependen de las cartas concretas de que se trate.

La dinámica en la que aparecen tus cartas natales señala los tipos de dinámica energética que encontrarás con personas de otras cartas natales. La tabla 13 te muestra algunas de las formas en que nos relacionamos según nuestra dinámica. Si te fijas en la gente que conoces, descubrirás otras características interesantes. Obviamente, en cada categoría hay relaciones buenas y malas. Aquí he utilizado ejemplos de parejas famosas en el ámbito del amor, la creatividad y los negocios.

Uno de los aspectos más interesantes y beneficiosos del trabajo con las cartas de nacimiento es el de reconocer las diferencias y explorar las dinámicas de relación. Esto te permite aceptar la diversidad y llegar a entender a los demás y verlos con compasión.

Tabla 13: Los seis patrones de la dinámica de las relaciones

D1 + D1	Como la agresividad y la competencia pueden ser fuertes, las relaciones entre las personas que establecen esta dinámica se desarrollan mejor cuando existe un gran reto, hay límites o reglas claras y ambas trabajan en pos de un objetivo común. La presencia de un enfoque consciente les sirve de estímulo a las dos para conseguir los mejores resultados, aunque es verdad que a veces los egos se interponen en el camino. La asunción de riesgos puede proporcionar grandes recompensas o bien descontrolarse. *Ejemplos:* Bonnie (Parker) y Clyde (Barrow) (forajidos). Marie y Pierre Curie (científicos). Steve Jobs y Steve Wozniak (cofundadores de Apple Inc.). Bill Gates y Paul Allen (cofundadores de Microsoft). Larry Page y Sergey Brin (cofundadores de Google).
D1 + D2	Esta combinación tiende a caer en la trampa tradicional de la dominación y la sumisión, o del actor y el receptor, en la que uno suple lo que le falta al otro. Esto funciona bien cuando ambos respetan el papel que desempeña la otra parte. Los problemas surgen, por ejemplo, si uno de ellos asume el protagonismo de forma que el otro se siente utilizado, traicionado o despreciado. Cuando trabajan juntos, pueden ser brillantes. *Ejemplos*: Karl Marx y Friedrich Engels (cofundadores del marxismo). Humphrey Bogart y Lauren Bacall (actores, compañeros de reparto, cónyuges). Margot Fonteyn y Rudolf Nureyev (dúo de *ballet*). John F. Kennedy y Jackie Kennedy Onassis (presidente y primera dama de Estados Unidos). La princesa Diana y el príncipe Carlos (princesa y príncipe de Gales).

D1 + D3	En general, se trata de una dinámica muy imaginativa. En el mejor de los casos, existe una capacidad casi asombrosa para percibir y alimentar la chispa creativa del otro. Pero eso no significa que estas relaciones sean fáciles. La visión, el estilo y las necesidades de los individuos pueden ser muy diferentes y requieren una conexión y una comprensión que van más allá de la asociación. Se necesita flexibilidad, o la relación se vuelve frágil y se rompe. *Ejemplos:* Sigmund Freud y Carl Jung (psicoanalistas). Frida Kahlo y Diego Rivera (pintores mexicanos, cónyuges). John Lennon y Paul McCartney (socios compositores, miembros de los Beatles). Ozzy y Sharon Osbourne (cantautor y esposa-mánager). Ben Cohen y Jerry Greenfield (cofundadores de los helados Ben & Jerry's).
D2 + D2	Aunque podríamos pensar que se trata de una combinación excesivamente pasiva, de hecho las dinámicas 2 parecen funcionar bien en las relaciones que combinan aspectos personales y comerciales, y crean fuertes vínculos intuitivos. Al juzgar lo que el otro necesita, pueden proporcionarse mutuamente apoyo y seguridad. Sin embargo, cuando el estrés emocional, las adicciones y el psicodrama se apoderan de ellos, los individuos de esta asociación sensible se vuelven excesivamente reactivos y descargan el estrés en su pareja y los demás a su alrededor. *Ejemplos:* Richard Burton y Liz Taylor (actores, coprotagonistas, cónyuges). Jackie Kennedy y Aristóteles Onassis (ex primera dama estadounidense y segundo cónyuge, magnate naviero griego). Lucille Ball y Desi Arnaz (comediantes, actores, coprotagonistas, cónyuges). Barack y Michelle Obama (presidente y primera dama de Estados Unidos). Beyoncé Knowles y Jay-Z (artistas discográficos, colaboradores, cónyuges).

D2 + D3	En su mejor momento, esta pareja aprende a aceptar al otro tal como es y a trabajar en armonía. Aparentemente, se trata de una combinación estupenda para entablar una amistad profunda y duradera con una ligera rivalidad. Existe la suficiente diferencia para estimular, así como una facilidad para el compromiso sin que se requiera una fusión total, y no hay una gran necesidad de dominio. A menudo se establecen identidades individuales e incluso pueden ir por libre, pero su interacción parece beneficiarlos tanto a ellos como a los demás. *Ejemplos*: Franklin Delano y Eleanor Roosevelt (presidente y primera dama de Estados Unidos). Paul Newman y Joanne Woodward (actores, coprotagonistas, cónyuges). Bill y Hillary Clinton (presidente y primera dama de Estados Unidos, políticos). David y Victoria Beckham (futbolista y cantautora británica). El príncipe Guillermo y la princesa Kate (duque y duquesa de Cambridge). W. S. Gilbert y Arthur Sullivan (colaboradores de ópera). Bill Hewlett y Dave Packard (cofundadores de Hewlett-Packard).
D3 + D3	Esta combinación parece funcionar mejor cuando la pareja comparte, alimenta y expresa conjuntamente sus sueños e ideales románticos. Aunque pueden hacerse grandes sacrificios, la relación se ve favorecida cuando cada uno se sacrifica por una causa mayor y trabajan juntos para lograr la transformación. Pese a que, en ocasiones, la tendencia a fusionar identidades o a aceptar la fantasía de dicha fusión es un punto fuerte, puede convertirse en un problema si se suprime la individualidad de cada uno. *Ejemplos:* John Lennon y Yoko Ono (artistas, colaboradores, esposos). Elizabeth Barrett y Robert Browning (poetas, cónyuges). Elvis y Priscilla Presley (cantante y cónyuge). Sonny y Cher Bono (dúo musical de marido y mujer).

I
EL MAGO

+

EL DIABLO

=

XVI
LA TORRE

TAROT

+

XX
EL JUICIO

+

XVIII
LA LUNA

+

XX
EL JUICIO

=

XIII
LA MUERTE

=

XI
LA JUSTICIA

Capítulo 17

Las cartas de tu nombre

El significado de tu nombre

Desde la más remota antigüedad el nombre de una persona ha sido sinónimo de su alma en la mayoría de las culturas. Esto es un reflejo de una antigua edad de oro en la que la magia y la realidad eran una sola cosa. Nombrar era un rito trascendental. En algunas culturas, para que los recién nacidos pudieran ser amamantados, primero había que ponerles un nombre. En otras, el niño era bautizado por un chamán o anciano de la tribu que utilizaba la adivinación para descubrir el nombre ya conocido por el Espíritu y que expresara el propósito y el carácter de ese niño. Nombrar una cosa o conocer su nombre se considera a menudo una forma de obtener poder sobre ella. El verdadero nombre de alguien, es decir, el de su alma, era a menudo un secreto que únicamente se conocía dentro de la familia más cercana.

Los nombres siempre han constituido expresiones psicológicas profundas del verdadero ser, e incluso en forma escrita, el nombre de uno es un jeroglífico de poder espiritual. Pensemos en el nombre hebreo secreto de Dios, conocido como el *tetragrammaton*, ya que está simbolizado por las cuatro consonantes YHVH. Las vocales no aparecían y estaba prohibido pronunciarlo. Incluso entre los cristianos, el concepto de nombre se ha equiparado con el carácter y el destino, por lo que los niños suelen recibir nombres de santos cuyas cualidades los padres desean que reflejen. Hoy en día, es más probable que la gente le ponga a un niño el nombre de una estrella de cine, un ídolo deportivo o un personaje literario, pero, también en este caso, con la esperanza de que se le pegue algo de su magia personal. Por tanto, histórica y simbólicamente, tu nombre es un vehículo de tu poder y tu magia. Como dice el Eclesiastés (7: 1): «Un buen nombre es mejor que un ungüento precioso» y, aunque se refiere a la reputación, también sugiere el poder de nombrar.

Las cartas de nombre

Además de las cartas de nacimiento, determinadas por la fecha en que este se produce, tienes un conjunto de cartas de los arcanos mayores llamadas *cartas de nombre*, que provienen de tu nombre de nacimiento. A cada letra de tu nombre le corresponden cartas que lo deletrean literalmente en imágenes y otras cartas derivadas de la suma y reducción numerológica de esas letras. Por medio del tarot, puedes descubrir el significado oculto de por qué te dieron tu nombre particular y lo que te dice sobre tu carácter y el destino de tu alma. De nuevo, al igual que con las cartas de nacimiento, encontrarás esta información más valiosa una vez que la hayas utilizado en ti mismo y en tus amigos. En ese momento empezarás a reconocer las tendencias y los patrones. Todas estas cartas de vida son herramientas de comprensión y han de utilizarse como indicadores intuitivos, no como instrucciones que hay que seguir al pie de la letra.

Tus cartas de vida, que son principalmente las cartas de nacimiento y las cartas de nombre, son una especie de lecturas personales que se aplican a ti durante toda tu vida. Si alguna vez cambias de nombre, estás eligiendo modificar o redefinir tu dirección personal, como se explica más adelante en este capítulo. Puedes plantearte las fechas de aniversario (o de renacimiento espiritual, etc.) como el comienzo de una nueva fase de tu vida o una dedicación a un propósito elegido, pero nunca podrás deshacerte de tu fecha de nacimiento real ni de tu nombre oficial de nacimiento. Es cierto que siempre habrá gente con circunstancias de nacimiento inusuales: he conocido a personas con dos fechas de nacimiento, que no saben cuál es la correcta, y a niños a los que no se les puso el nombre hasta más de un año después de su nacimiento; sus certificados de nacimiento dicen simplemente «hija de Jones» o «hijo de Williams». En estos casos debes trabajar con lo que te parezca correcto o aceptar todas las posibilidades como aspectos de ti mismo.

Equivalencias numéricas

Hay dos métodos principales para determinar los equivalentes numéricos de las letras de tu nombre.

El primero es el sistema inglés estándar (ver más abajo), que no se utiliza en este libro, en el que las veintiséis letras se numeran consecutivamente del 1 al 9 y luego vuelven a empezar por el 1. La A equivale a 1, al igual que la décima letra, la J, y la decimonovena letra, la S.

A=1, B=2, C=3, D=4, E=5, F=6, G=7, H=8, I=9, J=1, K=2, L=3, M=4, N=5, O=6, P=7, Q=8, R=9, S=1, T=2, U=3, V=4, W=5, X=6, Y=7, Z=8

El segundo sistema es el cabalístico, que busca hacer coincidir el alfabeto que se utiliza para la lengua inglesa con el alfabeto hebreo de solo veintidós letras. Como cada letra hebrea *es también un número*, una vez que sabes con seguridad qué letra de tu lengua corresponde a la hebrea, conoces el número. Sin embargo, ninguno de los diversos sistemas de transliteración de nuestro alfabeto al hebreo es preciso, ya que se basan en el sonido y no en la ortografía. Así lo demuestra el gran desacuerdo que existe entre las autoridades. La letra hebrea *Heh*, por ejemplo, representa nuestra *h** y a veces nuestra *e*, mientras que *Cheth* es *ch* en algunos sistemas y *h* en otros. *Teth* suele ser *t* y *Tav* es

* N. del T.: Se refiere a la *h* inglesa, sonora, que se pronuncia como una j española suave (hache aspirada); asimismo, compara las demás letras hebreas con su pronunciación en inglés.

th, pero en algunas listas se intercambian, y *Tav* es, en algunas ocasiones, *x*. *Tzaddi* es especialmente difícil, ya que suele designarse como un sonido *tz* como el que se encuentra en *czar* (deletreado con *cz* para hacerlo aún más difícil). ¡Ya ves los problemas!

He elegido utilizar los números de los veintidós arcanos mayores como base numérica. Para crear una representación simbólica de mi yo esencial a través de las cartas del tarot, las emparejé con el alfabeto inglés en el orden que todos aprendemos durante la infancia, impreso tan profundamente en mi inconsciente como en mi mente consciente, tal como se lo enseñé a mi hija por medio de la canción tradicional del alfabeto.

Los lingüistas han determinado que, antes de cumplir un año, los bebés reconocen y han aprendido a formar todos los sonidos básicos de la lengua o lenguas que se les habla a diario. Después de los diez años, es difícil, si no imposible, que alguien aprenda otra lengua sin acento. Al igual que ocurre con el calendario gregoriano, todos hemos sido influenciados por convenciones culturales particulares que enmarcan nuestras percepciones de la realidad.[14] No tiene mucho sentido deletrear un nombre en tu lengua con letras hebreas, a menos que te comprometas a trabajar con la magia cabalística.

En la tabla 14, cada letra se corresponde directamente con el número que tiene debajo y con una carta de los arcanos mayores correspondiente a ese número. Así, *A* = 1 = el Mago, *L* = 12 = el Colgado, etc. Los números de esta carta se llaman *números clave* y son los que se utilizan en todos los cálculos. Cualquier número clave de dos cifras puede reducirse a su *número raíz*, que siempre es un número de una sola cifra entre el 1 y el 9. El número raíz es el que se utiliza en los cálculos numerológicos estándar, mientras que *en este libro siempre se trabaja con los números del 1 al 22*.

Te habrás dado cuenta de que en nuestro alfabeto hay cuatro letras más que arcanos mayores hay en el tarot. Así, las letras W, X, Y y Z corresponden a los números 23, 24, 25 y 26, *pero para lo que aquí nos interesa se reducen automáticamente a su número raíz y a su carta*, es decir,

W = 23 = 2 + 3 = 5, X = 24 = 2 + 4 = 6, Y = 25 = 2 + 5 = 7 y Z = 26 = 2 + 6 = 8. Los números reducidos son los que debes utilizar en todos los cálculos que impliquen las cuatro letras finales. También representan los cuatro elementos que corresponden a los cuatro palos del tarot: *W* = fuego, *X* = tierra, *Y* = agua y *Z* = aire.

Tabla 14: Tabla de números clave del alfabeto

A 1	B 2	C 3	D 4	E 5	F 6	G 7	H 8	I 9
J 10	K 11	L 12	M 13	N 14	O 15	P 16	Q 17	R 18
S 19	T 20	U 21	V 22	W 5 Fuego	X 6 Tierra	Y 7 Agua	Z 8 Aire	

Las cartas básicas de tu nombre

Ahora vamos a utilizar la tabla anterior para encontrar algunas de las cartas personales de tu nombre. Coloca todas las vocales encima de tu nombre y todas las consonantes debajo. Súmalas por separado como se indica y reduce las sumas a un número que sea 22 o menos. (Hazlo en el espacio previsto en la tabla 15, «Tabla de tus cartas personales», en la página 302).

Por ejemplo:

	1		7		1			5		9		5			5	5		= 38	= 3 + 8	= 11
M	A	R	Y	K	A	T	H	E	R	I	N	E	G	R	E	E	R			
13		18		11		20	8		18		14		7	18			18	= 145	= 1 + 4 + 5	= 10
Suma de vocales más consonantes																		= 183	= 1 + 8 + 3	= 12

(Nota: ¡Suma siempre los números enteros antes de reducirlos!)

Si sumas las vocales y las reduces a un número de arcano mayor, que nunca podrá ser superior a 22, obtienes tu *carta de los deseos y la motivación interior*. (En mi caso, es el triunfo número 11: la Justicia, que está en la constelación de la Suma Sacerdotisa).

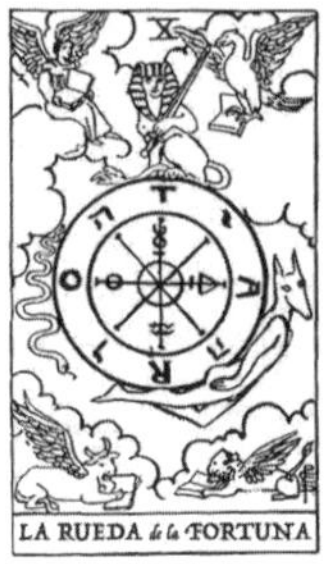

Sumando las consonantes y reduciendo esa suma, obtienes tu *carta de la personalidad externa*. (En mi caso, es la décima carta de triunfo: la Rueda de la Fortuna, en la constelación del Mago).

Tu *carta del destino* resulta de la suma de todos los números de tu nombre y de su reducción a 22 o menos. (En mi ejemplo, tengo la duodécima carta de triunfo: el Colgado en la constelación de la Emperatriz).

Tu plano personal

Veamos todo este concepto con más detalle. Según la filosofía hermética y metafísica, el alma individual elige una determinada vida para nacer en función de las lecciones y retos particulares que encontrará en ella. Por lo general, se trata de una vida que le proporcionará la mayor oportunidad para el desarrollo del alma a través del marco de experiencia ofrecido por una época histórica concreta; las estructuras de creencias nacionales, étnicas y culturales, y las contribuciones genéticas de los padres físicos. Como dice Seth, el mentor espiritual de Jane Roberts, en *The Nature of Personal Reality* [La naturaleza de la realidad personal]: «Inconscientemente, pues, tienes dentro de ti lo que podrías considerar un conjunto de planos para el tipo concreto de realidad física que quieres plasmar. Tú eres el arquitecto».[15] Por lo tanto, tus cartas de nombre pueden ayudarte a desarrollar tus cualidades particulares y tus características individuales inherentes.

Tu trabajo consiste en utilizar los talentos que tienes de la mejor manera posible, sabiendo, como dice Seth, «que en ellos [tus talentos] se encuentra tu propia realización individual».[16] ¡Este es, pues, tu destino! Tus cartas de nacimiento y tus cartas de nombre son indicadores de los talentos, las capacidades y las características que puedes desarrollar afrontando de forma creativa los retos que son tus lecciones en la vida diaria. Tu tarea consiste en materializar tu *nombre* de la mejor manera posible. El libre albedrío significa que puedes elegir hacerlo o no. Si no lo haces, tu nombre se convierte en todas esas cosas que te han tocado en «suerte». Esto me recuerda a un estudio que leí en el que se señalaba que las personas con nombres muy poco comunes tienden a destacar, ya sea como inusualmente individualistas, creativas y con éxito, o bien como solitarias, perturbadas e inadaptadas.

El trabajo de Charles Garfield sobre los «profesionales con mayor rendimiento» en los negocios y la industria indica que las personas que operan en su máximo nivel valoran los logros en su trabajo y en el pleno desarrollo de sus facultades humanas. Garfield dice que «tienen lo que antes se llamaba *carácter*: una fuerza interior que procede de una decisión existencial de sobresalir»[17] y que necesitan retos con los que desarrollar esa excelencia. Cualquiera de nosotros puede llegar a ser un profesional excepcional si acepta el reto de utilizar sus talentos al máximo.

A este respecto, las letras individuales de tu nombre representan creencias o supuestos básicos que son naturales para ti y que forman tu carácter. Por ejemplo, en mi nombre, la letra M = 13 = Muerte, indica que experimento la vida profundamente trascendiendo las barreras entre las cosas. Mi patrón es regenerarme continuamente eliminando o cortando las formas que ya no sirven a su propósito. Como la M es la letra inicial de uno de mis nombres, se convierte en una característica principal o primaria.

Tabla 15: Tabla de tus cartas personales

Utilizando tu nombre tal y como aparece en tu partida de nacimiento (es decir, tu nombre completo y original), sustituye cada letra por su número correspondiente, como se indica en la tabla 14, la tabla de números clave del alfabeto. Más adelante podrás determinar los números de cualquier otro nombre que emplees actualmente.

- Escribe tu nombre en el espacio que aparece a continuación.
- Encima de tu nombre, escribe los números correspondientes a las vocales: A, E, I, O, U e Y (si se utiliza como vocal, como en el nombre Mary).
- Debajo de tu nombre, escribe los números correspondientes a las consonantes (incluida la Y si se usa como consonante, como en el nombre Beyoncé).
- Suma los números individuales de las vocales y consonantes antes de reducirlos.

Vocales:	= ____
Nombre completo:	
Consonantes:	= ____
Suma de vocales y consonantes (sin reducir)	= ____

Mi carta de los deseos y la motivación interior (vocales) Total (reducido) = ____

Carta de los arcanos mayores = ______________________ Número raíz = ____

Constelación de ______________________

Principio de ______________________

La carta de los deseos y la motivación interior indica lo que inspira tus acciones y lo que estimula tus impulsos. Representa las fuerzas espirituales y kármicas que actúan y quieren expresarse. Muestra cómo te sientes y tu fuerza interior.

Mi carta de la personalidad externa (consonantes) Total (reducido) = ____

Carta de los arcanos mayores = ______________________ Número raíz = ____

Constelación de ______________________

Principio de ______________________

La carta de la personalidad externa indica tus cualidades superficiales y tu identidad pública, cómo te presentas y cómo te perciben los demás. Sugiere tu expresión física y cómo manifiestas tus impulsos internos en el mundo exterior.

Mi carta del destino (vocales más consonantes) Total (reducido) = ____

Carta de los arcanos mayores = ______________________ Número raíz = ____

Constelación de ______________________

Principio de ______________________

La carta del destino muestra por qué has nacido, qué es lo que se te encomendó hacer y el tipo de experiencias necesarias para llevar a cabo esa tarea.

Aún más importante que los totales de tu nombre son los patrones establecidos por todas las cartas individuales de tu nombre. Además, como cada carta está en una constelación del tarot, las constelaciones que aparecen con más frecuencia, así como las que no están representadas en absoluto, son indicadores de las principales características de la personalidad.

A = el Mago (1)
B = la Suma Sacerdotisa (2)
C = la Emperatriz (3)
D = el Emperador (4)
E = el Papa (5)
F = los Enamorados (6)
G = el Carro (7)
H = la Fuerza (8)
I = el Ermitaño (9)
J = la Fortuna (10)
K = la Justicia (11)
L = el Colgado (12)
M = la Muerte (13)
N = la Templanza (14)
O = el Diablo (15)
P = la Torre (16)
Q = la Estrella (17)
R = la Luna (18)
S = el Sol (19)
T = el Juicio (20)
U = el Mundo (21)
V = el Loco (22)
W= el Papa (5)
X = los Enamorados (6)
Y = el Carro (7)
Z = la Fuerza (8)

Cómo se «escribe»* tu nombre

(1) Disposición de las cartas

Coloca las cartas de los arcanos mayores que «escriben» tu nombre completo, utilizando la lista de letras y cartas anterior. Es probable que haya repeticiones de varias letras, y por tanto cartas repetidas, por lo que necesitarás algunos de los siguientes materiales: los arcanos mayores de varias barajas, fotocopias de las cartas repetidas o trozos de papel (cortados a medida) con los nombres de las cartas repetidas.

* N. del T.: En inglés *spell*, traducido aquí como *escribir ('deletrear')* tiene también el sentido de 'conjuro', 'hechizo' o 'encantamiento'. Por lo tanto, hay un juego de palabras que se pierde al traducirlo.

Si cuentas cuántas veces aparece la carta más frecuente, sabrás cuántas barajas diferentes son necesarias.

Coloca las cartas de las vocales ligeramente más altas que las de las consonantes, para que puedas ver claramente cuál es cada una. Si utilizas varios mazos, dispón las cartas de tus mazos en cualquier combinación que te resulte atractiva. Prueba diferentes variaciones. Consulta la ilustración de la página 294 como ejemplo de cómo distribuir las cartas.

(2) Las cartas de las vocales

Examina las vocales de tu nombre. Intenta hacerte una idea de sus energías. Recuerda que las vocales son tus deseos básicos y tus motivaciones internas. Suelen impulsarte y darte el empuje necesario para conseguir lo que quieras. Muestran lo que probablemente hará aflorar tus fuerzas interiores. La primera vocal de tu nombre es especialmente importante: se trata de tu expresión energética más característica.

A continuación, encontrarás breves interpretaciones de las vocales, así como su origen en el alfabeto hebreo. Estas descripciones se ofrecen principalmente para dar impulso a tus propias interpretaciones.

Al final de cada entrada hay varios nombres de la mitología que comienzan con esa letra. Dado que estos nombres míticos rara vez se utilizan para los individuos y evocan inmediatamente ciertas características a cualquiera que esté familiarizado con sus historias, a menudo demuestran las energías arquetípicas de la letra. Busca algunas de estas figuras en la sección de mitología de tu biblioteca, en Internet o en la *Nueva enciclopedia Larousse de mitología*. Por ejemplo, fíjate en cómo muchos de los nombres de la letra I realizan largos viajes o búsquedas, especialmente en el inframundo. Descubrirás otras «coincidencias» de este tipo que te ayudarán a entender estas letras.

Las vocales tienen un sonido largo o corto. Una vocal larga suena como la propia letra. La vocal corta puede tener una variedad de otros sonidos. Consulta la sección de pronunciación de cualquier diccionario para ver ejemplos de sonidos de vocales largas y cortas. Las vocales largas tienden a ser más activas, asertivas y proyectivas en sus cualidades, mientras que las vocales cortas son más internas, receptivas y dueñas de sí mismas.

A (derivada de *Aleph*). El Mago es un gran comunicador, hábil y rebosante de ideas innovadoras. Es polifacético, pero tiende a dispersarse. Su tarea consiste en permanecer centrado. Esta carta le da una voluntad bien enfocada, altas aspiraciones y un espíritu pionero. Es impulsivo, comienza cosas y crea actividad, pero requiere que otros la sigan. Puede ser egoísta y ególatra. El Mago sabe lo que quiere. (*Adán, Agni, Amaterasu, Amón, Anahita, Anubis, Afrodita, Apolo, Atenea, Astarté, Ashera, Avalokitesvara*).

E (derivada de *Heh*). El Papa es seguro de sí mismo, autoritario y callado cuando quiere serlo. Sobre todo, si tienes varias E, tiendes a ser activo, aventurero y curioso, cambiante, pero con opinión propia. El aprendizaje es una gran motivación para ti. La percepción es una cualidad fuerte, ya que buscas el significado y el sentido. La sensualidad y la espiritualidad también son fuerzas importantes en tu vida. El poder individual de esta letra se pierde cuando se silencia al final de una palabra, pero entonces ayuda a que la vocal precedente sea más activa. En este contexto, el Papa ayuda a apoyar todo lo que lo precede o puede volverse dogmático y rígido. (*Ea, El, Elías, Enlil, Epona, Erinyes, Eros, Europa, Eurynome, Eurídice, Eva*).

I (derivada de *Yod*). El Ermitaño es cuidadoso, prudente y paciente, con el deseo de completar las tareas. Te estimula el intelecto y buscas la sabiduría, pero enfocas la vida de forma crítica. Buscas la perfección. Necesitas paz y tiempo para reflexionar. Las personas con muchas íes pueden tener cualidades curativas naturales. Lo que tú valoras es el valor intrínseco de las cosas, siendo el amor tu principal motivación. Puedes ser demasiado sensible y tender al pesimismo, la irritabilidad y la pendencia. (*Ícaro, Ida, Imán, Imhotep, Inanna, Indra, Io, Iris, Ishtar, Isis, Israel, Isvara, Izanagi, Izanami*).

O (derivada de *Ayin*). El Diablo es terrenal, poderoso y ambicioso, y experimenta la realidad de forma holística. Se concentra, absorbe y atrae las cosas hacia sí, con un impulso natural de organización y una capacidad de comprender y visualizar sistemas completos. Terminará lo que empiece y rara vez reconocerá la derrota. Es posible que seas terco y tenaz, melancólico y meditabundo, así como sensible a las críticas, en cuyo caso te repliegas sobre ti mismo. Tener muchas «oes» te entorpecerá porque intentarás abarcarlo todo. En ese caso, serás precavido y obstinado. Si eres una persona «o», prescindir de lo superfluo te ayudará a liberarte. (*Obatala, Océano, Odín, Odiseo, O-Kuni-Nushi, Olimpia, Onfalia, Orión, Orfeo, Oshun, Osiris*).

U (derivada de *Vav*). El Mundo es sensible y atento, y desea proteger y contener. Se resiste a las influencias externas, teme el ridículo y es básicamente conservador; mantiene la dignidad personal y la exclusividad, y a veces puede parecer distante y tribal. Se siente libre para expresarse de forma creativa solo en situaciones con márgenes y limitaciones bien definidos, pero le gusta viajar. Los «us» sois muy receptivos con quienes necesitan vuestra protección o ayuda o temen quedar dispersos. Eres intuitivo y probablemente se te da bien juzgar el carácter. (*Uazit, Uma, Uni, Unkulunkulu, Uraeus, Urania, Urano, Ur-Nammu, Uzza, Uzume*).

Y (derivada de *Yod*). El Carro es intuitivo e introspectivo, con talento para penetrar en los misterios. Es emocional e irresponsable, y, al mismo tiempo, asertivo y desafiante. Puede aprovechar la imaginación para trabajar hacia objetivos, pero odia cualquier atadura; desea, por encima de todo, la libertad de movimiento. Los «Y» requieren satisfacción mental, espiritual y física, y la libertad para perseguirla. Desarrollan la paciencia para trabajar hacia objetivos a largo plazo. Necesitan tener cuidado con perder los nervios o dejarse «llevar» por las cosas. (*Yahvé, Yama, Yarilo, Yemaya, Yggdrasil, Yseult, Yuki-Onne*).

(3) Tu ritmo personal

¿Puedes sentir los ritmos que las vocales crean en tu nombre, los pulsos o latidos de energía? Fíjate en cuándo y dónde se repiten y en lo que hace a la estructura de tu nombre.

Cada uno de tus nombres tiene su propio latido y ritmo. Según la numeróloga Martita Tracy, «eres un instrumento. Tu experiencia física y las condiciones de tu vida son el resultado de las armonías o disonancias tocadas por ti –o sobre ti– por tu nombre personal».[18] Inicialmente, tomemos solo tu nombre de pila y aprendamos a marcar su ritmo con las manos. Deja que tu mano izquierda golpee las consonantes y utiliza la derecha para las vocales, dando palmadas contra la rodilla. Enfatiza la primera letra de tu nombre como tiempo fuerte del compás. Puedes utilizar marcas similares a las que se emplean para escandir versos para marcar el ritmo así:

´ ^ ´ ´ ^ ^ ´
W I L L I A M

Escribe aquí tu nombre completo con las vocales y consonantes marcadas como tiempos:

____

Marca el ritmo de un solo nombre en cada ocasión. Por último, cuando logres marcar todos los tiempos con facilidad, júntalos para marcar el nombre completo como un largo ritmo personal, repitiéndolo en pulsos cíclicos de energía. Hazlo hasta que se convierta en algo automático y no tengas que pensar en ello. Déjate llevar por el ritmo. Siéntelo en lo más profundo de tu ser como un patrón que se te dio al nacer. Siente que te mueves a través de los años con este patrón. Sigue con él durante un tiempo. Una vez que consigas sentir este ritmo dentro de ti, prueba con otros nombres que hayas utilizado, como los apodos. Siente cómo el ritmo es diferente. ¿Qué ha cambiado?

(4) Correspondencias musicales

Existen varios sistemas para correlacionar los arcanos mayores con las notas musicales. La tabla de correspondencias musicales que aparece a continuación emplea el sistema desarrollado por Paul Foster Case, basado en las correspondencias de la Orden de la Aurora Dorada.[19] Usa cualquiera de estos sistemas o uno de tu propia invención y toca tu nombre con un instrumento musical. Utilizando los espacios para nombres que se proporcionan a continuación, marca las notas musicales correspondientes debajo de las letras de tu nombre. Si tocas la melodía, probablemente no sonará armoniosa, pero permítete experimentar y jugar hasta que encuentres algo que te suene. No tengas miedo de crear tu propio sistema. Una forma sería elegir una melodía que se ajuste a tu nombre y luego desarrollar las correspondencias a partir de ella.

Tabla 16: Tabla de correspondencias musicales

A (el Mago)	MI	N (la Templanza)	SOL#
B (la Suma Sacerdotisa)	SOL#	O (el Diablo)	LA
C (la Emperatriz)	FA#	P (la Torre)	DO
D (el Emperador)	DO	Q (la Estrella)	LA#
E (el Papa)	DO#	R (la Luna)	SI
F (los Enamorados)	RE	S (el Sol)	RE
G (el Carro)	RE#	T (el Juicio)	DO
H (la Fuerza)	MI	U (el Mundo)	LA
I (el Ermitaño)	FA	V (el Loco)	MI
J (la Rueda de la Fortuna)	LA#	W (el Papa)	DO#
K (la Justicia)	FA#	X (los Enamorados)	RE
L (el Colgado)	SOL#	Y (el Carro)	RE#
M (la Muerte)	SOL	Z (la Fuerza)	MI

(5) Letras iniciales

Fíjate en la primera letra de tu nombre. Esto es lo que te guía. Si empieza por una vocal, ya la has examinado al ver tus impulsos y motivaciones. Dirigir con una vocal significa que diriges con tu energía y tus emociones. Puede darte la capacidad de actuar con rapidez, pero normalmente sin pensar primero. Por ejemplo, el nombre de Elizabeth comienza con una E. Con el Papa como triunfo asociado, significa algo así: «Expresas tus opiniones con seguridad y autoridad, pero tu curiosidad te motiva a buscar experiencias con cosas nuevas». Con una consonante en primer lugar, normalmente reaccionarás primero con las cualidades de esa letra.

(6) Las consonantes

Fíjate en que las consonantes, en general, le proporcionan cierta calidad o «aire» al nombre. Hay muchas más consonantes que vocales.

Son más personales y dan un matiz a tus impulsos básicos. Te definen más claramente. Su función lingüística es diferenciar los sonidos. Crean rimas. Observa especialmente la primera consonante de cada uno de tus nombres. Al cambiarla, alteras radicalmente el nombre; por ejemplo, Ted, Ned, Fred, Jed, Red.

Ten en cuenta que los significados que se dan aquí para cada letra son meramente mis sugerencias personales. Deja que las propias cartas, sobre todo en combinación con otras, te sugieran sus significados en tu propio nombre. Observando las cartas dispuestas en tu nombre, empezarás a ver cómo se integran y fluyen juntas.

B (derivada de *Beth*). La Suma Sacerdotisa es receptiva a las sutiles corrientes de emoción que la rodean. Es una soñadora intuitiva y sensible, pero organizada y sabia. Es autosuficiente, independiente y reservada. Es buena para la diplomacia y la mediación, construye formas y combina de manera novedosa lo que ya existe. (*Baal, Baba Yaga, Baco, Balder, Baphomet, Bast, Bel, Belerofonte, Blodeuwedd, Bona Dea, Brahma, Bran el Bendito, Brigit, Buda*).

C (derivada de *Gimel*). La Emperatriz se ocupa de los aspectos creativos, imaginativos y estéticos de cualquier asunto. Esta carta/letra es sociable, cooperativa, cariñosa, elegante y de porte noble. (*Caín, Casandra, Cástor, Cerbero, Ceres, Cernunnos, Cerridwen, Chango, Chalchiuhtlicue, Chirón, Circe, Coyote, Cibeles*).

D (derivada de *Daleth*). El Emperador es eficiente, ordenado, práctico y conservador, con una mente aguda y perspicaz. Esta carta/letra es decidida: aprovecha las oportunidades y es tenaz con las posesiones. La autoexpresión es difícil, por lo que necesita estímulo. (*Dédalo, Daevas, Dagda, Dainichi, Dakini, Danu, Deméter, Devi, Diana, Dionisio, Domovoi, Dumuzi, Durga*).

F (derivada de *Peh* o *Vav*). La carta de los Enamorados es muy consciente de las elecciones de la vida y a veces le pesan la responsabilidad y la lucha contra los dilemas. Sugiere una necesidad de compañía. Cuando estás inspirado y en un entorno armonioso, te esfuerzas por hacer realidad los sueños, mientras que la desarmonía y las luchas te generan ansiedad. (*Fauno, Firanak, Flora, Fortuna, Frey, Freyja, Frigg, Fudo-Myoo, Fujiyama, las furias*).

G (derivada de *Gimel*). El Carro conoce el valor del liderazgo y los objetivos. Esta carta/letra es firme, decidida y activa. Se ocupa de controlar las emociones y requiere meditación o ejercicio para centrarse. Te resultará difícil trabajar con otros, ya que luchas y ves oposición en los puntos de vista ajenos. Por ello, prefieres controlarlos o nutrirlos y cuidarlos. (*Gea, Gandharvas, Ganesha, Ganga, Garuda, Gawain, Geb, Genios, Gilgamesh, Gorgonas, Gracias, Ginebra, Gwydion*).

H (derivada de *Heh*). La Fuerza utiliza sus talentos para ayudar a los demás, a la comunidad, a la nación. Tiene una mentalidad amplia y tolerante, es valiente e intrépida, con un poder espiritual innato. En su mejor momento, significa que trabajas con el corazón. (*Hades, Hanuman, Hapi, Harmonia, Hathor, Hécate, Hel, Hefesto, Hera, Hércules, Hermes, Hestia, Horus, Hoshang, Huitzilopochtli, Hygieia*).

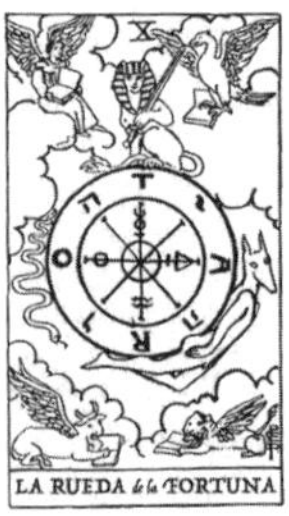

J (derivada de *Yod*). La Rueda de la Fortuna es un líder que se mueve fácilmente con el cambio. Sugiere que tienes buenos amigos, pero que puedes dejarte influenciar más de la cuenta. Es entusiasta, benévolo y le encantan las ideas y las cosas nuevas, siendo él mismo naturalmente inventivo y original. Se esfuerza por mejorar y desarrollar las cosas. (*Jadapati, Jade, Jano, Jasón, Jehová, Jesús, Jemshid, Jocasta, Jove, Alegría, Juno, Júpiter*).

K (derivada de *Kaph*). La Justicia tiene que ver con la verdad y la honestidad. Esta carta indica decisión, es analítica y depende de la razón. Hace ajustes con facilidad y busca mantener un equilibrio. Significa que puedes ser elocuente o literario, utilizando las palabras con provecho. Es firme e inflexible cuando se ofende a la justicia. (*Ka, Kadi, Kali, Kami, Kannon, Kashiwano-kami, Keres, Kherpera, Khepri, Kore, Krishna, Kuan-yin*).

EL COLGADO

L (derivada de *Lamed*). El Colgado se sacrifica por sus sueños. Esta carta/letra tiene amor por la justicia, pero se inclina hacia la ironía, el pesimismo y la preocupación. Indica que encuentra la felicidad en el servicio a los demás. Necesita un estímulo o empujón para ponerse en marcha. (*Lada, Lagash, Lakshmi, Laomedon, Lancelot, Lao-tzu, Leda, Leto, Libera, Lilith, Llew, Loa, Loki, Loo-Wit, Lucifer, Lug, Luna*).

LA MUERTE

M (derivada de *Mem*). La muerte provoca el cambio físico radical y elimina por completo los problemas y preocupaciones del pasado. La amargura y el dolor se asocian a esta carta/letra, pero también tiene que ver con la regeneración y la reconstrucción. Te convierte en un líder o ejecutivo capaz e intuitivo. Esta carta va con gran profundidad de sentimientos, pero le cuesta tomarse las cosas a la ligera. Es sensual. (*Ma, Maat, Macha, Maia, Maitreya, Mama Quilla, Marduk, Marte, Medea, Medusa, Mercurio, Metis, Midas, Minerva, Minotauro, Mitra, Mahoma, las musas*).

LA TEMPLANZA

N (derivada de *Nun*). La Templanza es extrovertida, adaptable y versátil. Puede ser nerviosa e inquieta y demasiado consciente de los detalles. Le gustan los viajes y el ejercicio. Reacciona ante los demás con compasión, pero tiene fuertes valores personales. (*Nammu, Narciso, Neith, Némesis, Neftis, Neptuno, Nereo, Nergal, Ningirsu, 'Ninigi, Ninlil, Niobe, Norns, Nuada, Nun, Nut*).

P (derivada de *Peh*). La Torre está orientada al poder y es potencialmente explosiva. Esta carta/letra sugiere una enorme fuerza de voluntad y valor moral, pero un temperamento explosivo. Se ocupa de la reforma combinada con un gran poder de expresión y puede convertirte en un filósofo o en un revolucionario. Solo se centra en su propio sentido del poder y del lugar. (*Pachamama, Pallas, Pan, Pandora, Parsifal, Parvati, Pegaso, Perséfone, Perseo, Phedra, Plutón, Poseidón, Prometeo, Prajapati, Psique, Ptah, Pigmalión*).

Q (derivada de *Qoph*). La Estrella es inspiradora, esperanzadora y alegre. Tiene un espíritu orgulloso y un poder tranquilo, por lo que a menudo es seguida por otras personas. También es insaciablemente curiosa. Utiliza bien su intelecto y puede trabajar en una visión que no se manifestará hasta un futuro lejano. En el peor de los casos, la carta sugiere falta de escrúpulos y dogmatismo. (*Qadesh, Qamaits, Qebhsnuf, Quetzalcoatl*).

R (derivada de *Resh*). La Luna inspira confianza a través de su comprensión intuitiva. Esta carta/letra tiene un agudo sentido del discernimiento y un profundo bagaje de conocimientos. Soporta bien y en silencio las dificultades, pero tiene algún problema o pena que no se revela a los demás. Sigue su propio sentido del tiempo. Te hace magnético y generoso y quizás te atraiga hacia lo oculto. (*Ra, Radha, Rama, Ravana, Rhadamanthys, Rhea, Rhiannon, Rómulo, Remo, Rudra*).

EL SOL

S (derivada de *Samekh*). El Sol tiene una voluntad poderosa, aunque es benévolo, extrovertido y optimista. Se regenera a sí mismo, es inspirador e independiente; sin embargo, le encanta el contacto social. Esta carta/letra puede manifestarse en tu deseo de parecer sabio y omnisciente y de ser conocido como pacificador. Eres un pensador original e independiente, pero a veces te falta sinceridad y franqueza. (*Sansón, Satán, Saturno, Savitri, Sekhmet, Selene, Seth, Shakti, Shamash, Shango, Shekinah, Sin, Shiva, Siddhartha, Skalds, Salomón, Soma, Sibila*).

EL JUICIO

T (derivada de *Teth* o *Tav*). El Juicio tiene una «vocación» o propósito, a menudo con alguna dimensión espiritual. Es doméstico y pacificador, pero lo que más le interesa es el autodominio. Las personas con esta carta/letra se preocupan por elevar la conciencia de las masas. Pueden ser críticas y les encanta investigar todo lo que cuestionan. Disfrutan con los retos. (*Tammuz, Tanet, Tara, Tartarus, Tefnut, Tethys, Tezcatlipoca, Themis, Teseo, Thetis, Thor, Thoth, Tiamat, Tirawa, Tlaloc*).

EL LOCO

V (derivada de *Vav*). El Loco tiene la marca del maestro. Las personas con esta carta/letra son muy individualistas, se arriesgan y son vagabundos empedernidos (aunque solo sea en su imaginación). A veces se dispersan al sentirse atraídas por la novedad y lo sorprendente, o se deprimen cuando tratan de reprimir lo que sienten. Tienen una gran necesidad de aprecio. (*Valquirias, Vanir, Varuna, Venus, Vesta, Victoria, Vidar, Vishnu, Volcanal, Vulcano*).

W (derivada de *Vav*). El Papa en su fase ardiente y consonante es de espíritu orgulloso, versátil e inteligente. Las personas con esta carta/letra son decididas, se les da muy bien diagnosticar y son tenaces en sus amores y deseos. Les gusta dar consejos o asesoramiento y son buenos aprendices. Se sienten cómodas con las cosas «ordenadas» y que siguen leyes o reglas. (*Wakan-Tanka, Walpurga, Wen Ch'ang, Woden*).

X (derivada de *Tav* como cruz). Esta carta representa a los Enamorados en su forma terrenal. La carta se refiere al éxito en los negocios y los asuntos mundanos, la artesanía y los esfuerzos artísticos. Eres muy consciente de las cargas de la responsabilidad, pero, en la encrucijada de la vida, estás dispuesto a tomar el camino duro y difícil si estás seguro de la recompensa. Escoges a los amigos que te aportan. (*Xerxes, Xipe Totec, Xiuhtecuhtli, Xochiquetzal*).

Y (derivada de *Yod*). Esta letra representa al Carro en su forma acuosa y consonante. Es psíquica y profética, con talento para penetrar en los misterios, asertiva y decidida cuando se despierta su idealismo. Puede ser mediúmnica y canalizar energías. (Ver el listado de vocales de la Y, en la página 307, para los nombres míticos).

Z (derivada de *Zayin*). Es la Fuerza en su forma aérea. Estas personas son extremistas. Tienen confianza en sí mismas, empuje y energía para conseguir lo que quieren. Magnifican y exageran las situaciones y buscan organizar y controlar a los demás, o bien se vuelven muy inquietas. Pueden tener mucho éxito promoviendo y desarrollando las ideas creativas de los demás. (*Zagreus, Zaratustra, Zend-Avesta, Zenobia, Zephyrus, Zeus*).

(7) Los patrones de los nombres

Divide cada uno de tus nombres en sílabas. Fíjate en los diptongos o en los sonidos combinados; solapa estas cartas para indicar que no están solas. (En el caso de que lo necesites, un buen diccionario te proporcionará la pronunciación y la división en sílabas de la mayoría de los nombres). Combina los significados de las cartas en estos grupos.

Por ejemplo, mi segundo nombre es Katherine, que pronuncio *Kath'-er-in*. La primera sílaba es *Kath*, que contiene una mezcla de *th*; se acentúa. En la segunda sílaba, la *e* apenas se oye, deslizándose hacia la *r*. Y la *e* final de la última sílaba es muda. La mezcla de la *th* del Juicio (T) y la Fuerza (H) indica mi vocación de ser útil a los demás. La carta principal de la Justicia (K) enfatiza la honestidad y la articulación, mientras que la carta vocal conectiva, el Mago (A), subraya mi impulso de estar centrada para comunicar. Así, la primera sílaba armoniza claramente con mi trabajo como docente y autora. En la segunda sílaba, el Papa (E), casi silencioso, señala mi necesidad de aprender de forma intuitiva: la Luna (R). Los restantes, el Ermitaño (I) y la Templanza (N), con un Papa (E) silencioso, apuntan a una energía inquieta que insiste en la perfección y la atención al detalle en el aprendizaje, así como en la preocupación compasiva por el bienestar de los demás.

El mandala de tu nombre

Toma las cartas de cada uno de tus nombres y despliégalas en un patrón que te parezca equilibrado o adecuado. No te preocupes por el orden correcto; tan solo crea una imagen con las cartas que parezca expresar tu nombre. Estudia cada nombre. Tu destino es cumplir las características generales de tu personalidad, es decir, materializar tu nombre. Aunque esto te sirve para crear tu mandala del nombre básico, hay mucho más que puedes descubrir sobre ti a partir de tu nombre.

Súmalo todo

La mayoría recibimos tres nombres al nacer: un nombre o nombre personal, un segundo nombre y un apellido o nombre de familia.* Los siguientes procesos te darán una idea de cómo te afecta cada uno de estos nombres individualmente. No obstante, muchos de vosotros no tendréis la estructura «normal» de los nombres británicos y norteamericanos. Por ejemplo, tengo una prima a la que únicamente le dieron un nombre y un apellido. Finalmente, en la universidad, añadió legalmente la inicial del segundo nombre (pero no el nombre completo) para acabar con la molestia de que le devolvieran o rechazaran los formularios de solicitud por dejar un apartado en blanco. Adapta las siguientes ideas de la forma que te parezca apropiada para tu situación, especialmente si tu nombre sigue alguna otra tradición onomástica o es único.

Tu nombre personal

Tu primer nombre también se llama «nombre de pila». Suele ser muy personal. Hasta que llegamos al siglo XX, solo lo utilizaban la familia y los amigos. Era un signo de intimidad y confianza permitir que

* N. del T.: La autora se refiere aquí a los nombres anglosajones y de otras nacionalidades; para los nombres españoles podemos sustituir esto por un nombre (o dos) y dos apellidos.

alguien se dirigiera a ti por tu nombre de pila. Hoy en día somos más informales y abiertos, así que probablemente sea así como te identificas habitualmente. (Un poco más adelante hablaré de los apodos y otros nombres que asumes para ti). Tu primer nombre es el «yo», o el yo pensante, y se refiere a lo que es más consciente de ti mismo. También es tu identidad más alineada con la de tus compañeros de generación. La popularidad de ciertos nombres de pila va y viene en forma de modas, costumbres sociales, estilos e incluso acontecimientos. Es posible que tengas un nombre de pila poco común para tu generación que sea bastante corriente en otra, o viceversa. Por ejemplo, nunca he conocido a nadie de mi edad que se llamara Jason, pero ahora conozco a más de una docena, todos ellos nacidos desde 1972. Muchos niños nacidos en los años sesenta y setenta recibieron nombres que reflejaban la preocupación de su generación por la naturaleza, la herencia cultural o la mitología. Así, los nombres de pila suelen ser indicativos de épocas históricas.

Tu segundo nombre

Tu segundo nombre puede tener varios significados. Suele ser tu yo oculto, en el sentido de que la mayoría de la gente no te conoce por ese nombre, por lo que puede indicar un potencial no desarrollado. Si es el nombre de soltera de tu madre, tiene una función genética y hereditaria, que hace referencia a las raíces étnicas que pueden no ser evidentes de otra manera. Si también es un nombre «de pila», puede ser de las raíces de la familia, como llamarse así por la tía abuela Arabella, o tal vez refleje algunas de las fantasías más lejanas de tus padres. Pregúntate (o pregúntales a tus padres) por qué te pusieron ese nombre. Debes juzgar por ti mismo el significado de esta posición en tu nombre, pero, en general, indica herencias sutiles, cosas que no conoces de ti mismo o aspectos personales con los que quizá no te identifiques exteriormente (a menos que utilices tu segundo nombre como nombre personal). También actúa como enlace entre tu yo personal y tu yo social/cultural.

Tu apellido

Lo más probable es que tu apellido (en tu partida de nacimiento) sea el de tu padre, aunque no necesariamente. Puede ser el apellido de tu madre, una combinación de los apellidos de tu madre y de tu padre o un nombre completamente original dado solo a ti (esto es lo menos frecuente). Lo llamo tu apellido, porque, aunque lo hayas tomado para ti, tiende a categorizarte en algún marco social o cultural. Tu apellido representa tu yo más formal y suele provenir de tu entorno cultural y hereditario. Es el yo que piensa en el «nosotros», con el que te identificas con algún grupo del que formas parte, desde la familia nuclear hasta el parentesco nacional o étnico. Cuando se cambian los nombres de la familia durante la inmigración, suele marcar un compromiso con la nueva nacionalidad y una reforma de los valores familiares.

Tus cartas de nombre individuales

Debemos examinar las cartas que se emplean para deletrear tu nombre y las que representan el total numérico de cada nombre teniendo en cuenta las siguientes claves:

CARTA DEL PRIMER NOMBRE/ NOMBRE DE PILA	CARTA DEL SEGUNDO NOMBRE	CARTA DEL APELLIDO FAMILIAR
Sentido consciente del yo personal y generacional. Yo pensante.	Yo oculto. Genético y hereditario. Potencial no desarrollado.	Yo formal. Yo social y cultural. Yo que piensa en el «nosotros».

Utiliza la tabla 17 (páginas 322 y 323), de cartas de nombre y potencial de vida, que viene después de estas instrucciones, para sumar cada uno de tus nombres individualmente y determinar así la carta del tarot que suma cada uno.

Carta del primer nombre

Suma todas las vocales de tu nombre y escribe el total en la tabla donde se indica. Haz lo mismo con las consonantes, escribiendo el total en el espacio indicado. Suma estas dos (solo de tu nombre de pila) para encontrar la suma 1 y redúcela a un número que sea 22 o inferior. Esto indica la carta del tarot que representa a tu yo consciente, llamada *carta del primer nombre*. Escríbelo en la tabla.

Carta del segundo nombre

Haz lo mismo con tu segundo nombre para encontrar la carta que expresa tu yo oculto, llamada *carta del segundo nombre*.

Carta del apellido

A continuación, haz lo mismo con tu apellido para determinar la carta que expresa tu yo social, llamada *carta del apellido*.

Tu acorde temático

Las tres cartas que acabas de identificar son como notas musicales individuales que expresan la esencia de cada uno de tus tres nombres. Juntas forman un acorde, una combinación que son tus tres nombres al unísono. A esta combinación de tres cartas la llamo tu «acorde temático». Es el acorde dominante de la «melodía» de tu vida. (Estas tres cartas pueden tener o no una constelación en común). Para reflexionar sobre tu acorde temático realiza una tirada de tarot de tres cartas, utilizando las claves indicadas en la página anterior como significados de las tres posiciones.

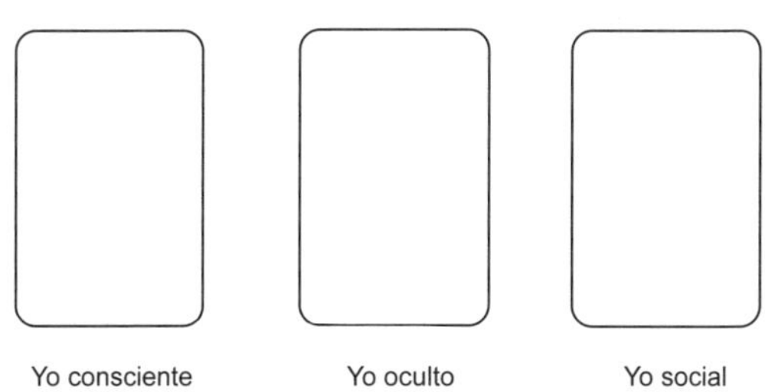

Tabla 17: Tabla de cartas de nombre y cartas del potencial de vida (primera parte)

CARTAS DEL NOMBRE INDIVIDUAL	Totales sin reducir	Totales reducidos a 22 o menos
Primer nombre:		
Vocales:	= ______	
Letras: ______________________________		
Consonantes:	= ______	
	Suma 1 = ______	= ______:____________
		Carta del primer nombre
Segundo nombre:		
Vocales:	= ______	
Letras: ______________________________		
Consonantes:	= ______	
	Suma 2 = ______	= ______:____________
		Carta del segundo nombre
Apellido:		
Vocales:	= ______	
Letras: ______________________________		
Consonantes:	= ______	
	Suma 3 = ______	= ______:____________
		Carta del apellido

Tabla 17: Tabla de cartas de nombre y cartas del potencial de vida (segunda parte)

CARTAS DEL DESTINO

Carta de la nota temática *(usa sumas reducidas)*:
Suma 1 + Suma 2 + Suma 3 = ______ : ____________
Carta de la nota temática

Carta de la melodía *(usa sumas sin reducir)*:
Suma 1 + Suma 2 + Suma 3 = ______ = ______ : ____________
Carta de la melodía

TUS CARTAS PERSONALES *(de la tabla15)*

Carta de los deseos y la motivación interior:
Suma reducida de todas las vocales = ______ : ____________
Carta de los deseos y la motivación interior

Carta de la personalidad externa:
Suma reducida de todas las consonantes = ______ : ____________
Carta de la personalidad externa

Carta del ritmo:
Carta de los deseos y la motivación interior + Carta de la personalidad externa = ______ : ____________
Carta del ritmo

Mis cartas de la nota temática, la melodía y el ritmo (mis cartas del destino) están todas en la

Constelación de ______________________________

Principio de ______________________________

La(s) siguiente(s) carta(s) de esta constelación no aparecieron como cartas del destino y, por tanto, es (son)
Carta(s) del factor oculto: ______________________________

CARTA DEL POTENCIAL DE VIDA:

Día de nacimiento + mes + año = ______ (número base)

Suma 1 + Suma 2 + Suma 3 (sin reducir) = ______

Reduce el total a 22 o menor = ______

____
Mi carta del potencial de vida

Tus cartas del destino

Al sumar los números de tu nombre, verás que hay varias formas de hacerlo, y cada una de ellas arrojará sumas ligeramente diferentes. Por ejemplo, si sumas tu nombre, tu segundo nombre y tu apellido por separado, reduces los números a cartas del tarot entre el 1 y el 22, y luego sumas estos totales, podrías llegar a una respuesta de 21 (el Mundo); sin embargo, si sumas todas las letras de tu nombre completo antes de reducirlas, obtendrías un 12 (el Colgado). Tanto el 21 como el 12 se reducen al número raíz 3, por lo que están en la constelación de la Emperatriz, que representa el principio del amor y la imaginación creativa. (No es lo mismo que la carta del destino a la que se hace referencia en *El Tarot, un viaje interior* [Editorial Sirio], que es una carta de los arcanos menores que en este libro se llama tu *carta de la lección zodiacal y la oportunidad*). Las cartas del destino, tal como se utilizan aquí, son cartas de los arcanos mayores con correspondencias numerológicas estándar.

Los números de tu nombre se pueden sumar de tres formas diferentes para llegar a un gran total, lo que da como resultado tu carta o tus cartas del destino, conocidas individualmente como tu *carta de la nota temática*, tu *carta del ritmo* y tu *carta de la melodía*. Estas cartas son siempre de la misma constelación y suman el mismo número raíz. Son variaciones de tu tema de destino básico (como se indica en tu nombre).

Carta de nota temática

Suma los resultados reducidos de las sumas de tu primer y segundo nombres y de tu apellido, tal como se indica en la tabla. Redúcelos a su vez a un número de carta del tarot (22 o menos). Esta es tu *carta de la nota temática*, la «nota» única que expresa la suma de tu acorde temático (las tres cartas derivadas de tu nombre, segundo nombre y apellido). Consultando la tabla 16, «Tabla de correspondencias musicales», en la pagina 309, puedes hacer sonar tu nota temática, así como tu acorde temático.

Tabla 18: Lista de comprobación de las cartas de nombre

Carta de los deseos y la motivación interior	= Suma reducida de los números vocálicos del nombre completo
Carta de la personalidad externa	= Suma reducida de los números consonánticos del nombre completo
Carta del primer nombre	= Suma reducida de todos los números del nombre de pila
Carta del segundo nombre	= Suma reducida de todos los números del segundo nombre
Carta del apellido	= Suma reducida de todos los números del apellido
Carta de la nota temática	= Suma reducida de las tres cartas anteriores
Carta del ritmo	= Suma reducida de las dos primeras cartas anteriores
Carta de la melodía	= Suma reducida de todos los números del nombre completo (Suma 1 + Suma 2 + Suma 3)
Carta del destino	= Cualquiera de las tres cartas anteriores (mismo número raíz)
Carta de nombre del factor oculto	= Cualquiera de las cartas restantes del mismo número raíz que la carta anterior
Carta del potencial de vida	= Suma reducida de los números del nombre completo más el número de base de la fecha de nacimiento

Nota: Por "suma reducida" se entiende cualquier número del 22 al 1, que luego se equipara con la carta de los arcanos mayores correspondiente a ese número.

Carta del ritmo

Anteriormente en este capítulo has sumado todas las vocales de tu nombre completo para obtener tu carta de los deseos y la motivación interior, y has sumado todas las consonantes de tu nombre para encontrar tu carta de la personalidad externa (consulta la tabla 15, «Tabla de tus cartas personales»). Ahora, suma el número de estas dos cartas (reduce la suma a 22 o menos, si es necesario). Dado que tus vocales y consonantes representan el ritmo interno de tu nombre, llamo a esta carta tu «carta del ritmo». Resume tu ritmo personal y muestra la forma en que manifiestas el tempo del flujo de la energía en tu vida.

Carta de la melodía

Suma todos los números individuales de tu nombre completo antes de reducir (en la carta, toma el total de Suma 1 + Suma 2 + Suma 3, y luego reduce). Este proceso requiere que escuches el tono único de cada carta, reproducido uno tras otro como tu melodía personal. A esto lo llamo tu «carta de la melodía». La suma es su esencia.

Carta de nombre del factor oculto

Dado que tu carta de la nota temática, tu carta del ritmo y tu carta de la melodía se derivan de las distintas formas en que puedes sumar tu nombre (estás sumando los mismos números, solo que reduciendo los totales en distintos lugares), todas ellas sumarán el mismo número raíz y, por tanto, se encuentran en la misma constelación del tarot. Esta constelación es la expresión final o la suma de tu destino personal descrito por tu nombre. Cualquier carta de tu constelación que no aparezca como carta de la nota temática, del ritmo o de la o melodía, actúa como lo hizo la carta del factor oculto en los cálculos de tu fecha de nacimiento. Esta es tu carta de nombre del factor oculto.

Carta del potencial de vida

Esta es la carta que suma tu nombre y tu fecha de nacimiento. Muestra tu mayor potencial y lo más alto que puedes alcanzar. Siempre se lee en su forma más espiritual e idealista para representar el objetivo final que puedes alcanzar reuniendo todas tus fuerzas para cumplir tu destino según el propósito de tu alma. Toma el total de cuatro dígitos del día, mes y año de tu nacimiento (no lo reduzcas), y añádele el total de todas las letras no reducidas de tu nombre (Suma 1 + Suma 2 + Suma 3). Por último, reduce este número a un valor comprendido entre el 1 y el 22. Esta es tu carta del potencial de vida.

Contar las constelaciones

Los números de la siguiente tabla corresponden a las nueve constelaciones del tarot. Utilizaremos el cuadrado para determinar qué constelaciones se acentúan en tu nombre.

Tabla 19: Tabla de recuento de constelaciones

1	2	3
4	5	6
7	8	9

En primer lugar, tienes que encontrar el número raíz de cada letra de tu nombre completo: escribe la letra de tu nombre en los espacios de abajo, con los números clave correspondientes (del 1 al 22, correspondientes a las cartas del tarot; consulta la tabla 14, «Tabla de números clave del alfabeto»), y luego reduce cada uno de los números a su número raíz (del 1 al 9).

Por ejemplo:

Letras:	M	A	R	Y	K	A	T	H	E	R	I	N	E	G	R	E	E	R
Números clave:	13	1	18	7	11	1	20	8	5	18	9	14	5	7	18	5	5	18
Números raíz:	4	1	9	7	2	1	2	8	5	9	9	5	5	7	9	5	5	9

Mi nombre:

Letras: ____________________

Números clave: ____________________

Números raíz: ____________________

Ahora, para cada letra de tu nombre, coloca una marca en la casilla anterior (punto, marca de verificación, línea, etc.) en algún lugar dentro de la casilla de su número raíz. Luego haz lo mismo con cada una de las cartas que se encuentran en las tablas 15 («Tabla de tus cartas personales») y 17 («Tabla de cartas de nombre y cartas del potencial de vida») –hay al menos nueve de ellas–.

¿Qué constelaciones están más representadas (probablemente con cinco o más marcas para la gran mayoría de los nombres)?

¿Cuáles son sus principios fundamentales?

Constelaciones del tarot	Principios

¿Qué constelaciones y principios no están representados en absoluto en tu nombre?

Constelaciones del tarot	Principios

Las constelaciones que faltan indican características o cualidades de las que careces. A menos que se compensen con tus cartas de nacimiento, es probable que te sientas muy atraído por las personas de esa constelación (o constelaciones). Son cualidades que tienes que desarrollar de manera consciente, porque no forman parte de tu expresión natural. Sin embargo, son fuertes motivadores porque las ves fuera de ti y es probable que te fascinen. Esto puede darte una idea de por qué te sientes irresistiblemente atraído por ciertas personas.

Cambiar tu nombre

Por último, pasamos a examinar otros nombres que puedas tener: apodos, apellidos de casada, nombres espirituales, nombres artísticos o alias, u otros cambios de nombre. Nunca puedes cambiar totalmente el ritmo básico subyacente de tu nombre de nacimiento, razón por la que has dedicado tanto tiempo a conocerlo aquí. Sin embargo, otros nombres representan las formas en que has elegido cambiar tu destino o añadirle algo. Son muy importantes. Cuando adoptas un nuevo nombre, se produce un cambio correspondiente en tu vida exterior. A menudo, cuando adoptas el nombre de un marido o de una pareja o creas uno nuevo para los dos, el nuevo nombre indicará lo que estás asumiendo en esa relación.

Los apodos que otras personas te ponen indican tus características particulares con las que resuenan. Representan la parte de ti con la que se alinean y probablemente sugieren lo que necesitan de ti. Tú representas para ellos lo que te llaman. También harán aflorar esos rasgos en ti.

Aunque es posible que quieras comprobar un cambio de nombre con la numerología o las cartas del tarot antes de concretarlo, no creo que haya nombres «malos» o «incorrectos» ni que, porque tu carta de nacimiento sea un número, tu carta del destino deba sumar un número determinado para estar en armonía con ella. Muchas personas han logrado superar retos que producen crecimiento desde patrones numéricos difíciles e inarmónicos, y han desarrollado gran fuerza, compasión y habilidades personales a partir de la llamada adversidad. Cada nombre tiene su propio potencial; la armonía viene de aprovechar al máximo las lecciones que contiene.

Cuando adoptes un nuevo nombre, puedes inaugurarlo con un ritual. Este ritual debe ser el tuyo propio, pero básicamente podrías incluir algo de lo siguiente:

Reconoce y agradece al nombre del que vas a prescindir todo lo que has aprendido de él. Quizás empieces con tu antiguo nombre desplegado en cartas y luego lo cambies carta por carta, anotando las que debes añadir y las que debes quitar. Reordénalas para formar el nuevo nombre.

Repasa el nuevo nombre con todas las ideas de este capítulo, hasta que llegues a conocerlo y a familiarizarte con su ritmo, sus compases y su melodía. Reconoce en voz alta las cualidades y características personales que has elegido traer a tu vida a través de este nombre. Llámalas hacia ti mientras pronuncias tu nombre.

Si tienes dudas o ambivalencia sobre la adopción de este nombre, como un apellido de casada o un alias, incluye afirmaciones que te ayuden a sacar el máximo provecho de tu experiencia con este nombre. Tus sentimientos intuitivos de ambivalencia pueden aparecer al comparar tu nombre de nacimiento con el nuevo, especialmente si ahora tienes que asumir muchas cualidades que te faltaban o eran débiles en tu nombre original. Observa los tipos de lecciones que probablemente tendrás que afrontar para reconocerlas cuando lleguen a ti.

Tu espejo mágico y tu mandala de la vida

Toma todas las cartas que componen tu nombre y espárcelas por el suelo siguiendo cualquier patrón que te parezca correcto, de modo que forme un mandala o una imagen completa (este es tu mandala del nombre básico, pero ahora puedes trabajar con él mágicamente). Si lo deseas, coloca objetos de poder o símbolos personales de los elementos alrededor de tus cartas. Pon un pequeño espejo en el centro y mírate a ti mismo de modo que solo veas tus ojos en el espejo, mientras que las cartas que lo rodean se convierten en tu «cara». Respira profunda, uniforme y rítmicamente. Toma conciencia de tus puntos fuertes y débiles, de lo que posees y de lo que te falta. Recuerda que tu nombre lleva un ritmo y una melodía mágicos que pueden oírse en otros planos de existencia. Ten en cuenta que si luchas contra ese ritmo y esa canción, se producirá una especie de cojera que arrastrarás constantemente contigo. ¡Reivindica tu energía personal! Siéntela dentro de ti. Late con su sonido. Muévete con él, creando una danza de vitalidad y alegría. Levántate e improvisa espontáneamente tus propios movimientos. Baila tu nombre; baila tu destino. Ten presente que la danza no se detiene nunca; es solo que no siempre eres consciente de ella. Aprende a bailar tu danza a conciencia. Esto es un comienzo.

Si vas a adoptar un nuevo nombre, crea un espejo mágico para ello y mírate en él. En tu imaginación, atraviesa con valentía este espejo mágico y entra en el destino que has elegido para ti. Puedes fotocopiar, fotografiar o dibujar la imagen que has creado con tus cartas, o incluso hacer un *collage* con ella. Añade imágenes de revistas y tarjetas postales. Utiliza un espejo real o alguna otra imagen simbólica como centro. Cuelga esta imagen en la pared.

Príncipe de discos

Capítulo 18

Las cartas de personas o de la corte

En *El tarot, un viaje interior* (Editorial Sirio), dediqué un capítulo a las cartas de personas y creí que ya había dicho todo lo que tenía que decir sobre ellas, pero, por supuesto, solo había arañado la superficie. En *Understanding the Tarot Court* [Comprender la corte del tarot], coescrito con Tom Little, exploramos estas cartas con mucha más profundidad. En este capítulo nos centramos en quién eres tú en la corte del tarot.

El número de nuevas barajas de tarot que se diseñan y publican cada año parece estar continuamente aumentando. Muchas de ellas sacan a las personas del entorno de la corte medieval y exploran nuevos contextos sobre cómo las percibimos. Al mismo tiempo también están cambiando lo que llaman «cartas de la corte», que ahora se rebautizan con diferentes nombres, como, por ejemplo, cartas de la familia, cartas del pueblo, cartas de la tribu, cartas de la realeza e incluso las tres caras de la Diosa.

En este libro, se te pide que te veas a ti mismo no solamente como Rey, Reina, Caballero o Paje, sino también como *príncipe*, *princesa*, *hijo*, *hija*, *guerrero*, *sirviente*, *patriarca*, *matriarca*, *guardián*, *guía*, *buscador*, *novato*, *niño*, *crono*, *sabio*, *ángel*, *musa*, *chamán*, *sacerdotisa*, *conocedor*, *don*, *aprendiz*, *orador*, *compañero*, etc.

¿Quién eres en la corte del tarot?

Uno de los usos más conocidos de las cartas de la corte es el de significante en una tirada. Un significante es una carta que representa a la persona o al asunto para el que se hace la lectura. Lo más frecuente es que sirva como signo o señal de la identidad y presencia de esa persona, un representante en la tirada, que existe en el mismo nivel de realidad simbólica que las cartas que dan la respuesta. También puede simbolizar la intención o el propósito de la lectura o el tema en cuestión, en lugar de la persona para la que se lee (en cuyo caso, se puede utilizar cualquiera de las setenta y ocho cartas).

La mayoría de las veces no pasa nada por no utilizar un significante, aunque la tirada lo requiera. (En ocasiones, un significante que se deja en la baraja hace que las cartas que lo rodean sean más importantes o indica la dirección del movimiento en los asuntos propios). Si te identificas mucho con una carta de la corte en particular, puedes dejarla en la baraja y prestar especial atención si aparece en la lectura. Las cartas que relacionas con personas concretas de tu vida suelen *significar* la influencia de esa persona en la situación que se representa.

Cuando una carta de la corte aparece en una lectura, puede representarte a ti mismo o a alguien más. A un nivel más específico, representa un aspecto de tu personalidad o un estilo, una actitud o un papel que tú u otro individuo estáis asumiendo. De forma más abstracta, puede ser una energía o influencia que actúa en tu vida. Tradicionalmente, los Caballeros también representan los viajes y la acción, y los Pajes pueden significar noticias, pensamientos o mensajes.

El método tradicional para elegir tu significante es por el sexo, la edad, el color del pelo o el signo solar. Sin embargo, las descripciones físicas basadas en los rangos europeos de color de ojos y pelo no son relevantes para la mayoría de las personas de este planeta. Te sugiero que, si utilizas las siguientes normas, lo hagas de manera flexible.

Asociaciones tradicionales para los palos

Bastos	Copas	Espadas	Pentáculos
Signos de fuego. Pelo rubio o pelirrojo. Ojos azules o avellana.	Signos de agua. Pelo castaño claro. Ojos azules, marrones o avellana.	Signos de aire. Pelo marrón. Ojos marrones.	Signos de tierra. Pelo moreno o negro. Ojos azules o negros.

Asociaciones tradicionales para los rangos

Reyes	Reinas	Caballeros	Pajes
Hombre maduro o casado.	Mujer madura o casada.	Hombre joven o soltero (menos de treinta años).	Mujer joven o soltera o niño.

Como descubrirás, por lo general no es tan fácil. Siempre hay una parte de ti que sigue siendo hijo de su madre, y puedes ser un Rey o una Reina cuando estás al mando, pero un Caballero o un Paje cuando recibes órdenes de otra persona.

Otra forma de elegir tu significante es colocar las dieciséis cartas de personas y escoger aquella con la que más te identifiques en ese momento. Cuando leas para otro, puedes hacer que elija espontáneamente su propia carta de entre las dieciséis.

Otra posibilidad es que el consultante elija al azar una carta de toda la baraja o solamente de las cartas de personas, lo que puede interpretarse como que muestra el aspecto del consultante que hace la pregunta o está implicado en la situación.

¿Qué carta eres?

Antes de seguir adelante, es posible que quieras echar un vistazo a las cartas de la corte o de personas de tu baraja y seleccionar intuitivamente la que más se parezca a ti. Carta elegida: ______________.

¿En qué te pareces a esta carta?

Los papeles que desempeñas

Cualquiera que sea el nombre de estas cartas, representan principalmente los roles, máscaras o subpersonalidades que llevamos y con los que nos identificamos.

Hay muchas formas de determinar los papeles que desempeñas y los diferentes aspectos del yo. Una técnica que puede depararte algunas sorpresas es revisar tu armario y mirar la ropa que tienes. ¿Quiénes son los diferentes personajes dentro de ti que llevan esas prendas? Quizás esté tu yo de traje de negocios en el centro de la ciudad, tu personaje de viajero informal de fin de semana y tu yo especial del sábado por la noche. Luego está el excursionista, el mochilero, el esquiador, el nadador, el navegante, el ciclista o el motorista. ¿Y qué hay de esos sensuales trajes de noche, o de ese conjunto olvidado en el fondo del armario que te compró tu madre, o de tus trajes *hippies* enterrados también a la espera de un renacimiento? Y los vaqueros manchados de pintura, ¿son los de un artista o un pintor de casas? Evidentemente, hay muchos «tú» por ahí.

Otro lugar donde buscar tus papeles es en tu estantería, cargada de viejos y nuevos intereses, de guías de aficiones y actividades que reflejan tus fantasías sobre lo que te gustaría hacer y ser. Busca en las demás habitaciones de tu casa otras pistas sobre los innumerables aspectos del yo que pueden encontrarse en ellas.

Echemos un vistazo a todas estas facetas de ti, que son como las caras reflejadas en una bola de espejo de discoteca que reflejan cosas diferentes bajo distintas luces.

En el espacio siguiente haz una lista de seis o siete de los papeles que desempeñas o de las máscaras que llevas en tu vida en este momento. (Si hiciste un ejercicio similar en *El Tarot, un viaje interior* [Editorial Sirio], te resultará útil volver a hacerlo, ya que tus respuestas pueden ser diferentes, en función de las percepciones cambiantes de ti mismo).

1.

2.

3.

4.

5.

6.

7.

Ahora separa todas las cartas de personas de tu baraja y revísalas, teniendo en cuenta sus cualidades elementales.

Etapas de desarrollo

Estas cartas representan etapas en tu desarrollo psicológico y en el perfeccionamiento de tus habilidades, así como tipos de personalidad. A partir de ahora utilizaré los nombres tradicionales. Compara estas cartas del tarot Waite-Smith con las imágenes de tu baraja favorita. ¿Cómo expresa tu baraja conceptos similares y en qué se diferencia?

Los Pajes

Los Pajes (también *niño*, *princesa*, *hija*, *siervo*, *novicio*, etc.) son los menos desarrollados y más inmaduros, pero abiertos y dispuestos a correr riesgos. Como Paje, eres un aprendiz impaciente que prueba diferentes experiencias, un principiante que utiliza y porta conocimientos cuyo significado aún no comprende del todo. Eres curioso y estás esperanzado, te preguntas y te diviertes. Los Pajes tienen algunas de las cualidades de la doncella de la carta de la Fuerza. También se parecen al Loco en que ambos pueden representar la inocencia, la confianza y los nuevos comienzos. Están relacionados con el elemento tierra.

Los Caballeros

Los Caballeros (también *buscador*, *príncipe*, *hijo*, *guerrero*, *amazona*, *bailarín*, etc.) han llegado a la fase de sentir que ya saben algo. Como

Caballero estás explorando lo que puedes hacer con tus habilidades; las estás utilizando activamente y perfeccionando. Descubres cosas por ti mismo y aprendes de la experiencia, pero puedes rebelarte contra las convenciones. Buscas retos y aventuras y puedes ser agresivo o incluso temerario. Los Caballeros son similares a la carta del Carro. Suelen estar relacionados con el elemento fuego.

Las Reinas

Aunque las Reinas y los Reyes son igual de hábiles, las Reinas tienen talentos plenamente desarrollados que son personales e interpersonales. (También se las conoce como *mujer*, *madre*, *matriarca*, *señora*, *guía*, *sibila*, *don*, *sacerdotisa*, etc.).

Las Reinas se centran en comprender los significados subyacentes más profundos de las cosas y, en su mejor momento, son benévolas e inspiradoras. Como Reina de copas o de pentáculos, eres una presencia sensible, cariñosa, atenta y reconfortante. Como Reina de bastos o espadas, diriges, enseñas, observas, motivas y ejecutas. Las reinas logran cosas. Dan consejos. Las Reinas son las más parecidas a la Emperatriz. Están relacionadas con el elemento agua.

Los Reyes

Los Reyes (también *hombre*, *padre*, *jefe*, *patriarca*, *guardián*, *sabio*, *chamán*, *orador*, etc.) demuestran sus talentos, que son exteriores y públicos. Parecen confiados en su experiencia y seguros en sus posiciones, pero pueden volverse fácilmente rígidos y obsoletos; su energía está en declive. Como Rey, administras, juzgas, te haces cargo y manejas tus asuntos externos de forma competente. Estableces procedimientos y levantas imperios. Los Reyes muestran dónde has desarrollado la maestría, pero también dónde puedes ser inflexible y dónde crees que no tienes nada más que aprender. Los reyes son muy parecidos al Emperador. Suelen estar relacionados con el elemento aire.

Ejercicios de desarrollo de roles

Rápidamente y sin pensar demasiado en ello, mira estas cartas y escoge una para cada papel que desempeñes según la lista anterior. Sé espontáneo y no analítico. Si es posible, no utilices una carta más de una vez. Escribe sus nombres en tu lista junto a los roles que representan para ti.

Cuando hayas elegido tus cartas, responde a las siguientes preguntas:

- ¿Has utilizado todos los palos? Si falta alguno o algunos, ¿cuál es y qué cualidades representa? ¿En qué parte de tu vida puedes manifestar esas cualidades que faltan?

- ¿Qué palo predomina? ¿Qué te dice esto sobre las condiciones en las que te sientes más cómodo? ¿Aparecen también ese palo y su elemento relacionado en otros sistemas de símbolos (tu carta astral, funciones junguianas dominantes, etc.)?

- ¿Hay alguna figura (Rey, Reina, Caballero, Paje) que no hayas elegido o con la que no te sientas cómodo? ¿En qué nivel de desarrollo se encuentra? ¿Es masculina o femenina? ¿Es mayor o más joven de lo que te sientes? ¿Qué cualidades representan esta figura o figuras que faltan y que no has enumerado entre tus papeles?

- ¿Qué figura has utilizado más a menudo? ¿En qué nivel de desarrollo se encuentra? ¿Qué indica esto sobre tu propia percepción del autodominio?

- Con las dieciséis cartas de personas desplegadas ante ti, mira los Reyes. Reconoce algún área de tu vida en la que hayas desarrollado el dominio exterior y puedas demostrarlo a los demás. En esto eres un Rey. Elige uno de los Reyes para representarlo en ti. Indica también en qué eres experto:

- Mira las Reinas. Reconoce algún área de tu vida en la que hayas desarrollado la maestría interior y puedas fomentarla en ti o en otra persona. En esto eres una Reina. Escoge una de las Reinas para representarla en ti. Indica también tu especialidad:

- Mira los Caballeros. Reconoce un ámbito de tu vida en el que utilices activamente una habilidad o en el que pongas energía en un área de interés o investigación (una búsqueda). En esto eres un Caballero. Elige uno de los Caballeros para representar esto en ti. Indica también tu habilidad o interés:

- Mira los Pajes (Princesas). Reconoce un área de tu vida en la que estés asumiendo un riesgo, aprendiendo algo nuevo o adquiriendo alguna información a través de tus sentidos. En esto eres como un Paje joven. Elige uno de los Pajes para representar esto en ti. Indica también tu información o aprendizaje:

Por ejemplo, como madre, siento que para mi hija soy la Reina de copas. Sin embargo, cuando escribo libros y presentaciones, me convierto en la Reina de espadas. Y a la hora de exponer apasionadamente mi tema favorito, el tarot, soy el Rey de bastos. No obstante, siempre seré el Paje de copas que está aprendiendo a crecer para mi madre; aunque, en mi determinación por crear una base de estabilidad financiera soy el Caballero de pentáculos, y así sucesivamente.

Ahora, con el fin de llevar esto un poco más lejos, enumera tres o cuatro personas importantes en tu vida. Hazlo ahora mismo.

1.
2.
3.
4.

Junto al nombre de cada persona, escribe la carta de la corte que más asocies con esa persona *en su relación contigo*.

Dedica unos momentos a reflexionar sobre lo que has escrito y date cuenta de que cada una de ellas tiene sus propias máscaras y papeles, igual que tú. Intenta imaginar qué carta de la corte *habrían elegido para sí*. ¿En qué se diferencian tus impresiones de cómo se verían probablemente a sí mismas? Cuando tengas la oportunidad, pídeles que elijan la carta que piensan que las describe mejor y procura averiguar por qué han elegido esa carta.

De la corte a las personas

Las cartas de personas son difíciles y a la vez intrigantes. La mayoría de los estudiantes de tarot, e incluso los lectores de tarot de toda la vida, tienen más problemas con ellas que con las demás cartas. Las tradicionales cartas de la corte, que representan figuras de una corte medieval, son lo más ajeno a mi experiencia personal. Por supuesto, puedo imaginarme a mi padre y a mi madre en los papeles de Rey y Reina, y en mis tiempos he conocido a algún que otro Caballero de brillante armadura. Y mi hija a veces parece tan dulce y encantadora como el Paje de bastos.

No obstante, cuando aparece el Caballero de pentáculos, me pregunto si se trata de un compañero del trabajo, de un antiguo novio, de alguien que aún no he llegado a conocer o de cualquiera de la media docena de personas de signo de tierra que conozco.

Al crear sus barajas, muchos tarotistas se limitan a seguir las clasificaciones tradicionales de la realeza. Sin embargo, en nuestra sociedad, el entorno de la corte es irrelevante. Carece de la riqueza de la simbología personal, como revela la rigidez de las cartas de la corte en las lecturas. Por suerte, muchos de los diseñadores de tarot contemporáneos se han sentido intrigados por esta familia de figuras y las están reconceptualizando de acuerdo con nuestros entornos contemporáneos, nuestra simbología mitológica y la comprensión psicológica actual de la naturaleza humana. Están revolucionando nuestras concepciones fijas de los roles de las cartas de la corte y creando modelos diferentes sobre los que reflexionar.

Incluso si utilizas una baraja con las cartas de la corte tradicionales, tu apreciación de ellas puede ser más profunda gracias al trabajo que han realizado estos tarotistas.

Una de las primeras barajas en reconceptualizar radicalmente las cartas de la corte (y en convertir la baraja en redonda) fue el tarot *Motherpeace*, creado por Vicki Noble y Karen Vogel. Sus cartas populares se llaman Chamán, Sacerdotisa, Hijo e Hija. Los Chamanes representan el poder y la experiencia y controlan las cualidades de su palo. Las Sacerdotisas trabajan desde el corazón. Reciben y canalizan las fuerzas del palo y se ocupan del carácter sagrado de la vida. Los Hijos representan el ego. Aunque tienen una apariencia ligera y juguetona, también están centrados y orientados a los objetivos. Las Hijas son más sensoriales y representan al niño que todos llevamos dentro.

Ed Buryn, en *The William Blake Tarot of the Creative Imagination* [El tarot William Blake de la imaginación creativa], se refiere a las cartas de la corte y las denomina Ángel, Mujer, Hombre y Niño. Señala que la palabra *persona* viene del término *personare*, que hace referencia a una máscara facial utilizada por los actores, y que significa 'sonar a través'. Una persona es un personaje y un papel, además de un cuerpo y una personalidad. En consonancia con el tema de la baraja, estas cartas representan a los artistas y a los héroes que todos llevamos dentro. El Ángel es un personaje sagrado, el Niño representa el rostro de la inocencia, y la Mujer y el Hombre son las cualidades y los roles femeninos y masculinos arquetípicos dentro de cada uno de nosotros.

The Gaian Tarot [El tarot gaiano], de Joanna Powell Colbert, cuenta con Ancianos, Guardianes, Exploradores y Niños. Los Ancianos transmiten la sabiduría y las enseñanzas del palo, teniendo en cuenta la visión a largo plazo. Representan la difusión y la liberación. A su vez, los Guardianes nutren y preservan las cualidades del palo. Representan la mediana edad y la madurez. Los Exploradores, en cambio, se dedican activamente a descubrir las cualidades del palo. Representan la joven edad adulta, investigan caminos y opciones y se dejan llevar por sus búsquedas y objetivos. Por último, los Niños nos hacen rememorar nuestra capacidad de maravillarnos. Representan el nacimiento, los comienzos y el aprendizaje, además de actuar como mensajeros.

Hay muchas otras barajas que expresan, a través del simbolismo transcultural, nuestros procesos de desarrollo y estados psíquicos internos. Tal vez te preguntes cómo resolver las diferencias entre una Reina, una Sacerdotisa, una Guardiana y una Mujer, por ejemplo, pero todas ellas pueden ampliar tu comprensión de la esencia de lo femenino.

Cada baraja contiene su simbolismo individual que te guiará a través de tus paisajes interiores. Por lo tanto, es importante dar con unas cartas que expresen los valores con los que te sientes más identificado. Hasta cierto punto, cada baraja (porque las imágenes en sí mismas son muy evocadoras) debe ser interpretada dentro de su propia simbología.

Las barajas de la Aurora Dorada: Thoth y Waite-Smith

La mayor confusión surge cuando tratamos de reconciliar la baraja de Thoth, de Aleister Crowley, con las designaciones tradicionales de la corte como las que se encuentran en la baraja de Waite-Smith. Sin embargo, ambas barajas surgieron de una organización esotérica conocida como la Orden Hermética de la Aurora Dorada,* fundada en Londres en 1888.

La Aurora Dorada asoció las cartas de la corte con el *tetragrammaton*, o nombre tácito de cuatro letras de Dios, Yod-He-Vau-He, cuyas letras están relacionadas con los elementos en un proceso de desarrollo como el siguiente:

Yod/Fuego	=	energía instigadora
He/Agua	=	respuesta y apoyo a esa energía
Vau/Aire	=	elaboración de esa energía
He final/Tierra	=	la energía materializada

Tabla 20: Comparación de las cartas de la corte basadas en la Aurora Dorada

Características	Yod/Fuego	He/Agua	Vau/Aire	He final/Tierra
Aurora Dorada	Rey	Reina	Príncipe/ Emperador	Princesa/ Emperatriz
Thoth	Caballero	Reina	Príncipe	Princesa
Tradicional y Waite-Smith	Caballero	Reina	Rey	Paje

* N. del T.: Hermetic Order of the Golden Dawn.

Este escenario requería que la carta más dinámica, activa y contundente de la corte apareciera primero y fuera apoyada por la carta siguiente; de ahí que el Caballero activo fuera elevado a la posición de Yod o Rey como consorte de la Reina (He). Para crear un equilibrio entre lo masculino y lo femenino, las otras dos cartas de la corte se convirtieron en el hijo y la hija o el Príncipe y la Princesa del Caballero (Rey) y la Reina. Los Príncipes eran Reyes que se estaban formando (y también se los llamaba los Emperadores). A los miembros de la Aurora Dorada se les dijo que escribieran estos nuevos títulos en sus barajas tradicionales, cambiando los Caballeros por Reyes y los Reyes por Príncipes. La mejor manera de determinar las intenciones de estos tres grupos es la siguiente:

Caballero de copas

Príncipe de discos

Princesa de espadas

Reina de bastos

Como muestra la tabla 20, la pareja principal de la baraja de Thoth es el Caballero y la Reina. Los acompañan sus hijos, el Príncipe y la Princesa. La finalidad de este cambio modifica el significado de estas cartas y es necesario contarla, como se ha hecho desde tiempos inmemoriales, en forma de cuento de hadas.

Antaño, las comunidades estaban tan aisladas que se volvían genéticamente endogámicas, lo que disminuía el vigor y la fertilidad. Como se solía considerar a los gobernantes como dioses, su salud y su bienestar simbolizaban el de la tierra y el de toda la comunidad. Por eso, cuando un rey envejecía y quedaba estéril, o era herido (como el rey pescador de las leyendas del Grial), la tierra se secaba y se convertía en un páramo, o el rey era incapaz de vencer a un monstruo devastador. Así que se necesitaba sangre nueva (y nuevos genes) para revivir el linaje real transmitido por las reinas. Cuando un caballero desconocido llegaba a la ciudad, se enfrentaba a una prueba para determinar su fuerza y sabiduría. Debía vencer a un dragón o a una esfinge, resolver un acertijo o matar al viejo rey. Si lo conseguía, se le concedía la mano de la reina en matrimonio. El hijo de su unión era el príncipe, que se preparaba para ser rey. Se le exigía ser diplomático y líder, pero no poseer la fiereza de espíritu que se exige al caballero. La princesa era su hija, pero también representaba el joven estado fértil de la mujer, mientras que la reina madre representaba el propio linaje real.

Por lo tanto, tenemos que leer los personajes de las dos barajas de forma diferente: el Caballero de Crowley es más poderoso y magistral que el Caballero de Waite; asume muchas de las cualidades del Rey de Waite pero conserva la vitalidad y el espíritu aventurero del Caballero de Waite. El Príncipe de Crowley es un Rey que todavía se está formando y que demuestra la diplomacia, el arte y el artificio de su palo. Y la Princesa de Crowley enfatiza el potencial femenino en lugar de los aspectos infantiles de la carta del Paje de Waite.

Nuestra familia interior

Las cartas de personas pueden verse como pasos o etapas en nuestro crecimiento y desarrollo. Ilustran los distintos tipos de maestría que hemos de equilibrar en nuestro interior para convertirnos en individuos completos y cabales. Son nuestra familia interior, así como las personas que conocemos. Y como siempre estamos subiendo y bajando en la escala de la llamada madurez, podemos aparecer en cualquiera de estas formas.

Por ejemplo, cuando ofreces consejo a alguien, basado en tu amplia experiencia, hablas con autoridad de rey. Pero a los cincuenta y cinco años, cuando agarras la guitarra por primera vez, te muestras como un paje, es decir, con la inocencia de un niño. Se corre el riesgo de parecer ingenuo o incluso tonto. Por suerte, solemos ser capaces de cambiar de papeles cuando es oportuno. Y en una lectura de tarot, tenemos la oportunidad de ver qué personaje estamos mostrando para determinar lo apropiado que es a la situación particular en la que estamos involucrados.

Un análisis numérico de las cartas de personas

Podemos ver las cartas del tarot como un modelo para llegar a «conocernos a nosotros mismos», exhortación escrita a la entrada del oráculo de Delfos. Dado que los números forman a menudo la estructura interna del tarot, podemos recurrir a ellos en nuestro intento de comprender mejor las cartas de la corte. No hay números individuales asociados con las cartas de la corte, pero hay dieciséis de ellas. Tal vez esto tenga un significado.

La decimosexta carta de los arcanos mayores es la Torre, también conocida como la Casa de Dios, la Torre de la Destrucción y el Gran Libertador. Es la carta que nos libera de las estructuras y formas que nos impiden percibir nuestro verdadero Ser. En ella, el rayo de la Verdad destruye todos los falsos límites y creencias. Y las estructuras, los límites y las creencias que se destruyen en esta carta son, por supuesto, los papeles que cada uno de nosotros desempeña en su vida cotidiana. Estos roles son las máscaras tras las que nos escondemos. Son los muros que construimos para evitar darnos cuenta de quiénes somos realmente. Estos roles y estructuras de personalidad se convierten en vallas tras las que nos aislamos de los demás. Forman nuestra «identidad», o lo que nos hace diferentes de los otros. Son muros que nos encierran y nos protegen de lo desconocido; así anidamos en una estructura de falsa seguridad, falsa porque estas estructuras de personalidad –como las que has enumerado antes en este libro– no son lo que de verdad eres. No eres las paredes que te rodean, sino el espíritu multiforme que reside en el interior de estas.

Así, la Torre expresa el hecho de que las cartas de la corte son los papeles que desempeñamos, las máscaras tras las que nos escondemos y las formas imponentes en las que hemos cristalizado, que en última instancia hemos de destruir si queremos despertar a lo que de verdad somos. La Torre subraya la fragilidad de la posición y el rango mundanos, así como la falsa sensación de importancia y el orgullo por los logros con los que nos cubrimos. Estamos verdaderamente liberados cuando no tenemos más papeles que desempeñar, cuando nuestras infinitas posibilidades ya no están limitadas.

Ahora bien, si sumamos numéricamente 1 + 6, obtenemos 7, y quizás la séptima carta de triunfo pueda decirnos algo más sobre la naturaleza esencial de estas dieciséis cartas de la corte.

El 7 es el número del Carro, también conocido como Victoria o Maestría. El vehículo que aparece en la carta representa nuestro propio templo personal desde el que fluye nuestro poder en nuestra experiencia diaria. La Sagrada Orden de Mans, en su obra sobre el tarot llamada *Jewels of the Wise* [Perlas de los sabios], explica cómo hemos construido vehículos o recintos para encarcelar a nuestro Ser subconsciente interior. Se trata de recintos dentro de los cuales cultivamos lo que somos y desarrollamos nuestras diversas maestrías en nuestra vida cotidiana.[20]

Las máscaras lunares sobre los hombros del auriga y la dualidad y las características mixtas de las esfinges muestran que llevamos las máscaras para plantear nuestro propio enigma a la pregunta de la esfinge: «¿Quién soy yo?».

El cinturón zodiacal sugiere que llevamos estas máscaras de la personalidad mientras estamos sujetos al tiempo y el espacio.

Nuestro vehículo individual es el recinto en el que cultivamos nuestro yo. Las cartas de la corte son, por tanto, las formas en las que adquirimos dominio y nos perfeccionamos. Son los pasos de desarrollo que damos para descubrir nuestra propia identidad. Al igual que el Carro, las cartas de la corte nos muestran cómo desarrollar el control sobre nuestro entorno físico, cómo aprovechar nuestros recursos personales hacia nuestro propósito y cómo utilizar nuestras habilidades y capacidades para movernos instintivamente a través de los desafíos presentados en las cartas de números de los arcanos menores. Las cartas de la corte nos representan en un viaje de autodesarrollo. Como dice el *Bhagavad-Gita*: «El yo es el jinete en el carro del cuerpo, del cual los sentidos son los caballos y la mente las riendas». Somos el yo dentro de un vehículo siempre cambiante que consiste en roles sociales y de desarrollo.

Y, así, vemos cómo desarrollamos y perfeccionamos la estructura de nuestra personalidad, y luego, como en la Torre, pasamos por un proceso de ruptura de todo lo que es falso en esa estructura, solo para volver a construirla lentamente. Entonces descubrimos que eso tampoco es lo que en realidad somos. Y así continuamos hasta que hemos quemado todas las formas que nos impiden reflejar la Verdad y la Perfección. Entonces, nosotros también podremos ver nuestro reflejo en el santo grial, tal y como aparece en la carta del Carro de Thoth.

Por último, volvamos a mirar las dieciséis cartas de la corte y el número 16. Se compone de otros dos números: el 1 y el 6. Traducidos a los arcanos mayores, son el Mago y los Enamorados. Esto parece apropiado porque, en la interpretación, las cartas de la corte funcionan de dos maneras fundamentales.

EL MAGO

LOS ENAMORADOS

En primer lugar, como indica el Mago, estas cartas siempre representan algún aspecto de la persona sobre la que se realiza la lectura: el viejo Número Uno; el mío, yo mismo y yo.

En segundo lugar, como muestra la carta de los Enamorados, las cartas de la corte también se refieren a alguien con quien se tiene una relación. En la carta de los Enamorados, se produce un reflejo entre el yo interior y el exterior. Como señala Paul Foster Case, la mente consciente mira a la mente subconsciente, que se centra en el Yo Superior para obtener orientación. Podemos ver a las personas que atraemos a nuestras vidas como espejos de nuestros propios procesos internos, a veces nuestras sombrías imágenes negativas del yo y otras veces las cualidades más elevadas que no vemos en nosotros mismos. Por lo tanto, cuando las cartas de la corte aparecen en una tirada, es importante leerlas desde ambos puntos de vista: como un aspecto de uno mismo y en el papel de los demás que nos enseñan sobre nosotros mismos.

Y, por supuesto, $1 + 6 = 7$, y así volvemos al Carro: desarrollamos el autodominio a través de nuestras interacciones con los demás, viendo los diferentes aspectos de nosotros mismos reflejados de alguna manera por todas las personas con las que entramos en contacto.

Lectura de las cartas de personas

Esta es una lectura sencilla de dos cartas, pero me ha servido para entender la dinámica cambiante de una relación en curso o para comprender de un vistazo por qué ciertas personas entran brevemente en tu vida. También puedes descubrir cosas sobre ti mismo de las que nunca habías sido consciente. Utilízala para todo tipo de relaciones: familia, amigos, compañeros de trabajo, profesores, amantes y entre las diferentes partes de ti mismo. Se puede ampliar para obtener más información, como describiré más adelante.

Utilizando únicamente las dieciséis cartas de personas, elegirás una para que te diga qué cualidades estás aprendiendo de un individuo concreto en este momento. Y una segunda carta para que te diga qué cualidades está aprendiendo de ti al mismo tiempo. Estas imágenes se corresponderán probablemente con la forma en que estas personas se presentan ante ti y con la forma en que tú te presentas ante ellas. Si hay una disparidad entre las cualidades que describen las cartas y tu percepción de ti mismo, puedes preguntar por qué no eres consciente de estas cualidades.

Aunque puedes hacer esta lectura por ti mismo, tendrás más conocimiento de cómo funciona si primero la pruebas con un amigo. Cada uno de los dos elige al azar una carta que represente lo que estáis aprendiendo del otro. A continuación, dile a tu compañero lo que estás aprendiendo de él, basándote en la carta que has sacado. Puede que te sorprenda mucho lo que ven en ti. Es posible que te perciban con cualidades de las que no eras consciente. Una vez que hayas experimentado esto con un amigo, estarás mejor preparado para entender lo que puede significar una lectura de este tipo cuando la hagas solo.

Selección de las cartas

Baraja tus dieciséis cartas de personas y luego extiéndelas en abanico, bocabajo.

1. Con la mano izquierda, elige una carta que represente las cualidades que estás aprendiendo de la otra persona. Colócala a la izquierda.
2. Con la mano derecha, elige una carta que represente las cualidades que la otra persona está aprendiendo de ti. Coloca esta carta a la derecha de la primera.

¿Qué cualidades estás aprendiendo de ______?

¿Qué cualidades está aprendiendo ________ de ti?

Para ampliar la lectura

Si deseas más información, solo tienes que sacar tres cartas adicionales por cada una de las cartas anteriores para especificar el tipo de situación en la que encontrarás tu oportunidad de aprendizaje.

Baraja el resto del mazo (dejando fuera todas las cartas de personas). Corta el mazo de derecha a izquierda en dos montones. Da la vuelta a las tres primeras cartas de la pila de la izquierda y colócalas debajo de tu carta de persona para representar lo que estás aprendiendo. Da la vuelta a las tres primeras cartas del montón de la derecha y colócalas debajo de la otra carta de persona que representa lo que tu amigo está aprendiendo. Mezcla los significados de las tres cartas hasta que parezcan describir una situación o interacción reconocible en tu relación. Tal vez descubras que muestran las etapas de desarrollo de vuestra interacción y aprendizaje. Por ejemplo: (1) cómo era, (2) la situación actual y (3) su potencial.

Hacer este ejercicio junto a un amigo es incluso más esclarecedor que hacerlo en solitario, ya que podéis hablar de lo que sentís que tenéis que dar y recibir el uno del otro y de cómo lo hacéis.

Apéndice A

La controversia del 8 y el 11

Al escribir este libro, uno de mis mayores dilemas consistió en decidir qué hacer con las cartas de la Fuerza y la Justicia. Como mi primera (y única) baraja durante muchos años fue la de Waite-Smith, y mis primeros estudios apoyaban ese orden, mantengo una lealtad personal a la Fuerza como carta número 8 en la secuencia y a la Justicia como número 11. Esto es diferente de la mayoría de las barajas europeas continentales, personificadas por el tarot de Marsella, en el que la Justicia es el número 8 y la Fuerza el número 11. Esta secuencia de numeración apareció por primera vez en 1557 en la baraja desarrollada por Catelin Geofroy de Lyon, Francia. Pero no fue hasta el siglo XVII cuando la numeración se estabilizó y aparecieron las imágenes conocidas como tipo Marsella.[21]

Históricamente, existen diversas variaciones en la secuencia del tarot, y los estudiosos del tarot y los creadores de barajas siguen sugiriendo órdenes alternativos. El listado numérico más antiguo de las cartas del tarot se encuentra en los *Sermones de Ludo Cum Aliis*, un discurso de finales del siglo XV contra el juego. Allí las cartas se enumeran en el siguiente orden:

1 El Mago o el Malabarista
2 La Emperatriz
3 El Emperador
4 La Papisa
5 El Papa
6 La Templanza
7 El Amor
8 El Carro Triunfal
9 La Fuerza o la Fortaleza
10 La Rueda
11 El Jorobado o el Ermitaño
12 El Colgado
13 La Muerte
14 El Diablo
15 La Flecha o la Torre
16 La Estrella
17 La Luna
18 El Sol
19 El Ángel o el Juicio
20 La Justicia
21 El Mundo
0 El Loco[22]

En la Colección Rosenwald de la Galería Nacional de Arte de Washington D. C., hay una plancha de cartas sin cortar del siglo XVI en la que tanto la Fuerza como la Justicia llevan el número 8 (VIII).[23] Las barajas florentinas Minchiate suelen colocar las cuatro virtudes cardinales (Templanza, Fortaleza, Justicia y Prudencia [el Ermitaño]) juntas entre el Carro y la Rueda.

Dado que he optado por utilizar sistemas numerológicos en muchos de mis libros, los números de las cartas se vuelven vitales. Algunos diseñadores de nuevas barajas de tarot han vuelto a la numeración de Marsella porque consideran que es más «tradicional», aunque el sistema de Marsella no es el más antiguo. *En este libro, he optado por seguir la numeración Waite-Smith, en la que la Fuerza es el 8 y la Justicia el 11.*

A. E. Waite, miembro de la Orden Hermética de la Aurora Dorada, fue la primera persona en los tiempos modernos en utilizar estos números en una baraja publicada. El propio Waite se limita a hacer la siguiente declaración sobre este cambio:

> *Por razones que me satisfacen, esta carta [la Fuerza] ha sido intercambiada con la de la Justicia, cuyo número habitual es el ocho. Como la variación no conlleva nada que pueda ser significativo para el lector, no hay motivo para dar explicaciones.*[24]

Waite desveló todo lo que se atrevió sobre un secreto del tarot que había jurado ocultar.

Hay un mito popular del tarot que dice que la baraja de Waite estaba mal numerada a propósito, con el fin de ocultar el verdadero camino a los no iniciados. Otro mito afirma que solo la numeración de Waite revela la verdadera sabiduría del tarot. En realidad, todos los órdenes de las cartas han servido en su momento y lugar a un propósito que no siempre podemos discernir.

El abandono del orden de las cartas de Marsella se debe a Kenneth Mackenzie, veterano diseñador de rituales para órdenes esotéricas y criptógrafo. A nivel profesional, era traductor de libros de egiptología, mitología y folclore, y autor de una enciclopedia masónica. En 1861, visitó al gran mago francés Eliphas Lévi para comprobar sus propias teorías sobre el tarot. Se planteó publicar un libro sobre las cartas pero, al ser preguntado más tarde, escribió a W. Wynn Westcott, uno de los fundadores de la Aurora Dorada:

> *Con referencia al Verdadero Tarot [...] no estoy dispuesto a comunicar el sistema del Tarot indiscriminadamente, aunque estoy familiarizado con él. Hacerlo pondría un arma muy peligrosa en manos de personas menos escrupulosas que yo.*[25]

A la muerte de Mackenzie, Westcott compró una caja de sus papeles a su esposa y, poco después, contrató a S. L. MacGregor Mathers para que transcribiera un manuscrito cifrado que contenía rituales de iniciación para una orden mágica en la que el tarot servía de base para los niveles de iniciación. Este manuscrito cifrado se convirtió en el documento central de la Orden Hermética de la Aurora Dorada, fundada en 1888, ya que contenía un brillante conjunto de correspondencias que conectaban el tarot con la astrología y la cábala hebrea, basadas en el cambio de secuencia numérica. La mayoría de las innovaciones del siglo XX en el tarot han surgido de estas enseñanzas de la Aurora Dorada.

Paul Foster Case, también iniciado de la Aurora Dorada y fundador de los Constructores del Adytum (BOTA, por sus siglas en inglés), que aún hoy publican su curso de tarot por correspondencia, sigue a Waite en la numeración de las cartas. Aleister Crowley se mantuvo indeciso sobre el sistema de numeración hasta que su ilustradora, Frieda Harris, le exigió que eligiera para poder pintar los números en las cartas. Aunque utiliza los números de Marsella, al mismo tiempo emplea las atribuciones astrológicas y cabalísticas de la Aurora Dorada, en las que la Fuerza sigue al Carro y la Justicia a la Rueda de la Fortuna.

En el sistema de la Aurora Dorada, el Loco (0) equivale a la letra hebrea *aleph* (que, en hebreo, también sirve de signo para el 1). El Mago, cuyo número es el 1, se asocia con *beth* (que es el número 2) y, por lo tanto, este sistema parece no estar alineado. Pero a pesar de ser tan aparentemente caótico tiene cierta lógica. El texto cabalístico más antiguo, el *Sepher Yetzirah*, habla de la creación del mundo a través de la Palabra de Dios. Las letras y los sonidos hebreos se describen como los elementos fundamentales de construcción de la creación y cada uno corresponde a un signo del Zodiaco, elemento o planeta. Cuando el Loco está en primer lugar, es el elemento aire, y todas las demás cartas se alinean con las letras hebreas y sus signos zodiacales de una manera que tenía sentido para la Aurora Dorada, excepto el Loco, que se emparejó con *teth*/Leo, y la Fuerza, que se emparejó con *lamed*/Libra. Una vez que se cambiaron estas dos cartas, emparejando la Fuerza con *teth*/Leo (el león) y la Justicia con *lamed*/Libra (la balanza), se llegó a la conclusión de que todo estaba en su sitio.

Ángeles Arrien ha dicho que las dos cartas eran en realidad una sola con dos caras, una detrás de la otra. Es posible que representaran dos aspectos del funcionamiento de una sola potencia. Es interesante señalar que la Colección Rosenwald de cartas de tarot del siglo XVI tiene tanto la Fuerza como la Justicia numeradas como VIII, aunque, obviamente, se trató de un error en el que una fue seguramente numerada como 9 (VIIII) antes de un deslizamiento de la cuchilla de tallado. La estrecha relación entre estas dos cartas se explica también en el manuscrito cifrado de la Aurora Dorada:

> VIII Justicia = *Lamed* y Libra, y XI Fuerza = *Teth* y Leo, lo que provoca una transposición, pues son símbolos afines. Sin embargo, en una época la espada de la Justicia era el símbolo egipcio del cuchillo de la hoz de Leo, mientras que la balanza significaba que el Sol había abandonado el punto de equilibrio de mayor declinación [solsticio de verano]. Así que la hembra y el león dieron la idea de Venus, Señora de Libra reprimiendo el fuego de Vulcano (Saturno en Libra) exaltado. Pero más temprano fue la Diosa León para Leo y Ma'at para Libra con su balanza, y esto es mejor.[26]

El poder único que se encuentra en estas dos cartas es la Ley. La Fuerza representa la «ley natural», según la cual un ser debe vivir y actuar de acuerdo con su naturaleza. Un león no debería ser castigado por matar a un cordero para comer, pues su naturaleza lo obliga a hacerlo. Pero si vagara por las calles del pueblo, no estaría en armonía con las leyes de su naturaleza y probablemente caería enfermo. La justicia, por tanto, representa los intentos de una cultura por codificar las leyes naturales, creando una norma con la que se puedan sopesar objetivamente nuestras acciones. Cuando las leyes de la sociedad no siguen las leyes naturales es cuando tenemos injusticia, es decir, cuando obligamos a un ser a hacer algo que no está en su naturaleza o a no hacer algo que sí lo está. En un manuscrito que originalmente solo circulaba entre los miembros de la Aurora Dorada, Mathers dice que la Fuerza es «el poder no detenido», mientras que la Justicia es «la Fuerza y el Poder, pero detenidos, como en el acto del Juicio».[27]

La reordenación de las cartas marcó una iniciación en un nuevo orden esotérico que requería una nueva interpretación de las cartas y, quizás, una rectificación de una enseñanza que había perdido su equilibrio. Cuando la Fuerza sigue al Carro, vemos en estas dos cartas una comparación de dos formas de poder y victoria. El Carro requiere una fuerza física que se utiliza para dominar la naturaleza ejerciendo el poder *sobre* los elementos. La Fuerza demuestra el valor del alma y del cuerpo trabajando al unísono y en perfecta confianza para alcanzar su poder natural *interior*. De este modo, la figura de la Fuerza se convierte en la del Mago, lo que se demuestra cuando las cartas se colocan en tres filas de siete cartas cada una, de modo que la Fuerza, como octava carta, aparece directamente debajo del Mago. El Ermitaño, que sigue a la Fuerza, representa al hermafrodita (como el vidente Tiresio en los dramas griegos), compuesto de energías masculinas y femeninas unificadas en un solo ser. Cuando la Justicia sigue el giro de la Rueda de la Fortuna kármica y precede al Colgado y a la Muerte, indica que la fuerza debe ser «detenida» y hay que emitir un juicio antes de determinar y ejecutar el castigo o el sacrificio. Cuando la Justicia aparece en la posición central en las tres filas de siete, se convierte en el pivote o punto de mediación para todas las cartas que vienen antes y después de ella. Merece la pena mencionar que la tercera virtud cardinal en el tarot, la Templanza, es la última carta de la fila, de modo que toda la fila del medio está rodeada por las virtudes y centrada en ellas.

Tabla 21: Correspondencias alfa-astro-numéricas

Letra	Forma	N.º equiv.	Significado de la forma	Equiv. inglés	Eliphas Lévi (escuela francesa) (1856)		La Aurora Dorada (escuela Inglesa) (1888)	
Aleph	א	1	Buey, vaca, toro	A	Malabarista	🜁	Loco	🜁
Beth	ב	2	Casa, patio	B	Suma Sacerdotisa	☽	Mago	☿
Gimel	ג	3	Camello (transporte)	G	Emperatriz	♀	Suma Sacerdotisa	☽
Daleth	ד	4	Puerta (abrir)	D	Emperador	♃	Emperatriz	♀
Heh	ה	5	Ventana (ver)	H, E	Papa	♈	Emperador	♈
Vav	ו	6	Clavo (construir)	U, V, W	Enamorados	♉	Papa	♉

Letra	Forma	N.º equiv.	Significado de la forma	Equiv. inglés	Eliphas Lévi (escuela francesa) (1856)		La Aurora Dorada (escuela Inglesa) (1888)	
Zayin	ז	7	Espada (cortar)	Z	Carro	♊	Enamorados	♊
Cheth	ח	8	Valla (encerrar)	Ch	Justicia	♋	Carro	♋
Teth	ט	9	Serpiente (retorcer)	T	Ermitaño	♌	Fuerza	♌
Yod	י	10	Mano (anotar)	I, J, Y	Rueda de la Fortuna	♍	Ermitaño	♍
Kaph	כ	20	Palma (agarrar)	C, K, Kh	Fuerza	♂	Rueda de la Fortuna	♃
Lamed	ל	30	Provocar (castigar)	L	Colgado	♎	Justicia	♎
Mem	מ	40	Mar, útero	M	Muerte	▽	Colgado	▽
Nun	נ	50	Pez (moverse)	N	Templanza	♏	Muerte	♏
Samekh	ס	60	Clavija (apoyar)	S, X	Diablo	♐	Templanza	♐
Ayin	צ	70	Ojo (separarse)	O	Torre	♑	Diablo	♑
Peh	פ	80	Boca (alimentar)	P, Ph, F	Estrella	☿	Torre	♂
Tzaddi	ע	90	Guadaña (cosechar)	Tz	Luna	♒	Estrella	♒
Qoph	ק	100	Parte posterior de la cabeza, nudo	Q	Sol	♓	Luna	♓
Resh	ר	200	Cara (razonar)	R	Juicio	♄	Sol	☉
Shin	ש	300	Diente (hablar sin cesar)	Sh	Loco	△	Juicio	△
Tav	ת	400	Señal (marcar)	T, Th, X	Mundo	☉	Mundo	♄

Las variaciones en el orden del tarot reflejan diferencias en la visión del mundo, primero entre las diversas ciudades-estado de Italia y luego entre las órdenes de magos francesa e inglesa. A medida que se experimenta con el cambio de la secuencia de las cartas, queda claro que algunas son extremadamente personales mientras que otras sirven a una mayor proporción de la humanidad. Estas últimas resistirán la prueba del tiempo hasta que una revisión radical de lo que somos requiera cambios aún más drásticos.

Apéndice B

La cábala de las nueve cámaras

En su introducción a *The Kabbalah Unveiled* [La cábala desvelada], S. L. MacGregor Mathers presenta tres formas de análisis de palabras por permutación mediante las cuales se pueden encontrar significados ocultos y correspondencias entre las palabras hebreas. Una de ellas se conoce como *Aiq Beker* o «la cábala de las nueve cámaras», que también fue utilizada por los masones como clave para la palabra secreta perdida a la muerte del arquitecto Hiram Abif, una historia que constituye el eje de la iniciación masónica.

Tabla 22: La tabla de las nueve cámaras

3 Sh L G 300 30 3	2 R K B 200 20 2	1 Q Y A 100 10 1
6 M S V 600 60 6	5 K N H 500 50 5	4 Th M D 400 40 4
9 Tz Tz T 900 90 9	8 P P Ch 800 80 8	7 N O Z 700 70 7

Las nueve cámaras forman una tabla mediante la cual las letras hebreas se pueden convertir en sus raíces numéricas (1 = 10 = 100) y es una técnica importante para crear sellos y talismanes. Al igual que el término *QWERTY* para el teclado de una máquina de escribir, el nombre *Aiq Beker* (*AiQ BKR*) se deriva de las letras hebreas de las dos primeras cámaras: *aleph/yod/qoph y beth/kaph/resh* (que se leen de derecha a izquierda en la tabla de la página anterior). Esta cuadrícula se utiliza como plantilla a partir de la cual se permutan las letras en las palabras para discernir verdades ocultas. Esta «regla del 9» pitagórica, en la que los números podían reducirse a sus *pitmenes* (raíces o tronos), fue utilizada por Hipólito con el alfabeto griego y, según él, por los egipcios. Se decía que aportaba cualidades de paz y armonía al universo.

La tabla debe leerse de derecha a izquierda. Los números 500 y superiores corresponden a una forma «final» que adoptan algunas letras hebreas y no tienen su correspondiente carta de triunfo.

El texto que reproduzco más abajo fue escrito por Aleister Crowley (*Frater Perdurabo*) entre 1907 y 1911 y deja clara la correspondencia entre la cábala de las nueve cámaras y los triunfos del tarot.

A excepción de la posición del Loco, hay que tener en cuenta que las cartas de triunfo se distribuyen en agrupaciones que corresponden a las cartas de la vida de una persona, es decir, a las constelaciones del tarot. En este caso, sin embargo, cada constelación o «cámara» está determinada por el número raíz de la carta hebrea, no por el número de la carta. Por esta razón, el Ermitaño y la Luna se colocan en la primera cámara con el Loco. Nadie en la Aurora Dorada parece haber desarrollado más este concepto en relación con los triunfos.

NOTA DE H. FRA. P[erdurabo] 4° = 7□ SOBRE EL R.O.T.A.
POR LA QABALAH DE LAS NUEVAS CÁMARAS
del LIBER CCXXXI
(Este libro es válido hasta el grado de *Adeptus Exemptus*).

Las unidades son divinas - △ El Triángulo vertical.
Decenas reflejadas - ▽ El Triángulo invertido.
Cientos equilibrados - ✡ El Hexagrama, su combinación.

(Los nombres de las cartas de Thoth y las correspondencias astrológicas [en negrita] que aparecen a continuación han sido añadidos por mí al texto original para hacer más claras las asociaciones del tarot).

1. «Luz». – [Aquí no puede haber maldad].
   1: *Aleph* / **Loco** / **Aire**. La luz oculta: la sabiduría de la insensatez de Dios con los hombres
   10: *Yod* / **Ermitaño** / **Virgo**. El Adepto portador de la Luz.
   100: *Qof* / **Luna** / **Piscis**. La Luz en la oscuridad y la ilusión. (Khephra a punto de levantarse).

2. «Acción». –
   2: *Bet[h]* / **Magus** / **Mercurio**. Corriente activa y pasiva-dual, etc. – las fuerzas alternas en armonía.
   20: *Koph* / **Fortuna** / **Júpiter**. Las fuerzas contendientes – la fluctuación de la vida terrestre.
   200: *Resh* / **Sol** / **Sol**. Los Gemelos que se abrazan – la gloria eventual de la vida armonizada bajo el Sol.

3. «El Camino». – [Aquí tampoco hay maldad].
   3: *Gemel* / **Sacerdotisa** / **Luna**. El Yo Superior.
   30: *Lamed* / **Ajuste** / **Libra**. La severa disciplina del Camino.
   300: *Shin* / **Eón** / **Fuego**. El juicio y la resurrección. (0 = 10 y 5 = 6 rituales).

4. «La vida». –
   4: *Dalet* / **Emperatriz** / **Venus**. La Madre de Dios. Aima.
   40: *Mem* / **Colgado** / **Agua**. El hijo asesinado.
   400: *Taw* / **Mundo** / **Saturno**. La novia.

5. «Fuerza» (Purificación). –

 5: *Heh* / **Emperador / Aries**. El azufre supremo que purifica por medio del fuego.

 50: *Nun* / **Muerte / Escorpio**. El agua infernal Escorpio que purifica por putrefacción.

 Esta obra no está terminada; por lo tanto, no hay equilibrio.

6. «Armonía». –

 6: *Vau* / **Papa / Tauro.** El reconciliador (*Vau* de *Yod-Heh-Vau-Heh*) arriba.

 60: *Samekh* / **Arte / Sagitario**. El reconciliador abajo (león y águila, etc.).

 Esta obra tampoco está terminada.

7. «Nacimiento». –

 7: *Zain* / **Enamorados / Géminis**. Los poderes de regeneración espiritual. (El Z.A.M. como Osiris resucitado entre Isis y Neftis. El camino de Gemel, Diana, sobre su cabeza).

 70: *Ayin* / **Diablo / Capricornio**. Las fuerzas brutas de generación.

8. «Regla». –

 8: *Chet* / **Carro / Cáncer**. El gobierno ordenado de las diversas fuerzas.

 80: *Peh* / **Torre / Marte**. La ruina de las fuerzas desequilibradas.

9. «Estabilidad». –

 9: *Tet* / **Fuerza / Leo**. La fuerza que reprime el mal.

 90: *Tzaddi* / **Estrella / Acuario**. La fuerza que restaura el mundo arruinado por el mal.

Observa que, en este documento, Crowley coloca la Justicia / el Ajuste con la Sacerdotisa y el Juicio/el Eón. Asimismo, la Fuerza está con la Estrella.

APÉNDICE C

Resumen de los nombres de las cartas

Cartas de vida

Tabla 23: Tabla de las cartas de vida

<table>
<tr><th></th><th>CARTAS DE NACIMIENTO</th><th>CARTAS DE NOMBRE</th><th></th></tr>
<tr><td rowspan="3">Arcanos mayores o triunfos</td><td rowspan="3">Patrón personalidad-alma:
• Carta de la personalidad
• Carta del alma
• Carta del factor oculto
= Carta de la sombra
= Carta maestra</td><td>•Carta de los deseos y la motivación interior
•Carta de la personalidad externa</td><td rowspan="3">• Carta del potencial de vida
=
(carta de nacimiento
+
carta del nombre)</td></tr>
<tr><td>Cartas de destino (mismo n.º raíz):
• Carta de la nota temática
• Carta del ritmo
• Carta de la melodía
• Carta del nombre de factor oculto</td></tr>
<tr><td>Acorde temático:
• Carta del primer nombre
• Carta del segundo nombre
• Carta del apellido</td></tr>
<tr><td rowspan="2">Cartas de los arcanos mayores</td><td>Cartas numéricas (de puntos)</td><td colspan="2">• Cartas de lecciones y oportunidades
• Carta de la lección zodiacal y la oportunidad</td></tr>
<tr><td>Cartas de la corte o de personas</td><td colspan="2">• Carta significante</td></tr>
</table>

Cartas del año

Una carta de los arcanos mayores por cada año de vida.

- Carta del año kármico.

Notas

1. Ver Stuart R. Kaplan, *The Encyclopedia of Tarot* [La enciclopedia del tarot], vols. 1 y 2 (Nueva York: U.S. Games Systems, 1978 y 1986), o Michael Dummett, *The Game of Tarot: From Ferrara to Salt Lake City* [El juego del tarot: de Ferrara a Salt Lake City] (Londres: Gerald Duckworth and Co., 1980).
2. Joseph Chilton Pearce, *Exploring the Crack in the Cosmic Egg* [Explorando la ruptura del huevo cósmico] (Nueva York: Pocket Books, 1975), p. 19.
3. M. Esther Harding, *Psychic Energy: Its Source and Its Transformation* [La energía psíquica: su fuente y su transformación], Bollingen Series X (Princeton, NJ: Princeton University Press, 1973), p. 307.
4. *Ibid*., p. 308.
5. Marie-Louise von Franz, *On Divination and Synchronicity: The Psychology of Meaningful Chance* [Sobre la adivinación y la sincronicidad: la psicología del cambio significativo] (Toronto: Inner City Books, 1980), p. 57.
6. Ibid., p. 58.
7. Ibid., p. 72.
8. Ibid., p. 94.
9. Gertrude Moakley, *The Tarot Cards Painted by Bonifacio Bembo* [Las cartas de tarot pintadas por Bonifacio Bembo] (Nueva York: The New York Public Library, 1966), pp. 43-53.
10. Este concepto lo aprendí de Ángeles Arrien.
11. Muriel Bruce Hasbrouk, *Tarot and Astrology: The Pursuit of Destiny* [Tarot y astrología: la búsqueda del destino] (Rochester, VT: Destiny Books, 1989; reedición de *The Pursuit of Destiny*, 1941), p. 28.
12. Ibid., p. 224.
13. M. Esther Harding, *Woman's Mysteries: Ancient and Modern* [Los misterios de la mujer: ancestrales y modernos] (Nueva York: Harper Colophon, 1971), p. 125.
14. Para saber cómo la lengua y las convenciones culturales del tiempo estructuran nuestra visión del mundo, consulta *Language, Thought, and Reality* [Lenguaje, pensamiento y realidad], del lingüista Benjamin Lee Whorf.

15. Jane Roberts, *The Nature of Personal Reality: Practical Techniques for Solving Everyday Problems and Enriching the Life You Know; a Seth Book* [La naturaleza de la realidad personal: técnicas prácticas para resolver los problemas cotidianos y enriquecer la vida que conoces; un libro de Seth] (Nueva York: Bantam, 1978), p. 413.
16. Ibid., p. 444.
17. Garfield citado en el artículo de Norman Boucher's «In Search of Peak Performance», *New Age Journal*, febrero de 1986.
18. Martita Tracy, *Stellar Numerology* [Numerología estelar], Mokelumne Hill, CA: Health Research, s. f., p. 1.
19. Paul Foster Case, *Highlights of Tarot* [Aspectos destacados del tarot], Los Ángeles: Builders of the Adytum, 1970, pp. 46-47.
20. La Orden Sagrada de Mans, *Jewels of the Wise* [Perlas del sabio], San Francisco: Holy Order of Mans, 1974, pp. 73-79.
21. Ver Stuart Kaplan, *The Encyclopedia of Tarot* [La enciclopedia del tarot], vols. 1 y 2, y Michael Dummett, *The Game of Tarot* [El juego del tarot], para referencias específicas y un debate académico sobre este tema.
22. Ver Stuart Kaplan, *The Encyclopedia of Tarot* [La enciclopedia del tarot], vol. 2, Nueva York: U.S. Games, 1986, pp. 182-196, para un análisis completo de la secuencia y los títulos de los arcanos mayores, con gráficos que comparan las variaciones entre veintiséis barajas desde finales del siglo XVI hasta 1909.
23. Ibid., p. 186.
24. A. E. Waite, *The Pictorial Key to the Tarot* [La clave pictórica del tarot], Nueva York: Causeway Books, s. f. (original de 1910), p. 100.
25. Citado en Ellic Howe, *Magicians of the Golden Dawn* [Magos de la Aurora Dorada], York Beach, ME: Samuel Weiser, 1972, p. 29.
26. Darcy Küntz, ed., *The Complete Golden Dawn Cipher Manuscript* [Los manuscritos cifrados completos de la Aurora Dorada], Edmonds, WA: Holmes Publishing, 1996), folios 36-41, y Carroll «Poke» Runyon, *Secrets of the Golden Dawn Cypher Manuscript* [Secretos de los manuscritos cifrados de la Aurora Dorada], Pasadena: C.H.S., 1997, páginas facsímiles 34-38.
27. Del libro *T –The Tarot, firmado «S.M.R.D»*. (lema identificador de MacGregor Mathers en la Aurora Dorada). Este manuscrito está ahora disponible en la obra de Robert Wang *An Introduction to the Golden Dawn Tarot* [Introducción al tarot de la Aurora Dorada], y también como volumen 9 de *The Complete Golden Dawn System of Magic* [Sistema completo de magia de la Aurora Dorada], de Israel Regardie.

Bibliografía seleccionada

Dado que en la actualidad hay tantos libros de tarot dignos de mención, he limitado esta bibliografía a los más directamente relacionados con los conceptos aquí presentados.

Amberstone, Wald y Ruth Ann. *The Tarot School's Birth Card Notebook* [Manual de cartas de nacimiento de la Escuela de Tarot], *www.tarotschool.com/BirthCards.html.*

Arrien, Ángeles. *The Tarot Handbook: Practical Applications of Ancient Visual Symbols* [El manual del tarot: aplicaciones prácticas de símbolos visuales ancestrales], Tarcher/Putnam, reeditado en 1997.

Bunker, Dusty y Faith Javane. *Numerology and the Divine Triangle* [La numerología y el triángulo divino], Whitford Press, 1979.

Buryn, Ed. *The William Blake Tarot of the Creative Imagination. Tools and Rites of Transformation* [El tarot de la imaginación creativa de William Blake: herramientas y ritos de transformación], revisado en 2010.

Cehovet, Bonnie. *Tarot, Birth Cards, and You: Keys to Empowering Yourself* [Tarot, cartas de nacimiento y tú: claves para empoderarte], Schiffer Books.

Colbert, Joanna Powell. *Gaian Tarot.* Llewellyn Publications, 2010.

Crowley, Aleister, *The Book of Thoth: An Interpretation of the Tarot* [El libro de Thoth: una interpretación del tarot], Samuel Weiser, 1974.

Greer, Mary K. *21 Ways to Read A Tarot Card* [21 maneras de leer una carta de tarot], Llewellyn Publications, 2006.

———. *The Complete Book of Tarot Reversals* [El libro completo de lecturas invertidas del tarot], Llewellyn Publications, 2002.

———. *El tarot, un viaje interior*, Editorial Sirio.

———. *Tarot Mirrors: Reflections of Personal Meaning* [Espejos del tarot: reflejos del significado personal], Newcastle Publishing, 1988.

Greer, Mary K. y Tom Little. *Understanding the Tarot Court* [Entender la corte del tarot], Llewellyn Publications, 2004.

Hasbrouck, Muriel, *Tarot and Astrology* [Tarot y astrología]. Originalmente titulado *Pursuit of Destiny*, 1941; reeditado por Inner Traditions/Destiny, 1987.

Michelsen, Teresa C. *The Complete Tarot Reader* [La lectura completa del tarot], Llewellyn, 2005.

Nichols, Sallie, *Jung y el tarot: un viaje arquetípico*, Editorial Kairós, 1989.

Noble, Vicki y Jonathan Tenney. *The Motherpeace Tarot Playbook* [El libro de juego del Tarot Motherpeace], Wingbow Press, 1986.

Pollack, Rachel. *The Forest of Souls: A Walk through the Tarot* [El bosque de las almas: un paseo por el tarot], Llewellyn, 2002.

———. *Tarot Wisdom: Spiritual Teachings and Deeper Meanings* [La sabiduría del tarot: enseñanzas espirituales y significados más profundos], Llewellyn, 2008.

Von Franz, Marie-Louise. *Divination and Synchronicity: The Psychology of Meaningful Chance* [Adivinación y sincronicidad: la psicología de la casualidad significativa], Inner City Books, 1980.

Waite, Arthur Edward. *The Pictorial Key to the Tarot* [La clave pictórica del tarot], Rider, 1910.

Sobre la autora

Fotografía de Paul Nagy

Mary K. GREER es una investigadora independiente, escritora, profesora y consultora profesional de tarot. Tiene un máster en Literatura Inglesa por la Universidad de Florida Central, donde también enseñó tarot por primera vez en 1974. Durante once años, fue profesora y administradora en el New College of California de San Francisco, en el que impartió clases de tarot como asignatura interdisciplinar que integraba arte, literatura, historia y psicología. Es autora de once libros sobre tarot y sobre magia.

Los libros de Mary han sido innovadores en cuanto a las técnicas de aprendizaje y trabajo con las cartas, y fueron los primeros en presentar técnicas de lectura en profundidad para uno mismo. En 2007, Mary recibió el International Tarot Lifetime Achievement Award ('premio internacional a la trayectoria vital en el mundo del tarot'), otorgado por la Association for Tarot Studies ('asociación de estudios del tarot'). Asimismo, recibió el galardón Mercury 2006 de la Fundación Mary Redman por la «excelencia en la comunicación en el campo metafísico», y el premio de la COVR, Coalition of Visionary Resources ('coalición de recursos visionarios') 2006 al mejor libro de adivinación. También es una sacerdotisa ordenada en la Comunidad e Iglesia de Isis. Visítala en marykgreer.com.